장음의 발견: 달라지는 낭독(朗讀)과 낭송(朗誦)

강원교육연구소 교육총서 3

장음의 발견: 달라지는 낭독(朗讀)과 낭송(朗誦)

김진규 지음

장단에 맞추어 사용하면 살아 숨 쉬는 우리말

원영만(강원교육연구소 소장)

강원교육연구소에서 세 번째 교육총서로 김진규 회원의 『장음의 발견: 달라지는 낭독(朗讀)과 낭송(朗誦)』을 발간합니다. 이 책은 평소 사람들이 살아가며 별로 애쓰지 않고 사용했던 우리말에 대해 깊이 생각해볼 수 있고, 우리말을 사용하면서 익숙했던 습관이나 잘못 알고 있는 발음, 모르고 지냈던 장음에 대해 서술하고 있습니다.

저자는 우리가 몰랐던 장음을 발견하여 우리말 사용에 새로움을 더해주었고, 다른 시선으로 볼 수 있게 해주었습니다. 마치 장단에 맞추어 노래하듯이 장음과 단음을 제대로 사용하면 우리말은 살아 있는 언어로 탄생한다고 합니다.

저자인 김진규 회원은 2016년부터 시낭송을 시작하여, 장소를 가리지 않고 시낭송을 해왔습니다. 무엇보다 암기력이 좋아 장문의 시도 거뜬히 낭송하여 시를 쓴 시인조차 깜짝 놀라게 했습니다. 강원교육연구소에서 5·18 광주민중항쟁을 기리는 행사로 5·18민주묘지를 방문했을 때 그 자리에서 김준태 시인이 쓴 「아아, 광주여 우리나라의 십자가여!」라는 장시를 한 연도 빠뜨리지 않고 낭송하는 모습을 보면서 우리는 시낭송에 대한 그의 열정을 보았습니다. 이런 노력의 결과 그는 전국적인 시낭송 대회에서 우승하였고, 이런 경험을 바탕으로 "어떻게 시낭송을 할 것인가"를 고민하면서 잘못 알려진 우리말 사용과 우리가 몰랐던 장음들을 발견하여 이를 시낭송과 낭독에 적용하였습니다. 그 결과물이 바로 이 책입니다.

이 책의 목차를 보면 그 내용을 짐작할 수 있습니다. 저자가 서문에서도 말했듯이 이 책은 우리말의 특징인 '장단 중심의 언어'를 어떻게 살려야 살아 있는 말이 되는지를 잘 설명하고 있습니다.

제1장은 국어사전에서도 잘못 표기된 장음과 단음을 바로잡고, 제2장은 말하는 사람의 정서와 말의 뉘앙스를 전하는 '표현적 장음'을, 제3장은 소리 없는 묵음의 장음인 '장자음(長子音)'에 대해, 제4장은 또 다른 장음의 하나인 '평고조(平高調)'를, 제5장은 사전에 나와 있지 않은 '중첩 자음의 장음'을 설명하고, 마지막 제6장은 이 책 내용을 윤동주의 「별 헤는 밤」이란 시를 통해 종합적으로 분석하는 형식으로 마무리했습니다.

이 책은 생활 글처럼 쉽게 술술 읽어지지는 않습니다. 왜냐하면, 익숙하지 않기 때문입니다. 그동안 우리는 우리말을 사용하면서 스스로에게 익숙한 습관이 있습니다. 하루아침에 오랜 습관에서 벗어날 수 없듯이, 이 책도 공부하는 마음으로 차근차근 읽어야 합니다. 다 읽고 나서 윤동주 시인의 시 「별 헤는 밤」을 낭송해보면 시인의 마음이 오롯이 느껴지실 것입니다. 포기하지 말고 끝까지 읽어 시낭송의 참맛을 느껴보시기 바랍니다.

처음부터 길이 있었던 것이 아니라 많이 다녀서 길이 만들어지듯이, 이 책은 우리말로 낭독하고 낭송하는 방법에 대해 새로움을 던져주었습니다. 그 길을 모두 함께 가볼 수 있길 희망합니다. 국어 선생님들과 연극을 지도하시는 선생님들께 특별히 일독을 권합니다.

우리가 몰랐던 장음(長音)들

책의 서문을 어떻게 쓸까, 궁리하다가 그럴듯하게 쓸 자신도 없고, 또 멋지게 쓰기보다는 책을 읽을 분들께 책의 성격과 내용을 그저 담백하고 친절하게 설명하는 게 좋겠다고 생각했습니다.

퍼즐 그림을 맞추기 전에 덮어놓고 무턱대고 맞추기보다는, 전체 그림을 한 번이라도 힐끗 보고 시작하는 게 훨씬 나은 것과 같이 책의 전체의 고갱이를 잠깐 보여드리기로 했습니다. 따라서 서문의 목적은, 책 전체를 한눈에 훑어보는 것이 됩니다.

서문치고는 좀 길지만, 책 전체를 이해하는 데는 다소 도움이 될 듯합니다. 글쓴이에게는, 중세 말이나 근대 초에 나타난 긴 서문과 구체적 목차가 독서에 도움이 됐던 경험이 있습니다. 이 책의 독자께서도 그러한 효과가 있기를 바라는 마음입니다.

한국어의 특징

나라마다 다 제 나라말의 특징이 있습니다. 영어는 '**강세 중심의 언어**'고, 중국어는 '**고저 중심의 언어**'입니다. 그러니까 영어는 강약, 중국어는 고저가 제 나라 언어의 핵심입니다. 이를 잘 익혀서 부려 쓴다면, 그 나라 말을 좀 더 자연스럽게 구사할 수 있겠습니다. 그러면 우리말의 특징은 무엇일까요? '장단'입니다. 네, 장단(長短)~! 한국어는, **'장단 중심의 언어'**입니다. 하여 긴소리는 길게, 짧은소리는 짧게 발화한다면 우리말은 더욱 아름다워지고, 우리말다워집니다. 한국어가 아름답다는 말은, 외국인이 흔히들 하는 이야깁니다. 한국어를 들으면, 마치 노래같이 아름다워 한국어를 배우게 됐다는 외국인이 적지 않습니다. 학계에서도 이제 어느 때보다도 발음 교육에 신경을 쓰기 시작했습니다. 우리도 역사 한국어의 장단에 주목해야 할 때입니다.

우리말 한자어에서 장음의 오류

한국인은, 그동안 한국어의 장단에 별 관심이 없어 보였습니다. 철자법이 틀리면 매우 예민하게 반응하며 부끄러워하면서도 장단의 오류에 대해선 아주 관대(?)합니다. 심지어 '한국어 발음 사전'을 포함해 '국어사전'의 '우리말 한자어 장단'은, 무려 50%나 잘못됐다는 주장이 있습니다. 그 이상이라 주장하는 학자도 있지요. 우리는, 어떤 근거와 기준으로 장단이 구별되는지를 정규 교육에서 배우지 못했습니다. 사전에서도 알려주지 않습니다. 그러니 이제라도 한국어 장단에 관심을 보여야겠습니다. 오죽하면 한국어 연구자 최한룡은, 『울고 싶도록 서글픈 韓國語學의 現實』이라는 책을 다 썼겠습니까. 길이 끝나는 곳에서도 길이 있습니다.

제1장은 장음을 단음으로, 또는 단음을 장음으로 잘못 표기된 국어사전의 장단 오류를 뽑아 그 근거를 제시하며 바로 잡고, 또 시(詩)로 사례를 들어 장단을 익힐 수 있게 했습니다. 아름다운 우리말을 더욱 아름답게 구사하려면 국어사전을 늘 아끼고 가까이해야 하지만, 그 오류에 머물러선 안 될 일입니다. 우리는 오류의 숲을 헤쳐가야 합니다. 길이 끝나는 곳에서도 길이 되는 사람이 있습니다.

화자의 정서와 말의 뉘앙스를 전하는 '표현적 장음'

말에도 어떤 유행이 있다고 합니다. 최근의 한국어엔, 변화가 보이기 시작했습니다. 우리말에서 '표현적 장음'이 매우 활성화된다고 합니다. 본연의 장음으로서의 '어휘적(=기저) 장음'이 약화되는 것과는 달리, 저 표현적 장음은 외려 강화되는 추세라고 합니다. 그런데 표현적 장음을 표기해놓은 국어사전은, 거의 없습니다. 표현적 장음을 표기해놓은 사전은, 부족하나마 『연세 한국어사전』단 하나뿐이죠. 참으로 곤혹스러운 일이 아닐 수 없습니다.

그러나 다행히도 세종 말뭉치 연구 보고서 정보가 공개되었고, 그 뒤에 김선철과 황은하의 논문이 발표돼 『연세 한국어사전』에서 제시한 표현적 장음과 거기에 등재되지 않은 표현적 장음까지 더해 밝혀놓았습니다. 다행한 일입니다. 길이 끝나는 곳에서도 길이 되는 사람이 있습니다.

제2장에서는 표현적 장음이 가능한 부사와 형용사를 제시하고, 시로 사례를 들어 익힐 수 있도록 했습니다. 그리고 부록으로 『연세 한국어사전』에서 뽑아놓은 표현적 장음과 함께 세종 말뭉치에서 제시한 표현적 장음을 더해놓았습니다. 표현적 장음으로 말의 뉘앙스, 화자의 정서·태도를 더욱 세밀하게 표현할 수 있기를 바랍니다. 길이 끝나는 곳에서도 길이 있습니다.

소리 없는 묵음의 장음, '장자음(長子音)'

사전에 '장자음'을 입력하면 그 낱말의 뜻이 나옵니다. 사전에도 떡, 하니 나오는 저 장자음을 우리는 정작 낭독과 낭송에서 적용하지 못합니다. 한국어를 더욱 정확하고 한국어답게 하려면, 낭독과 낭송에서 장자음을 적용해야 하겠습니다. 아직 장자음을 표기하는 사전은 흔치 않습니다만, 우리는 사전의 수정을 기다리기보다는, 앞선 연구 성과를 수렴하고 익혀서 '낭독/낭송/연극 대사/방송 멘트'에 활용해야겠습니다. 길이 끝나는 곳에서도 길이 되는 이들은 있습니다.

제3장에서는, 장자음을 다룹니다. 장자음은 명백히 들리는 현상입니다.

받침에 'ㄱ/ㅂ'이 있는 음절은, 폐쇄됩니다. 따라서 순간, 그 찰나의 순간 동안 소리 없는 묵음의 길이가 생겨납니다. 이와 동시에 다음 음절의 발화를 준비하는 과정에서도 역시 순간의 묵음 길이가 이어집니다. 이를 일러 '장자음(長子音)'이라고 합니다. "학교[학꾜]"와 "입술[입쑬]"을 발음해보면 알 수 있습니다. 학교의 첫음절 '학'과 입술의 첫음절 '입'에서 발음은 폐쇄되며 묵음의 길이가 순간 생깁니다. '장자음'이라는 말은, 말 그대로라면 자음의 길이가 길어진다는 것인데, 실은 받침으로 쓰이는 자음은, 그 길이가 길어질 수 없습니다. 폐쇄되기 때문입니다. 하여 장자음은, 지시 대상과 지시어가 맞지 않는 말입니다. 그러니까 사실은 묵음의 길이가 있다, 그 묵음의 길이를 자음의 길이에 포함하여 그 이름이 장자음이 된 것이라 이해하면 됩니다.

[사:람]과 같은 어휘적(=기저) 장음은, 첫음절 '사'에서 모음 [ㅏ]의 길이가 길어지는 것입니다. 반면 단음인 [사랑]의 '사'는, 모음 [ㅏ]의 길이가 짧은 것이죠. 이러한 어휘적 장음과 달리 장자음은, 'ㄴ/ㅂ' 받침이 있는 음절이 급하게 폐쇄된 뒤에 묵음의 길이가 존재하는 것입니다. 길이 끝난 곳에서도 길을 열어가는 사람들은 있습니다.

평고조(平高調)

우리말은, '단장의 조화'가 기막힌 언어입니다. 살아 숨 쉬는 말입니다. 따라서 결코 고정적이지 않으며, 변화무쌍한 언어입니다. 긴소리 뒤의 긴소리는 짧아집니다. 그러니까 '장+장'의 음장 구조는, '장+단'으로 바꿔 발음됩니다. 이렇게 첫음절과 둘째 음절이 모두 장음일 경우에 첫음절만 장음으로 실현되고, 둘째 음절의 장음은 단음화되는 겁니다. 한국어는 이렇듯 '장단의 대비'가 아주 도드라지는, 멋진 언어입니다.

반대로 '단+장'의 음장 구조도 마찬가집니다. 우리말에선, '단+장'를 그저 '단+장'으로 발음하지 않습니다. 또 사전에서와 같이 '단+단'의 구조로 발화하지 않습니다. 결론부터 다짜고짜 말씀드린다면 한국어를 모국어로 사용하는 한국어 사용자는, 실은 '극단+장'으로 발화합니다. '단+장'의 음장 구조가 '극단+장'으로 바뀌어 발음되는 것입니다. 단음은 장음 앞에서, 오직 저 장음 앞에서만은, 아연 긴장하며 더 짧아지기 때문입니다. 단음이 더 짧아지는 겁니다. 변화는 이뿐 아닙니다. 장음은 높은 소리고, 단음은 원래 낮은 소리인데, 단음이 장음 앞에서는 돌연 높아집니다. 높아도 가장 높아집니다. 하여 이를 '평고조'라고 합니다. 단음인 '평성'이 고조되므로 얻어진 이름입니다. 참으로 변화무쌍한 언어가 바로 한국어입니다. 낭독과 낭송에서 평고조가 실현될 때, 우리말은 제 본연의 리듬이 생명을 얻어 출렁이며, 말이 노래가 됩니다. 말이 노래가 되는 언어가 한국어입니다.

제4장에서는 사전에 제시되지 않은 평고조를 다룹니다. "겨울"이 바로 평고조 되는 말입니다. 첫음절 '겨'가 단음이고, 둘째 음절 '울'이 장음입니다. 그러니까 [겨울]이 아니라, [겨울:]처럼 단음인 '겨'가 더욱 짧아지며 높게, 그리고 장음인 '울'이 제 음가 그대로 길게 실현됩니다. 두 음절 모두 단음으로 발화하라는 사전의 [겨울]과 달리, 한국인은 현실의 발음에선 [겨울:]로 발음합니다. 미세한 차이라서 구별하기 쉽진 않습니다만, 설명을 들은 뒤에 들어보면 그 차이를 감지할 수 있습니다. 한국인은, 소리가 지닌 음가와 모국어의 본능과도 같은 평고조의 원리에 따라 발음합니다. 다만 말할 때와 달리 낭독이나 낭송할 때 잘 구현하지 못합니다. 낭독과 낭송에서 AI와 같은 기계적 말에서 벗어나 생생하게 살아 있는 말이 구현되길 바랍니다. 그 힘은, 저 '평고조'에서 나옵니다.

체언에 조사의 장단까지 이어지면 차이는 더욱 크게 나타납니다. 보조사 '은'과 주격 조사 '이'는, '측성성 조사'로 길게 발음되는 소리입니다. 넓은 의미에서 장음에 속합니다. 조사는, 모두 그런 건 아니지만 대부분 거성으로서 장음이 많습니다. 이는 다음에 나올 책에서 더 자세해 다룹니다. "겨울이"를 [겨울이]로 발음하는 것은, 엄밀한 의미에서 살아 있는 한국어라고 할 수 없습니다. [겨울:이]로 발음되기 때문입니다. '극단+장+단'의 음장 구조로 발음됩니다. 셋째 음절의 장음인 주격 조사 '이'가 단음화됩니다. 우리말에서 장음 뒤에 놓인 장음은, 단음화되기 때문입니다. 우리말 장단이 복잡해 보일 수도 있습니다. 물론 단순한 건 아니지만, 그래도 못 해볼 것도 없습니다. 다만 익숙하지 않기 때문입니다. 정규 교육에서 한국어의 발음 교육이 확대되어야 합니다. 한국어에 관심을 보이는 외국인도 많아졌고, 또 다문화가정 역시 확대되었습니다. 한국어는 이제 세계와 함께 가야 합니다. 길이 끝난 곳에서도 길이 있고, 사랑이 끝난 곳에서도 사랑으로 남아 있는 사람이 있습니다.

중첩 자음의 장음화

"굴레[1]"라는 말을 자음과 모음으로 다 풀어놓으면 [ㄱㅜㄹㄹㅔ]가 됩니다. 셋째·넷째 음소가 둘 다 'ㄹ'입니다. 이렇게 동일한 자음 'ㄹ'이 이어져 있습니다. 이를 '중첩 자음'이라고 합니다. 유음 'ㄹ'이 중첩되므로 '유음 ㄹ 중첩 자음'이라고 합니다.

"언니[ㅇㅓㄴㄴㅣ]"는 비음 'ㄴ'이 이어져 나타나는 '비음 ㄴ 중첩 자음'이며, "엄마[ㅇㅓㅁㅁㅏ]"는 비음 'ㅁ'이 이어져 중첩되었으므로 이를 '비음 ㅁ 중첩 자음'이라고 합니다.

"굴레[1]"의 '굴', "언니"의 '언', "엄마"의 '엄'이 장음화됩니다. 이를 '중첩 자음의 장음'이라고 합니다. 예를 들면 'ㄹ 중첩 자음'인 "굴레[1]"의 '굴'은, "굴삭기"처럼 'ㄹ 단일 자음'인 '굴'에 비해 그 길이가 훨씬 길게 발음됩니다. "굴레[굴:레]"의 '굴'은, "굴삭기[굴삭기]"의 '굴'보다 길게 발음됩니다. 물론 'ㄴ 중첩 자음'과 'ㅁ 중첩 자음'도 마찬가지로 장음화됩니다. 'ㄴ 중첩 자음' "언니"의 '언'은, 'ㄴ 단일 자음' "언감생심"의 '언'보다 길게 발음되고, 'ㅁ 중첩 자음' "엄마"의 '엄'은, 'ㅁ 단일 자음' "엄선"의 '엄'보다 길게 발음된다는 것입니다.

제5장에서는 사전에 나와 있지 않은 '중첩 자음의 장음' 세 가지를 다룹니다. ① '유음 ㄹ 중첩 자음의 장음', ② '비음 ㄴ 중첩 자음의 장음', ③ '비음

ㅁ 중첩 자음의 장음'입니다. 각각 시로 사례를 들어 익힐 수 있게 제시했습니다. 차별성은 디테일에 있습니다. 우리가 가야 할 길이 거기 있습니다.

낭송을 위한 종합 분석, '윤동주의 「별 헤는 밤」'

우리말이 장단 중심의 언어이므로 장단에 주목할 수밖에 없습니다. 사전에 나오는 내용은, 사전을 참고하면 됩니다. 그러나 사전에 소개되지 않은 것은 참으로 곤란합니다. 하여 이러저러한 학문적 성과를 그것이 필요한 장르에 대중적으로 알리는 일은 중요할 수 있습니다. 그 일환으로 우리말 한자어의 사전 오류, 아직 잘 알려지지 않은 표현적 장음과 평고조, 장자음, 중첩 자음의 장음화는 그 나름대로 의미가 있다 할 것입니다. 그러나 낭독과 낭송이 장단으로만 이루어지는 것이 아니므로 낭독과 낭송에 필요한 것을 함께 다룰 필요가 있습니다. 고저장단은 물론 시의 해설과 함께, 시의 리듬, 시의 정서 및 휴지[休止; pause], 그리고 표준발음법을 종합적으로 분석할 필요가 있습니다.

제6장에서는, 시의 이해를 바탕으로 낭송을 위한 윤동주의 「별 헤는 밤」을 종합 분석합니다. 시평론이 해설에서만 그쳐선 안 될 것입니다. '시는 노래'니까요.

이 책에서 글쓴이의 역할은, 낭독과 낭송에 적용될 만한, 앞선 연구를 살펴서 그 장르와 연계하는 일입니다. 유시민 작가의 말마따나 "지식 소매상"에 불과합니다. 그러나 독자께서 다소나마 도움이 된다면, 글쓴이로서는 큰 보람이 되겠습니다. 특별히 '아나운서/성우/배우/시낭송가', 그리고 국어 선생님들께서 읽어주시면 더없는 영광입니다. 고맙습니다.

책을 읽기 전에 살필 것 몇 가지

이 책에서는, 국어사전을 포함해 한국어 발음사전에 나오지 않은 발음 기호가 여럿 나옵니다. 글쓴이는, 우리말 '장/단음'을 이 책에서 좀 더 세밀하게 밝히고자 하는 과정에서 국어사전에 나오지 않은 기호를 사용할 수밖에 없었습니다. 이 책을 이해하는 지름길은, 무엇보다도 '기호의 이해'에 있습니다. 제시되는 기호들이 분명 낯설 것입니다. 하지만 차츰 익숙해지리라 믿습니다.

우리말은 참으로 변화무쌍한 언어입니다. 그래서 더 아름다운지도 모릅니다. 그런 만큼 약간의 관심과 집중을 요합니다.

먼저 '**어휘적 장음의 기호**'는, 국어사전에 기재된 [ː]을 그대로 사용합니다. 어휘적 장음의 기호는, [**사**ː**람**]처럼 '길게 발음되는 음절의 오른쪽'에 표기합니다. 어휘적 장음은, 모음의 길이가 길어지는 장음입니다. 예를 들어 "벌[bee (蜂)]"은, [**벌**ː pʌ̹l]과 같이 표기합니다. 여기까지는 사전과 다를 게 없습니다.

둘째, '**표현적 장음의 기호**'는, [ːː]로 표기합니다. 이 기호는, 일반적 국어사전 엔 등장하지 않습니다. 그러나 『연세 한국어사전』과 『세종 말뭉치 연구 보고 서』, 그리고 '국립국어원'에서 사용한 바 있습니다. 김선철과 황은하의 논문에서도 보입니다. 이에 따라 이 책에서 표현적 장음의 기호는, [::]을 씁니다. 어휘적 장음과 구별하기 위함입니다. 최근의 한국어는, 표현적 장음이 무척 활성화되는 추세라는 보고가 있습니다. 우리는 앞으로 표현적 장음에 대해 더욱 주목할 필요가 있습니다. 처음엔 낯설더라도 차차 익숙해질 것이라 믿습니다.

셋째, '평고조 기호'는, [ˊ]를 사용합니다. 단음이 장음 앞에서 더 짧아지며, 돌연 높아지는 걸 두고 '평고조(平高調)'라고 합니다. '단음'은 다른 말로 '평성'이라고 하는데, 단음이 높아져 고조되므로 그 이름이 '평고조'입니다. 예를 들어 "마늘"은, [ˊ마늘: mánɯ:l]과 같이 표기합니다. 첫음절 단음인 '마'가 장음인 둘째 음절 '늘' 앞에서 더욱 짧아지며, 돌연 높아지는 음절을 표기한 것입니다. 그리고 둘째 음절 '늘'의 오른쪽에 기호 [:]는, 장음 기호입니다. 이 기호는, 어휘적 장음과 구별하기 위함입니다. 표현적 장음의 기호를 [::]으로 삼아 어휘적 장음 [:]과 구별했듯이, 평고조되는 음절 뒤의 장음 기호로 [:]을 삼습니다.

그런데 발음 연습을 해도 평고조의 극단음 발음이 잘 실현되지 않을 것입니다. 극단음은 '엇박자'처럼, 또는 '못갖춘마디'처럼 발음의 시점을 살짝 늦추어야 제대로 실현되는 발음입니다. 그래야 뒤의 장음도 쉬이 구현할 수 있습니다. 그렇게 해야만 평고조의 발음을 빠르게 익힐 수 있습니다. 말이 나온 김에 그 반대의 예를 하나 들겠습니다. 극단음과 달리 장음은, 마치 '꾸밈음'처럼 발화의 시점이 조금 이릅니다. 빠른 것이 아니라 '이른 것'입니다. 이래야 장음 뒤의 짧아지는 음절을 짧게 발음할 수 있습니다. 이렇게 우리말 장단의 조화는, 참으로 기가 막힙니다. 자연의 조화와 닮았습니다.

평고조 기호는, 이제까지 두 가지로 사용된 바 있습니다. 첫째, 최한룡은 『울고 싶도록 서글픈 韓國語學의 現實』에서 평고조되는 '음절의 좌측상단'에 기호 [ˊ]를 써서 평고조의 음절을 표기했습니다. 예를 들면 [ˊ마늘: mánɯ:l]처럼 나타냈습니다. 둘째, 손정섭은, 앞에서 든 [마늘: mánɯːl]의 예시와 같이 평고조되는 글자 위에 [ˊ]와 같은 기호를 썼습니다. 둘의 기호는 같지만, '글자 위/글자 좌측상단'에 표기한 그 위치의 차이점이 있습니다. 글쓴이는, 이 책에서 손정섭의 평고조 기호의 위치를 따릅니다. 손정섭은, 그의 저서 『우리말의 고저장단』에서 이와 같은 평고조의 기호를 사용한 바 있습니다.

넷째, '장자음 기호'는, [ˌ]를 사용합니다. 장자음은 "학교[학ˌ꾜]/역사[역ˌ싸]", "입술[입ˌ쑬]"과 같이 주로 받침 [ㄱ/ㅂ]이 있는 음절 뒤에 놓입니다. 어휘적 장음은 모음의 길이가 길어지는 장음이지만, 장자음은 모음의 길이가 길어지는 장음이 아닙니다. 그렇다고 자음의 길이가 길어지는 것도 아닙니다. 왜냐하면 자음은 절대 길게 발음될 수 없는 성질을 지녔기 때문입니다. 자음이 종성 받침으로 쓰일 때는, 곧바로 폐쇄되어버립니다. 폐쇄 후에 폐쇄된 상태가 잠시 유지되며, 다음 음절을 발음하기까지 '소리 없는, 묵음의 길이'가 존재할 뿐입니다. 그러니까 이 '소리 없는 묵음도 자음에 속하는 길이'로 쳐서 장자음이라고 이름을 붙인 것입니다. 따라서 '장자음'은, 지시어와 지시 대상이 정확하게 일치되는 이름이라고 할 수 없습니다. 하긴 세상의 이름이 죄다 지시어와 지시 대상이 딱딱 들어맞지만은 않겠지요. 장자음의 이름도 그러합니다. 장자음의 기호를 사용한 이는, 최한룡입니다. 그는 『울고 싶도록 서글픈 韓國語學의 現實』에서 장자음의 기호를 사용한 바 있습니다. 글쓴이는 이를 따릅니다.

다섯째, '장음 뒤의 짧아지는 음절 기호'는, [ˉ]를 사용합니다. 장음 뒤의 음절은, 제 음가보다 짧아집니다. 장음 뒤에 장음이 올 수도 있고, 또 단음이 올 수도 있겠지요. 그런데 이들은 모두 제 음가의 길이보다 짧아집니다. 이 역시 우리말의 변화무쌍입니다. 따라서 장음 뒤의 짧아지는 음절에다 [ˉ]와 같은 기호를 표시합니다. 그런데 이러한 기호를 사용한 사례는 여태 찾지 못했습니다. 하여 장음이든 단음이든 장음 뒤에서 제 음가의 길이보다 짧아진다는 기호를 기재합니다. 기호 [⁻]는, 글쓴이가 정한 기호입니다.

여섯째, '두 종류의 장음이 이중적으로 중첩되는 경우'입니다. 예를 들면 "굴리다"는, 모음의 길이가 길어지는 어휘적 장음입니다. 사전을 보면 [굴ː리다]로 나와 있습니다. 그런데 이 "굴리다"는, 어휘적 장음과 함께 '중첩자음의 장음화'가 실현되는 소리입니다. '굴리다'의 자모를 죄다 풀어놓으면, [ㄱㅜㄹㄹㅣㄷㅏ]입니다. '굴'의 종성 자음 받침 'ㄹ'과 '리'의 초성 자음 'ㄹ'이 이어져 중첩된 걸 쉬이 알 수 있습니다. 이렇게 동일한 자음이 이어질 때, 중첩되는 첫 자음의 음절이 장음화됩니다. 그러니까 '굴리다'는, 모음이 길어지는 어휘적 장음과 함께 '장자음'이 동시에 실현되는 경우입니다.

'굴다'도 어휘적 장음입니다. [굴ː다]처럼 발음됩니다. "굴리다"는, 어휘적 장음이자 동시에 'ㄹ 중첩 차음'이고, "굴다"는 어휘적 장음이자 'ㄹ 단일 차음'입니다. 그런데, '굴다'의 "굴"과 '굴리다'의 "굴"의 길이가 다소 차이가 납니다. '굴리다'의 "굴"이 '굴다'의 "굴"보다 미세하지만 조금 더 길게 발음됩니다. 설령 별 차이가 없더라고 이중적으로 중첩되는 경우에 이 책에서는, 두 가지의 장음 기호를 함께 기재해 "굴리다"는, [굴ːː리다]로 표기합니다. 이러한 두 종류의 장음이 중첩되어 단일 장음보다 조금 더 길어진다는 연구 결과는 여태 찾아보진 못했습니다. 글쓴이가 그저 사실을 바탕으로 사실을 추론한 것입니다. 전문가의 이론적 검토가 필요합니다. 그러나 확실한 것은, 미세한 차이이긴 하지만 분명 '단일 장음'과 '복합 장음'의 차이가 귀에 들린다는 것입니다. 실험적 성격으로 보아주시면 됩니다.

마지막으로 '장/단음'의 종류와 성격, 그리고 발음 방법을 말씀드립니다. 사성(四聲)에서 장음으로 구분되는 것은, '상성'과 '거성'입니다. 상성과 거성이면 장음입니다. 국어학자의 대부분이, 주로 '상성만을 장음'으로 하고, '거성과 평성을 단음'으로 구분하려고 합니다. 사전은 더 헷갈립니다. 거성을 단음으로도, 장음으로도 표기합니다. 물론 '평성화한 상성과 거성'이 없는 것은 아닙니다. 이 경우를 제외하고는, 상성과 거성을 장음으로 구분해야 합니다. 글쓴이는 이 책에서 상성과 함께 거성도 장음으로 변별합니다.

"상성"은, '**올라가는 소리**'고, "거성"은 장쾌하게 '**떨어지는 소리**'입니다. 좀 더 세심하게 말하면, "상성"은 '레'에서 시작해 순식간에 '도'로 떨어졌다가 '솔'의 높이로 올라가는 소리입니다. 이를 좀 더 간단하게 '도'에서 시작해 '솔'까지 올라가는 발화도 무방합니다. 상성은, 가장 긴소리입니다.

거성은, '솔'에서 '도'로 '**떨어지는 소리**'입니다. 아파트 5층쯤에서 1층으로 떨어지는 소리입니다. 상성 다음으로 긴소리입니다. 상성과 거성의 공통점은, 평평한 소리가 아니라는 것입니다. 그래서 이 둘을 '측성(仄聲)'이라고 합니다. '측(仄)'은 "기울다/우뚝 솟다"라는 뜻입니다. 반면, 단음을 '평성(平聲)'이라고 하는데, 평성은 말 그대로 평평한 소리입니다. 오르내리는 소리도, 또 기우는 소리도 아닙니다. 상성과 거성은, 긴소리인 동시에 '묵직한 소리'며, 그 '높이가 높'습니다. 그러나 평성은, 짧은소리인 동시에 '낮고 평평한' 소리입니다.

학자 대부분이 거성을 '긴소리인지 짧은소리인지 구분이 잘 안 된다'고 단음으로 구분하자, 합니다. 이는 매우 위험한 일이요, 한국어의 가락을 무지르는 일입니다. 현대사회로 들어서면서 모든 것이 빨라집니다. 자본주의 사회에서 '시간이 돈'이기 때문입니다. 말이 빨라지며 모든 소리가 함께 짧아진 것이지, 거성만 따로 짧아진 건 아닙니다. 그럴 이유가 없습니다. 설령 짧아졌다고 해도 거성은, 거성으로 장음입니다. 단음으로 취급해선 안 됩니다. 왜냐하면 우리말은, 장단의 조화가 기가 막힌 언어이기 때문입니다. 장음 뒤의 음절이 단음화됩니다. 이는 표준발음법에서도 규정해놓았습니다. 장음인 거성 뒤에 장음 음절이 올 경우에는, 뒤의 음절이 단음화됩니다. 그런데 거성을 단음으로 취급해 단음으로 한다면, 뒤의 장음은 그냥 장음으로 발화됩니다. 그러면 '단+장'의 음장 구조가 됩니다. 이 경우 평고조되므로 앞의 단음이 더욱 짧아져 '극단음'으로 바뀌고, 뒤의 장음 음절은 제 음가 그대로 유지됩니다. 그렇게 되면 거성이라는 긴소리가 그저 단음으로 발음되는 게 아니라, 가장 짧은소리로 발음되고, 길게 발음되어야 하는 뒤 음절의 장음이 짧게 발음되게 됩니다. 이는 우리말의 아름다운 가락이라고 볼 수 없습니다. 한국어의 실제 발음과는 동떨어진 것입니다. 현실의 발음은 그렇지 않습니다. 정반대입니다.

아무래도 예를 들어 설명해야겠습니다. '귀가 아프다'라는 문장에서 "귀가"를 떼어 따로 살펴보겠습니다. '귀[1]'는, 거성으로 장음이고, 주격 조사 '이' 역시 거성으로 장음입니다. 그러니까 "귀가"는, '장+장'의 음장 구조입니다. 그런데 장음 뒤의 장음은, 단음화되므로 "장+단"의 구조로 바뀝니다. 하여 "귀가"는, [귀가]처럼 발음됩니다. 한국어를 모국어로 사용하는 한국어 사용자는, [귀가 아프다]로 발음합니다. 그런데 거성으로서의 장음 '귀'를 단음으로 취급해버린다면, 어찌 될까요. 이럴 경우, '단+장'의 음장 구조가 됩니다. 그런데, 단음은 장음 앞에서 극단음화됩니다. 가장 짧게 발음되죠. 평고조가 되는 것입니다. 그리고 둘째 음절 장음 '이'는, 제 음가대로 길게 발음되어야 합니다. 그렇다면 [귀가:]로 발음하라고 강제하는 것과 같습니다. 그래서 [귀가: 아프다]라고 발음한다면 얼마나 어색하겠습니까. 이를 우리말다운 말이라 할 수 없습니다.

하여 이 책에서는 상성과 거성을 가려 제시하고, 또 그 성격대로 발음할 수 있도록 예시를 들어 익히도록 했습니다. 자, 이제 네비게이션을 봤으니, 찬찬히 시동을 걸어보시겠습니다.

차 례

제1장
뜻이 구분되고, 모음의 길이가 긴 '어휘적 장음'

'눈'을 길게 발음하면, '눈[snow(雪)]'을 가리키는 말이 됩니다. 그러나 '눈'을 짧게 발음하면, '눈[eye(目)]'을 지시하는 말이 되지요. 이렇게 소리의 길이에 따라 뜻이 달라지는 걸 '어휘적 장음'이라고 합니다. '기저 장음(基底長音)'은, 저 어휘적 장음의 다른 이름입니다. 어휘적 장음은, '모음의 길이'가 길어지는 장음입니다.

이와 달리 표현적 장음은, 어휘적 장음처럼 긴소리와 짧은소리에 따라 그 뜻이 달라지지 않습니다. 다만 주어진 상황의 분위기나 화자의 뉘앙스를 표현하고 강조하는 역할을 합니다. 이에 대해서는 제4장에서 다룹니다.

그러면, 소리의 '길고/짧음'에 따라 어휘의 뜻이 달라지는 몇 가지의 사례를 함께 보겠습니다. 앞엣것은 단음이고, 뒤엣것은 장음입니다.

말(馬)[**말**] / 말(言)[**말**]
벌(野)[**벌**] / 벌(蜂)[**벌:**]
병(甁)[**병**] / 병(病)[**병:**]

이렇게 소리의 길이에 따라 말의 뜻이 달라집니다. 우리말에서 소리의 길이는, 뜻을 변별하는 역할을 합니다. 소리의 '길고 짧음'이 정확할수록 그 의미가 잘 전달됩니다. 글도 그렇지만, 말도 일단은 전달력이 최우선입니다.

　나라마다 그 나라 언어의 특징이 있습니다. 영어가 '강세' 중심의 언어라면, 중국어는 '고저' 중심의 언어랬습니다. 영어에서 같은 말이라도 강세의 위치에 따라 그 말의 뜻이 달라지듯, 중국어에는 고저가 놓인 위치에 따라 말의 의미가 달라집니다. 그리고 우리말은, '소리의 길고 짧음'에 따라 그 말의 뜻이 달라집니다. 하여 우리말을 '장단 중심의 언어'라고 했습니다. 이제 '장/단음의 차이'를 문장에서 느껴보겠습니다.

　읽어보기 전에 일러둡니다. "말(馬)/벌(原)/병(甁)"은 단음이고, "말(語)/벌(蜂)/병(病)"은 장음입니다. 그리고 글자 위 [ʹ]는, 단음인데 장음 앞에서 돌연 더 짧아지고 아연 높아지는 단음, 즉 '극단음'의 기호입니다. 아주, 매우 짧게 발음합니다. [:]는 일반적 장음으로 여기서는 어휘적 장음 기호로 사용합니다. 길게 발음해야 할 글자 오른쪽에 놓입니다. 그리고 [:]는, 어휘적 장음과 다른 장음을 구분하기 위해 사용하는 장음 기호입니다.

- 우리는 몽골에 가서 **마를**:[말(馬)을] 많이 탔다." / "**마른**[말은] 많이 하지 않는 게 좋다.
- 정지용 시인이 살던 옥천은, **버리**:[벌이] 넓다." / "꽃을 찾아 **버리**[벌이] 날아간다.
- 그는 **병을**:[병을] 집어들고, 물을 들이켰다." / "그녀는 **병:을**[병을] 달고 살았다.

　바로 위의 예를 읽다 보면, 궁금한 게 생길 것입니다. 단음인 '말(馬)'이 더욱 짧아지고, 목적격 조사 '을'이 길게 발음된다는 것입니다. 맞습니다.

조사 '을'이 장음이기 때문입니다. 이를 '측성성 조사'라고 합니다. 넓은 의미에서 긴소리에 속하는 말입니다. 그건 그렇다 치더라도 단음 '말'이 왜 더 짧아지는 것인지요? 아주 중요한 질문입니다. 우리말에서 단음은, 장음 앞에서 원래 짧은소리가 더 짧아집니다. 그리고 둘째 음절의 장음은, 제 음가 그대로 길게 발음되죠. 이는 하나의 경향성이라기보다는, 언제 어느 때나 적용되는 법칙과 같은 것입니다. 이를 일러 '평고조(平高調)'라고 합니다. 평고조는 제2장에서 다룹니다.

우리말을 더욱 우리말답게 하려면, 장음에 관해 한 가지 더 이해해야 합니다. 장음은 긴소리입니다. 그러나 장음을 길다는 것 하나만 이해하여 길게만 구현한다면, 이는 낭패가 아닐 수 없습니다. 우리말에서 긴소리는, 단지 길기만 한 게 아닙니다. 긴소리는 동시에 높으며, 묵직합니다. 무게감이 있는 소리죠. 그리고 장음에는, 강세가 놓입니다. 짧은소리 역시 그저 짧기만 하지 않습니다. 짧은소리는 동시에 낮고, 잔잔하며, 평평합니다. 이를 통일적으로 구현해야 합니다. 그럴 때, 우리말은 더욱 우리말다워지고, 우리는 발음의 달인이 되는 현관 앞에 서게 됩니다.

꼭 기억해둘 것 하나가 더 있다면, 그것은 **"장음의 앞뒤 음절이 짧아진다"**는 것입니다. 만일 이를 구현하지 못하고, 장음을 길게 발음하면서도 장음의 앞뒤 음절을 짧게 발음하지 않으면 우리말답지 못하게 됩니다. 우리말은 '상호간섭 효과(interference effects)'가 매우 커서 모든 요소가 다 구현되어야 비로소 우리말다운 말이 됩니다. 그저 한 가지만 구현한다면, 말의 뜻이나 리듬은 실현되지 못합니다.

영국에 "영국의 역사만 아는 사람은 영국의 역사도 모른다"는 말이 있습니다. 이는 이웃 나라의 역사까지 알아야 제 나라의 역사를 온전히 볼 수 있다는 격언입니다. 일본과 명나라의 역사를 모르고서 임진왜란을 제대로 이해할 수 없는 것과 같은 이치입니다.

변화무쌍한 우리말 장단음의 통합·통일적 이해는, 우리의 낭독을 '말하기'의 단계로 올려줄 것입니다. 나아가 우리의 말하기를 끝내 '노래'가 되게 해줍니다.

사전(事典)에서는, 긴소리와 짧은소리를 어떤 기준에 따라 나누는 것일까요? 사전에서 설명해주지 않으니 알 길이 없습니다. 그러나 실은 간단합니다. 우리말로 쓰이는 한자어는 사성(四聲) 중 '상성(上聲)·거성(去聲)'이면 장음(長音)입니다. 그러면 자신이 찾고자 하는 한자가 상성·거성인 줄은 또, 어떻게 알 수 있을까요? 이는 좀 번거롭긴 한데요. 옥편이나 자전을 보면 거기에 긴소리의 상성·거성인지, 아니면 짧은소리의 평성인지가 표기돼 있습니다. 이것이 바로 '장(長)/단(短)음'을 가르는 기준입니다. 무엇보다 중요한 것은 기준이겠죠. 기준을 알아야 "옳고, 그름"을 구분할 수 있으니까요.

그리고 고유어의 음장은, 『훈민정음 해례본』을 비롯해 『훈몽자회』·『동국정운』 등 15세기의 문헌에 그 근거가 있습니다. '발음 사전'과도 같은 이들 문헌에서 가장 긴소리인 '상성(上聲)'은 글자 왼쪽에 방점 두 개를 찍어놓았습니다. 상성 다음으로 긴소리인 '거성(去聲)'은 방점 한 개를 찍어놓아 표시했습니다. 그리고 방점이 없는 글자는, 모두 짧은소리인 '평성(平聲)'이라는 뜻입니다. 물론 장구한 시간의 흐름 속에서 한자어든 고유어든 짧은소리가 긴소리로, 또는 긴소리가 짧은소리로 바뀐 예도 있습니다.

국어사전에 쓰인 한자어 중에는, 이러한 기준으로 검토·적용할 때, 놀랍게도 '장/단음'이 잘못 기재된 경우가 적지 않습니다. 이 책에서는, 장단이 뒤바뀐 것을 중심으로만 다룹니다. 장단의 오류가 없는 낱말은, '국어사전'이나 '한국어 발음 사전'을 보면 되니까요. 그러니까 여기서는 첫째, '상성·거성'이므로 장음인데도 단음으로 표기된 것. 둘째, '평성'으로서 단음인데도 장음으로 표기된 것. 셋째, 오늘날 '상성화된 평성'으로 장음인데도 단음으로 표기된 것. 넷째, '거성화된 평성'으로 이제는 장음이 되었는데도 단음으로 표기된 것. 다섯째, '평성화한 상성'으로 이제는 단음이지만, 장음으로 표기된 것만을 중심으로 다룹니다. 당연한 말이지만, 여기서 사전의 모든 오류를 다 다룰 순 없습니다. 기회가 닿으면, 다른 지면을 통해 다루도록 하겠습니다.

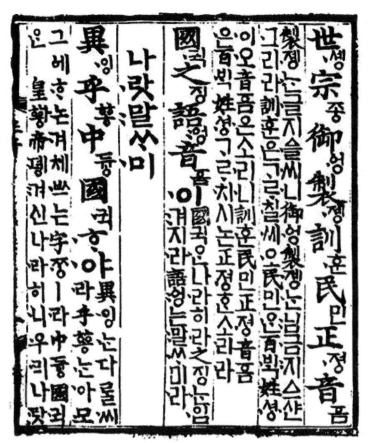

『훈민정음 해례본』의 일부. 해례본에서 가장 긴소리인 상성(上聲)은 글자 왼쪽에 방점을 두 개, 상성 다음으로 긴소리인 거성(去聲)은 방점 한 개를 찍어놓아 구분해 표시했다.

1. 한자어의 어휘적 장음

관리¹[명] (管理) [괄:리 kwaːʎʎˈi] ¶"㉠ 사람을 통솔, 지휘·감독함. ㉡ 시설·물건, 심신의 유지·개량을 꾀함. ㉢ 어떤 사무를 맡아 처리·관할함."

□ "<u>괄:리</u>를:[관리를] 잘하셔야 합니다"(고재종, 「생의 처방을 묻다」).

> '주관할 관(管)'은, 상성으로 장음[1]입니다.
>
> "[괄:리](○) / [괄리](×)"
>
> "관리"의 둘째 음절 '다스릴 리(理)'도 첫음절 '주관할 관(管)'과 같이 상성으로 장음입니다만, 여기서는, 단음으로 발음됩니다. 왜냐하면 "관리(管理)"와 같이 두 음절 모두 장음일 경우, 첫음절의 장음만 장음으로 실현되고, 둘째 음절의 장음은, 단음으로 발음되기 때문입니다. "관장(管掌)" 역시 [관:장]으로 발음해야 합니다.
>
> 이에 더해 목적격 조사 '를'은, 측성성으로 장음에 해당합니다. '단음은, 장음 앞에서 극단음'이 된다고 했습니다. 따라서 단음으로 읽히게 된 둘째 음절 '리'가 다시 '극단음'으로 변합니다. 그리고 목적격 조사 '를'은, 제 음가 그대로 길게 발음됩니다. 그러므로 "관리를"은 [괄:리를:]로 발음됩니다.
>
> "하셔야"는, [하셔야:]와 같이 첫음절 '하'를 단음으로, 둘째 음절의 단음인 '셔'를 '극단음'으로, 셋째 음절 '야'를 장음으로 발음합니다. "야"는, 측성성 어미로서 장음에 해당하므로 길게 발음하는 것입니다. 단음은 장음 앞에서 극단음으로 발음됩니다. 따라서 단음 '셔'는, 장음 '야' 앞에서 극단음으로 발음됩니다.
>
> "합니다"는 [합니다:]와 같이 첫음절 '합'을 단음으로, 둘째 음절의 단음 '니'를 극단음으로, 셋째 음절 '다'를 장음으로 발음합니다. '다'는, 측성성 어미로서 길게 발음되는 음절이기 때문입니다. 따라서 "관리를 잘하셔야 합니다"는, 괄:리를:[관리를] 잘하셔야:[잘하셔야] 합니다:[합니다]와 같이 발음됩니다.
>
> 이 시에서는, 동사 "잘하다"로 표현했습니다. 만일 부사 '잘'을 써서 "잘 하다"로 표현했다면, 즉 "잘 하셔야"로 표현했다면 '잘'을 장음으로 발음할 수 있습니다.

---

1) 민중서림편집국, 2015, 『韓韓大字典』, 민중서림, 1671쪽.

부사 '잘'은 장음이 아니나, '표현적 장음화'가 가능합니다.2) 그렇다면 "관리를 '잘해야' 한다"는 말이 강조될 수 있습니다. 시어를 그대로 해석한다면, 이 시에서의 의사는, 관리를 '잘하라'는 말을 강조하지 않고 그저 사무적으로 표현한 것이 됩니다. 그러나 만일 그런 의미가 아니라, "잘 하셔야"의 의미라면 조심스럽지만 낭송자는, 해석에 따라 **괄:리를:[관리를] 잘:[잘] 하셔야:[하셔야] 합니다:[합니다]**로와 부사 '잘'에 표현적 장음으로 읽을 수 있습니다.

관악기囲 (管樂器) [과:나ː끼 kwaːnaːkki] ¶"입으로 불어서 관 안의 공기를 진동시켜 소리를 내는 악기. 목관 악기와 금관 악기의 두 가지가 있다."

　　□ "**과:나ː끼의:[관악기의]** 통로를 여행하듯" (이제니, 「구름 없는 구름 속으로」).

"관(管)"은, '주관하다'라는 뜻과 함께 '피리'라는 뜻도 포함합니다.

"**[과:나ː끼의:]**(○) / **[과낙끼의]**(×)"

"관악기의"에서 둘째 음절의 표준발음법은 [과나기]입니다만 현실의 발음에선, '[과나끼]와 [관낙끼] 두 발음 사이의 발음'이라 할 수 있습니다. 세상의 어느 나라의 문자라도 그 말을 소리 나는 대로 다 적을 순 없습니다. 이것이 표준발음법의 한계입니다. 'ㄱ'은 초성에서 발음될 땐 '파열음'이지만, 종성 받침으로 쓰일 때는 '폐쇄음'으로 발음됩니다. 폐쇄음은 일단 막혀 폐쇄돼 순간적으로 '소리 없는 묵음'의 상태가 잠깐 지속된 후에 다음 음절 나옵니다. 따라서 폐쇄음을 명확하게 구현해야 합니다. 그런데 그저 '나'로만 발음되면 제 음가대로 발음되지 못합니다. 폐쇄되어 소리 없는 묵음의 길이가 생기는 ㄱ 받침이 있는 음절에 'ː'의 기호3)를 넣습니다. 폐쇄되는 음절 뒤 음절의 초성 자음은, 모두 된소리가 됩니다. 예를 들면 "학교"는 [**학ː꾜**], "역사"는 [**역ː싸**]처럼 말입니다. 정확하게 발음하려면

---

2) 황은하, 2019, 「세종 구어 말뭉치에 기반한 한국어 표현적 장음 연구」, 『어문론총』 제82호, 한국문학언어학회, 254쪽.

3) 최한룡은, 『울고 싶도록 서글픈 韓國語學의 現實』(1999, 신정사)에서 장자음의 기호로 [ː]를 사용하여 어휘적 장음의 기호 [:]과 구분하였습니다. 글쓴이는 이를 따릅니다.

표준발음법을 잘 지켜야 합니다. 그러나 표준발음법의 한계 또한 뛰어넘지 않으면 안 됩니다. 예를 하나 더 들고 넘어갑니다. "좋은 읍내"를 어떻게 발음해야 할까요?! 우선 이는 [좋은읍내]처럼 붙여 읽어야 합니다. 관형형 어미 '~ㄴ' 뒤의 체언은, 관형어와 붙여 읽는 것이 원칙이기 때문입니다. 쓸 땐 띄어 써야 문법에 맞고, 읽을 땐 붙여 읽어야 올바른 어법입니다. 한국어는, 띄어 쓰인 대로 모두 띄어 읽지 않습니다. 낭독자와 낭송자가 이것을 어려워합니다. 그래서 이부분에서 오류가 많습니다. 이는 '포즈론'에서 다룰 내용으로 이 책에서는 다루지 않습니다.

　"좋은"은, 표준발음법에 'ㅎ' 탈락 현상에 따라 [조은]으로 발음되고, "읍내"는 '비음역행동화'에 따라 [음내]로 발음됩니다. 이를 어법에 따라 붙여 읽으면, [조은음내]가 됩니다. 그런데 표준발음법의 연음법칙에 따라 [조은음내]는, 또 [조으늠내]로 발음됩니다. 그런데 화자가 [조으늠내]로 발화하는 건, 어처구니없는 일입니다. 화자가 "좋은읍내"로 발음하면, 청자에게 [조으늠내]로 들립니다. 따라서 현실의 발화는, [좋은읍내]도 [조으늠내]도 아닙니다. 그 사이 어디쯤입니다. 그러니까 '좋'를 '조'로 들리게 발음한다 하더라도, '좋'도 '조'도 아닙니다. '좋'에서 'ㅎ'이 완전 사라진 것도, 그대로 드러나 다 발음되는 것도 아닙니다. 다만 'ㅎ'은, 내포된 상태라고 할 수 있습니다. 하여 글만으론 다 설명할 수 없는 없습니다. 현장 실습이 필요합니다.

관현악⁴명 (管絃樂) [관:혀낙 kwaːnhyʌ́nak] ¶"㉠ 관악기/타악기/현악기 따위로 함께 연주하는 음악. ㉡ 국악에서 '관악기/현악기/편종/편경' 따위의 타악기가 반드시 들어가는 큰 규모의 합주."

　□ "일제히 자연의 **관현나기**:[관현악이] 소릴 뿜고" (함 확, 「가을 오케스트라」).

　"[관:혀낙](○) / [관:혀낙](×)"
　위에서 '주관할 관(管)'은, 상성으로 장음이며, '어떤 일을 맡아 주관한다'라는 뜻과 함께 '피리'라는 의미도 품은 말이랬습니다. 이 역시 첫음절 '관'을 길게 발음합니다.

관리¹명 (官吏) [**괄**ː리ː kwáʌʎʎiː] ¶"관직에 있는 사람."

☐ "내시, 외국인의 종놈, **괄**ː리ː**들**[관리들]뿐이었다" (김수영, 「거대한 뿌리」).

> '벼슬 관(官)'은, 평성으로 단음입니다.
>
> "[**괄**ː리ː](○) / [**괄**리ː](×)"
>
> "관리(官吏)"의 둘째 음절 '벼슬아치 리(吏)'는, 거성으로 장음입니다. 단음은, 장음 앞에서 평고조되므로 [관리ː]처럼 첫음절이 더욱 짧아지고 높아집니다. 그리고 둘째 음절 '리'는, 제 음가 그대로 길게 발음됩니다. 하여 [**괄**ː리ː]로 발음됩니다. [**괄**ː리]는 어떤 일을 맡아서 처리한다는 뜻의 '관리⁴(管理)'고, [관리ː]는 벼슬아치를 가리키는 '관리¹(官吏)'입니다. 같은 음이라도 이렇게 그 소리의 길이에 따라 뜻이 달라집니다. 이 내용은 '평고조'에서 자세히 다룹니다.

관청¹명 (官廳) [**관청** kwantsʰʌŋ] ¶"국가의 사무를 집행하는 국가 기관. 또는 그런 곳. 사무의 성격에 따라 행정 관청, 사법 관청, 관할 구역에 따라 중앙 관청, 지방 관청 따위로 나뉜다."

☐ "교회와 **관청과**ː[관청과] 학교를 세웠다/ 마침내는 소리와 빛과 별까지
도" (김광규, 「도다리를 먹으며」).

> '벼슬 관(官)'과 '대청 청(廳)'은, 둘 다 평성으로 단음입니다. 그러므로 "관청"의 두 음절은, 모두 짧고 낮게 발음됩니다.
>
> "관청과"에서 '과'는, 측성성 조사로서 장음⁴)에 해당합니다. 따라서 "관청과"의 음장 구조는, '단+단+장'입니다. 그런데 단음은, 장음 앞에서 평고조되므로 '단+극단+장'의 구조로 바뀌게 됩니다. 따라서 "관청과"는 '단+극단+장'이 되므로 [관**청**과ː]로 발음됩니다.

구미호명 (九尾狐) [**구**ː미호 kuːmiho] ¶"㉠ 꼬리가 아홉 개 달린 여우.

---

4) 손종섭, 2016, 『우리말의 고저장단』, 김영사, 143쪽.

ⓛ 몹시 교활한 사람을 비유적으로 이르는 말. 특히 그런 여자를 이른다.”

　　▢ “천년을 숨어 산 **구ː미호가ː**[구미호가]/ 신이나 유영하고 있다” (김철호,

　　「구미호 꼬리」).

> ‘아홉 구(九)’는, 상성으로 장음입니다.5)
>
> “[**구ː미호**](○) / [**구미호**](×)”
>
> ‘아홉 구(九)’가 상성으로 장음인데도, 국어사전에서 장음을 표시하지 않았습니다. 그러나 다음과 같이 모두 길고 높게 발음해야 합니다. “① 구구단(九九段)[**구ː구단**], ② 구만리(九萬里)[**구ː말리**], ③ 구사일생(九死一生)[**구ː사일쌩**], ④ 구천(九泉)[**구ː천**], ⑤ 구천(九天)[**구ː천**].”

기록⑲ (記錄) [**기ː록** kiːrok] ¶“⑤ 주로 후일에 남길 목적으로 어떤 사실을 적음. 또는 그런 글. ⓛ 운동 경기 따위에서 세운 성적이나 결과를 수치로 나타냄. 특히, 그 성적이나 결과의 가장 높은 수준을 이른다.”

　　▢ “사람이 따라 흥얼거리면 노래이고/ **기ː로카면ː**[기록하면] 시였다” (배한봉, 「은유의 숲」).

> ‘기록할 기(記)’는, ‘거성’으로서 상성 다음으로 긴소리입니다.
>
> “[**기ː록**](○) / [**기록**](×)”
>
> ‘하’는 단음이고, ‘면’은, 측성성 어미로 장음에 해당합니다.6) 따라서 [하면ː]과 같이 ‘하’를 극단음으로 아주 짧고 높게 발음하며, ‘면’은 길게 발음합니다.
>
> ‘기(記)’가 장음인데도 국어사전에는, 장음을 표시하지 않았습니다. 그러나 다음과 같이 모두 길고 높게 발음해야 합니다. “① 기념(記念)[**기ː념**], ② 기명(記名)[**기ː념**], ③ 기사(記事)[**기ː사**], ④ 기입(記入)[**기ː입**], ⑤ 기재(記載)[**기ː재**], ⑥ 기호(記號)[**기ː호**].”

---

5) 앞의 자전, 58쪽.

6) 손종섭, 앞의 책, 184쪽.

기원圐 (起源) [**기:원** kiːwʌn] ¶"사물이 처음으로 생김. 또는 그런 근원."

☐ "나는 잊었던 **가:워느:로**[기원으로] 돌아갈 수 있을 것만 같아요" (황사라, 「활어」).

> '일어설 기(起)'는, 상성으로 장음이고, '수원 원(源)'은 평성으로 단음입니다. 국어사전에선 장음인 '기(起)'를 단음으로 발음하라고 하지만, 장음으로 발음되는 음절입니다.
>
> "[**기:원**](○) / [**기원**](×)"
>
> "으로"는 측성성 조사로 '으'가 장음이고, '로'가 단음입니다. 하여 [**으:로**]처럼 '으'를 길게, '로'를 짧게 발음합니다. 그리하여 "기원으로"는 [**기:워느:로**]와 같이 발음되는 것입니다.
>
> '일어설 기(起)'는, 다음과 같은 모두 길게 발음해야 합니다. "① 기거(起居)[**기:거**], ② 기동(起動)[**기:동**], ③ 기립(起立)[**기:립**], ④ 기안(起案)[**기:안**], ⑤ 기인(起因)[**기:인**]."

기진圐 (氣盡) [**기:진** kiːdzin] ¶"기운이 다하여 힘이 없어짐."

☐ "붉은 동백 **가:진하:여**[기진하여] 땅으로 곤두박질 칠 때" (김선우, 「거꾸로 가는 생」).

> '기(氣)'는, '기운/공기/숨/기질/마음/기후/절후'라는 일곱 가지 뜻을 지닌 말입니다. '거성'으로 장음이고,[7] '다할 진(盡)' 역시 상성으로 장음입니다. 첫음절의 장음만 장음으로 실현되고, 둘째 음절의 장음은, 단음화됩니다.
>
> "[**기:진**](○) / [**기진**](×)"
>
> "하여"는 측성성 어미로 '하'가 장음이고, '여'가 단음이어서 [**하:여**]처럼 첫음절 '하'를 길게, 둘째 음절 '여'를 짧게 발음합니다. 그리하여 기진하여는 [**기:진하:여**] 같이 발음되는 것입니다.
>
> 사전에 "땅"을 장음으로 표기하지 않았지만, "땅으로"는 [**땅:으로**]처럼 '땅'을 길게, '로'를 짧게, '로'는 그저 단음으로 발음해야 합니다. 이것이 한국어를

모국어로 사용하는 한국인의 현실 발화입니다. 이럴 때 자연스러운 말하기기 가능하며, 또 그러할 때 말하기는 노래에 가까워집니다. 탁월함은 음악을 동경합니다.

그런데 사전에는, 장음으로 표기되지 않았습니다. 하지만 장음이므로 다음의 단어는, 반드시 첫음절 '기(氣)'를 길게 발음해야 합니다. "① 기개(氣槪)[기ː개], ② 기골(氣骨)[기ː골], ③ 기력(氣力)[기ː력], ④ 기백(氣魄)[기ː백], ⑤ 기상(氣象)[기ː상], ⑥ 기상대(氣象臺)[기ː상대], ⑦ 기색(氣色)[기ː색], ⑧ 기세(氣勢)[기ː세], ⑨ 기압(氣壓)[기ː압], ⑩ 기운(氣運)[기ː운], ⑪ 기절(氣絶)[기ː절], ⑫ 기질(氣質)[기ː질], ⑬ 기체(氣體)[기ː체], ⑭ 기포(氣泡)[기ː포], ⑮ 기품(氣品)[기ː품], ⑯ 기풍(氣風)[기ː풍], ⑰ 기화(氣化)[기ː화]".

기교명 (技巧) [**기ː교** kiːgyo] ¶"재간 있게 부리는 기술이나 솜씨."

□ "당신도 이젠 **기ː교가ː**[기교]가 제법 늘었다고/ 말하겠지만" (문정희, 「꼬리를 흔들며」).

'재주 기(技)'와 '재주 교(巧)'는 모두 상성이므로 장음[8]입니다. 사전의 지시대로 [기교]처럼짧게 읽을 수 없는 음절입니다.

"[**기ː교**](○) / [**기교**](×)"

장음은 첫음절에서만 실현됩니다. 그 뒤의 음절에서는, 단음화되므로 첫음절 '기'는 길게, 둘째 음절 '교'는 짧게 발음됩니다. 따라서 사전과 달리 다음과 같은 단어에서도 '기(技)'는, 모두 장음으로 발음해야 합니다. "기능(技能)[기ː능], 기사(技師)[기ː사], 기술(技術)[기ː술], 기예(技藝)[기ː예]."

그러나 '재주 기(技)'와 달리, '말이나 행동이 기이하고 이상야릇하다는 뜻'의 **'기이할 기(奇)'**는, 평성으로 단음입니다. 여기서 사전의 오류는 없습니다. '기(奇)'는, 다음과 같이 모두 단음으로 발음됩니다. "① 기기(奇奇)[**기기**], ② 기묘(奇妙)[**기묘**], ③ 기암(奇巖)[**기암**], ④ 기암괴석(奇巖怪石)[**기암괴석**], ⑤ 기암절벽(奇巖絶壁)[**기암절벽**], ⑥ 기인(奇人)[**기인**], ⑦ 기현상(奇現象)[**기현상**], ⑧ 기행(奇行)[**기행**]."

---

7) 민중서림 편집국, 앞의 책, 660·1172쪽.

기념명 (紀念) [**기:념** kiːnyʌm] ¶"어떤 뜻깊은 일이나 훌륭한 인물을 오래도록 잊지 아니하고 마음에 간직함."

☐ "**기:념**[기념]사진 촬영이 있겠습니다…" (윤제림, 「함민복 씨의 직장」).

> "기(紀)"는, 상성이므로 장음입니다.
>
> "[**기:념**](〇) / [**기념**](✕)"
>
> '기(紀)'는 '벼리'라는 뜻과 함께 "법/적을/해/터/다스릴/요긴할 곳/바뀔" 등의 뜻도 지닌 말입니다.
>
> '기(紀)'가 상성으로 장음인데도 국어사전에는, 장음을 표시하지 않았습니다. 그러나 다음과 같이 모두 길고 높게 발음해야 합니다. "① 기강(紀綱)[**기:강**], ② 기원전(紀元前)[**기:원전**], ③ 기원후(紀元後)[**기:원후**], ④ 기율(紀律)[**기:율**], ⑤ 기전체(紀傳體)[**기:전체**], ⑥ 기행(紀行)[**기:행**], ⑦ 기행문(紀行文)[**기:행문**]."

기아명 (棄兒) [**기:아** kiːa] ¶"길러야 할 의무가 있는 사람이 남몰래 아이를 내다 버림. 또는 그렇게 버려진 아이."

☐ "**기:아**[기아] 톰 존스의 이야기" (헨리 필딩, 「기아 톰 존스의 이야기」 소설 제목).

> '버릴 기(棄)'는 거성으로 장음이고, '아이 아(兒)'는 평성으로 단음입니다.
>
> "[**기:아**](〇) / [**기아**](✕)"
>
> '기(棄)'는 길게, '아(兒)'는 짧게 발음됩니다. 사전에서 제시하는 것처럼 '기(棄)'를 짧게 발음하지 않습니다. "기아(棄兒)"와 마찬가지로 "① 기각(棄却)[**기:각**], ② 기권(棄權)[**기:권**]"도 역시 '기'를 길게 발음해야 합니다.
>
> 그러나 소리는 같지만 '굶주림'의 의미를 지닌 "기아(飢餓)"에서 '기'는, 짧게 발음합니다. '주릴 기(飢)는, 평성으로 단음이기 때문입니다. 만일 "기아(棄兒)"를 [**기:아**]처럼 길게 발음하지 않고, [기아]처럼 짧게 발음한다면 "기아(飢餓)"라는

---

8) 민중서림 편집국, 앞의 책, 849쪽; 최한룡, 1999, 『울고 싶도록 서글픈 한국어학의 현실』, 신정사, 111쪽.

뜻으로 잘못 전달되어 그 의미가 왜곡됩니다.

노점⺠ (露店) [노ː점 noɪdzʌm] ¶"길가의 한데에 물건을 벌여 놓고 장사하는 곳."

□ "**노ː저ㅁ:**[노점의] 빈 의자를 그냥/ 시라고 하면 안 되나" (오규원, 「버스 정거장에서」).

'이슬 로(露)'와 '전방 점(店)'은 둘 다 거성으로 장음입니다. 길고 높은 소리입니다. 첫음절 '노'만 장음이 실현되고, 둘째 음절의 장음 '노'는 단음화됩니다. 사전에서 제시하는 것과 달린 다음과 같이 길게 발음해야 합니다.

"[**노ː점**](○) / [**노점**](×)"

'의'는, 측성성 조사로 장음에 해당합니다. 단음은 장음 앞에서 평고조 되므로 단음화된 '점(店)'은, 다시 극단음으로 바뀝니다. 따라서 "노점의"는 [**노ː저ㅁ:**]로 발음됩니다.

노숙³⺠ (露宿) [노ː숙 noːsʰuk] ¶"한데에서 자는 잠."

□ "**노ː수긴드릐**[노숙인들의] 그림자와 함께" (정호승, 「내 그림자를 이끌고」).

'이슬 로[노(露)]'는, 거성으로 장음입니다.

"[**노ː숙**](○) / [**노숙**](×)"

'노(露)'는 이슬이라는 뜻을 포함해 "적시다/드러내다/고달프다"라는 의미도 있습니다. 국어사전에서는, '노(露)'를 모두 단음으로 발음하라고 지시하지만, 다음과 같이 길고 높게 발음해야 합니다. "① 노점(露店)[**노ː점**], ② 노골적(露骨的)[**노ː골적**], ③ 노숙자(露宿者)[**노ː숙자**]."

민감〔명〕(敏感) [**민:감** miːngam] ¶"자극에 빠르게 반응을 보이거나 쉽게 영향을 받음. 또는 그런 상태."

☐ "외로운 이는 소리에 **민감**[민감]하나니" (고재종, 「외로움에 대하여」).

'재빠를 민(敏)'은, 상성으로 장음입니다.

"[**민:감**](○) / [**민감**](×)"

'재빠를 민(敏)'은, "공손할/힘쓸"이라는 뜻도 지닙니다. '민(敏)'은 상성으로 장음인데도 국어사전에는, 장음을 표기하지 않았습니다. 그러나 '민(敏)'은, 길게 발음해야 하는 상성으로서의 장음이므로 다음과 길고 높게 발음해야 합니다. "① 민첩(敏捷)[**민:첩**], ② 민활(敏活)[**민:활**]".

맹수〔명〕(猛獸) [**맹:수** mɛːnsʰu] ¶"주로 육식을 하는 사나운 짐승. 사자나 범 등."

☐ "여전히 끌려온 **맹:수처:럼**[맹수처럼]/ 내가 만든 우리 주위를 빙빙 도는 남자" (문정희, 「평화로운 풍경」).

'맹(猛)'은, 상성으로 장음입니다.

"[**맹:수**](○) / [**맹수**](×)"

'맹(猛)'은 '사납다'라는 뜻입니다. 그와 함께 '엄할/날랠'이라는 의미도 있습니다.

'사나울 맹(猛)'이 상성으로 장음인데도 국어사전에는, 장음을 표시하지 않았습니다. 그러나 '맹(猛)'은, 다음과 같이 모두 길고 높게 발음해야 합니다. "맹견(猛犬)[**맹:견**], 맹금(猛禽)[**맹:금**], 맹렬(猛烈)[**맹:렬**], 맹장(猛將)[**맹:장**], 맹폭(猛爆)[**맹:폭**], 맹훈련(猛訓練)[**맹:훈련**]."

맹인〔명〕(盲人) [**맹:인** mɛːɲin] ¶"'시각 장애인'을 달리 이르는 말."

☐ "불도 켜지 않은 채/ **맹:인**[맹인]부부의 손을 잡고 인사를 나눈다" (안상

학, 「맹인부부」).

> '맹(盲)'은, 평성으로 단음이지만, 오늘날 '거성화'됐습니다.
>
> "[맹ː인](○) / [맹인](×)"
>
> '맹(盲)'은 '먼 눈'이라는 뜻과 함께 '어둡다'라는 의미도 있습니다.
>
> '눈멀 맹(盲)'이 거성화돼 장음으로 발음되는데도 국어사전에는, 장음을 표시하지 않았습니다. 그러나 거성화된 '맹(盲)'은, 다음과 같이 모두 길고 높게 발음해야 합니다. "① 맹목(盲目)[맹ː목], ② 맹장(盲腸)[맹ː장], ③ 맹종(盲從)[맹ː종]."

분필명 (粉筆) [분ː필 puːnpʰil] ¶"칠판에 글씨를 쓰는 필기구."

☐ "칠판 가득 뚝뚝 잘 부러지는 **분필**[분필]로 모국어를 채워두고" (안도현, 「보충수업」).

> '분(粉)'은, 상성으로 장음입니다. 길고 높은 소리입니다.
>
> "[분ː필](○) / [분필](×)"
>
> '분(粉)'은, '가루'라는 의미와 함께 "빻는다/분 바른다/꾸민다/회/색칠" 등의 뜻도 있습니다. 국어사전에는, "분홍(粉紅)"만을 [분ː홍]과 같이 장음을 정확하게 표기해놓았을 뿐입니다. 그러나 상성으로서의 장음인 '가루 분(粉)'은, 다음과 같이 모두 길게 발음해야 합니다. "① 분골쇄신(粉骨碎身)[분ː골쇄신], ② 분말(粉末)[분ː말], ③ 분쇄(粉碎)[분ː쇄], ④ 분식(粉食)[분ː식], ⑤ 분단장(粉丹粧)[분ː단장]."

사회명 (社會) [사ː회 saːhwe] ¶"㉠ 같은 무리끼리 모여 이루는 집단. ㉡ 학생이나 군인, 죄수들이 자기가 속한 영역 이외의 영역을 이르는 말. ㉢ 공동생활을 영위하는 모든 형태의 인간 집단. 가족/마을/조합/교회/계급/국가/정당/회사 따위가 그 주요 형태."

☐ "이 자본주의 **사ː회에ː서**[사회에서]/ 살아 있다는 것만으로도" (정희성,

「가을의 시」).

'사(社)'는, 상성으로 장음입니다.

"[사ː회](○) / [사회](×)"

'사(社)'는, '모이다'라는 의미뿐 아니라, "단체/제사 지내다/땅귀신" 등의 뜻도 있습니다. 국어사전에서는, 장음인 '사(社)'에 장음을 표기하지 않았습니다. 그러나 다음과 같이 길게 발음해야 합니다. "① 사교(社交)[사ː교], ② 사설(社說)[사ː설], ③ 사원(社員)[사ː원], ④ 사장(社長)[사ː장], ⑤ 사직(社稷)[사ː직], ⑥ 사택(社宅)[사ː택], ⑦ 사회주의(社會主義)[사ː회주의], ⑧ 사회학(社會學)[사ː회학], ⑨ 사훈(社訓)[사ː훈]."

소박하다[형] (素朴하다) [소ː바카다ː sʰoːbakʰadaː] ¶"꾸밈이나 거짓이 없고 수수하다."

☐ "이 그지없이 고담하고 <u>소ː바칸</u>[소박한] 것은 무엇인가" (백석, 「국수」).

'흴 소(素)'는, 거성으로 장음입니다.

"[소ː박](○) / [소박](×)"

"① 소묘(素描)[소ː묘], ② 소반(素飯)[소ː반], ③ 소찬(素饌)[소ː찬], ④ 소복(素服)[소ː복]"은 장음으로 정확하게 기재했습니다만, "소박하다"를 포함하여 "소수(素數), 소면(素麵), 소재(素材), 소질(素質)"은, 장음으로 표기하지 않았습니다. 그러나 이들도 모두 ① [소ː수], ② [소ː면], ③ [소ː재], ④ [소ː질]처럼 장음으로 발음해야 합니다.

수면[명] (水面) [수ː면 sʰuːmyʌn] ¶"㉠ 물의 겉면. ㉡ 어떤 일이 공개적으로 알려지거나 본격적으로 다루어지기 시작하는 기준."

☐ "밀물 들면 <u>수ː면</u>[수면] 아래 뉘엿이 가라앉고" (윤금초, 「이어도 사나, 이어도 사나」).

> '수(水)'는, 상성으로 장음입니다.
> "[수ː면](○) / [수면](×)"

수묵화[명] (水墨畫) [수ː무콰 sʰuːmukʰwa] ¶"먹으로 짙고 엷음을 이용하여 그린 그림."

　□ "**수ː무콰**[수묵화] 속에 들어앉아" (박종해, 「수묵화 속에 들어앉아」).

> '물 수(水)'는, "물"이라는 뜻과 함께 "긷는다/평평하다/평평하게 하다"라는 의미를 지닌 말입니다. 사전에는, '수(水)'에 장음을 표시하지 않아 단음으로 읽게 합니다. 오류입니다. '수(水)'는 상성으로 장음입니다. 이는, '평성화된 상성의 목록'에도 없습니다. 따라서 '수(水)'는 다음과 같이 모두 장음으로 발음해야 합니다. "① 수국(水菊)[수ː국], ② 수군(水軍)[수ː군], ③ 수달(水獺)[수ː달], ④ 수도(水道)[수ː도], ⑤ 수두(手痘)[수ː두], ⑥ 수량(水量)[수ː량], ⑦ 수력(水力)[수ː력], ⑧ 수로(水路)[수ː로], ⑨ 수륙(水陸)[수ː륙], ⑩ 수묵(水墨)[수ː묵], ⑪ 수문(水門)[수ː문], ⑫ 수산(水産)[수ː산], ⑬ 수상(水上)[수ː상], ⑭ 수영(水泳)[수ː영]."

수령[명] (首領) [수ː령 sʰuːryʌn] ¶"㉠ 당파나 무리의 우두머리. ㉡ 북한에서 노동당의 대표를 인민의 지도자로서 이르는 말."

　□ "여기서는요, 당신을 읽은 이들만 미련하게/ 혁명의 주위를 서성이네요/ **수령**[수령]과 당은 어찌 그걸 몰랐을까" (신동호, 「국수-백석 생각」).

> '수(首)'는, 상성으로 장음입니다.
> "[수ː령](○) / [수령](×)"
> '수(首)'는 '머리'라는 뜻과 함께 "우두머리/칼자루/나타낼/근거할/자백할/좇을/" 등의 뜻도 지닌 말입니다.
> '수(首)'가 장음인데도 국어사전에는, 장음을 표시하지 않았습니다. 그러나

'수(首)'는, 다음과 같이 모두 길고 높고 길게 발음해야 합니다. "① 수긍(首肯)[수:긍], ② 수도(首都)[수:도], ③ 수미(首尾)[수:미], ④ 수반(首班)[수:반], ⑤ 수상(首相)[수:상], ⑥ 수석(首席)[수:석]."

수호閔 (守護) [**수:호** sʰuːho] ¶"지키고 보호함."
□ "나는 빈 사랑의 **수:호자**[수호자]" (박노해, 「비움의 사랑」).

'수(守)'는, 상성으로 장음입니다.

"[**수:호**](○) / [수호](×)"

'지킬 수(守)'는, '지킨다'라는 뜻입니다. 그리고 "절개/오랫동안/구할"이라는 의미도 함께 품은 말입니다. '지킬 수(守)'가 상성으로 장음인데도 국어사전에는, 장음을 표시하지 않았습니다. 그러나 '수(守)'는, 다음과 같이 모두 길고 높게 발음해야 합니다. "① 수구(守舊)[수:구], ② 수문(守門)[수:문], ③ 수비(守備)[수:비] ④ 수전노(守錢奴)[수:전노], ⑤ 수절(守護)[수:절]."

여자閔 (女子) [**여:자** yʌːdza] ¶"여성으로 태어난 사람."
□ "나는 한 **여:자**[여자]를 사랑했네. 물푸레나무 한 잎같이 쬐그만 **여:자**[여자], 그 한 잎의 **여:자**[여자]를 사랑했네" (오규원, 「한 잎의 여자」).

'여(女)'는, 상성으로 장음입니다. 길고 높은 소리입니다.

"[**여:자**](○) / [여자](×)"

'계집 여(女)'와 '아들 자(子)'는, 둘 다 상성으로 장음입니다. 우리말은, 첫음절의 장음만 장음으로 실현되고, 둘째 음절의 장음은 단음화됩니다. 따라서 첫음절 '여'만 길게 발음하고, 둘째 음절의 '자'는 짧게 발음됩니다. 사전에서와 같이 짧게 발음되는 음이 아닙니다. '계집 여(女)'는 다음과 같이 길고 높게 발음해야 합니다. "① 여걸(女傑)[여:걸], ② 여권(女權)[여:권], ③ 여류(女流)[여:류], ④ 여사(女史)[여:사], ⑤ 여신(女神)[여:신], ⑥ 여왕(女王)[여:왕] ⑦ 여장부(女丈夫)[여:장부]."

여행몡 (旅行) [**여:행** yʌ:hɛŋ] ¶"일이나 유람을 목적으로 다른 고장이나 외국에 가는 일."

☐ "사람이 **여:행**[여행]하는 곳은 사람의 마음뿐이다" (정호승, 「여행」).

> '여(旅)'는, 상성으로 장음입니다.
>
> "[**여:행**](○) / [**여행**](×)"
>
> '여(旅)'는, '여행할 려'입니다. 이와 함께 "나그네/무리/군사/벌여놓을"이라는 뜻도 지닙니다. '여(旅)'가 거성으로 장음인데도 국어사전에는, 단음으로 표기했습니다. 그러나 '여(旅)'는, 다음과 같이 길고 높게 발음해야 합니다. "① 여객기(旅客機)[**여:객**기], ② 여관(旅館)[**여:관**], ③ 여권(旅券)[**여:권**], ④ 여정(旅程)[**여:정**]."

예배몡 (禮拜) [**예:배** ye:bɛ] ¶"신이나 부처와 같은 초월적 존재 앞에 경배하는 의식. 또는 그런 의식을 행함."

☐ "소나무에 대한 **예:배**[예배]" (황지우, 「소나무에 대한 예배」).

> '예(禮)'는, 상성으로 장음입니다.
>
> "[**예:배**](○) / [**예배**](×)"
>
> '예(禮)'는, '예/예우/예물'의 의미를 지닌 말입니다. '예(禮)'가 상성으로 장음인데 국어사전에는, 단음으로 표기했습니다. 그러나 '예(禮)'는, 다음과 같이 모두 길게 발음해야 합니다. "① 예법(禮法)[**예:법**], ② 예포(禮砲)[**예:포**]"와 같이 길고 높게 발음해야 합니다.

예물¹몡 (禮物) [**예:물** ye:mul] ¶"고마움을 나타내거나 예의를 갖추기 위하여 보내는 돈이나 물건."

☐ "아프고 아프면서 삶의 **예:물로:**[예물로]/ 바쳐진다고" (김남조, 「심장이 아프다」).

> "[**예:물**](○) / [**예물**](×)"

예의명 (禮義) [예:의 ye:ɯy] ¶"존경의 뜻을 표하려고 예로써 나타내는 말투나 몸가짐."

☐ "넝마에게도 **예:의는**:[예의는] 차리겠다" (복효근, 「콩나물에 대한 예의」).

> "[예:의](○) / [예의](×)"

조상[7]명 (祖上) [조:상 tso:sʰaŋ] ¶"⊙ 조상 때부터 대대로 살던 나라. ⓛ 자기 국적이 속한 나라. ⓒ 민족이나 국토 일부가 떨어져서 다른 나라에 합쳤을 때 그 본디의 나라."

☐ "**조상도**:[조상도] 조국도 몰랐던 우리,/ 말도 글도 성까지도 죄다 빼앗겼던 우리" (문병란, 「식민지의 국어 시간」).

> '조(祖)'는, 상성으로 장음입니다.
> "[조:상](○) / [조상](×)"
>
> '조(祖)'는, '할아비 조'입니다. 이에 더해 "선조/시조/사당/본받을"이라는 뜻도 지닙니다.
>
> '조(祖)'가 상성으로 장음인데도 국어사전에는, 단음으로 표기했습니다. 그러나 다음과 같이 모두 길게 발음해야 합니다. "① 조모(祖母)[조:모], ② 조부(祖父)[조:부], ③ 조국(祖國)[조:국], ④ 조손(祖孫)[조:손], ⑤ 조종(祖宗)[조:종]."

지구명 (地球) [지:구 tsi:gu] ¶"태양에서 셋째로 가까운 행성. 인류가 사는 천체로, 달을 위성으로 가지며, 자전 주기는 약 24시간, 공전 주기는 약 365일임."

☐ "꽃잎같이 하늘거리는 그 계집애가/ **지:구**[지구]보다 더 큰 질량으로 나를 끌어당긴다" (김인육, 「사랑의 물리학」).

> '지(地)'는, 거성으로 장음입니다.
> "[지:구](○) / [지구](×)"

'지(地)'는, '땅'이라는 뜻입니다. 그리고 "지위/다만"이라는 뜻도 지닌 말입니다. '땅 지(地)'가 거성으로 장음인데도 국어사전에는, 장음을 표시하지 않았습니다. 그러나 '지(地)'는, 다음과 같이 모두 길고 높게 발음해야 합니다. "① 지구의(地球儀)[지:구의], ② 지도(指圖)[지:도], ③ 지동설(地動說)[지:동설], ④ 지리(地理)[지:리], ⑤ 지면(地面)[지:면], ⑥ 지상(地上)[지:상], ⑦ 지역(地域)[지:역], ⑧ 지중해(地中海)[지:중해], ⑨ 지평선(地平線)[지:평선], ⑩ 지하수(地下水)[지:하수]."

지하철[명] (地下鐵) [**지:하철** tɕiːhatsʰʌl] ¶"지하 철도 위를 달리는 전동차."
□ "사랑하지 않는 일보다 사랑하는 일이 더욱 괴로운 날, 나는 **지하철를:**[지하철을] 타고 당신에게로 갑니다" (김종해, 「바람 부는 날」).

"[**지:하철**](○) / [지하철](×)"

지도[명] (指導) [**지:도** tɕiːdo] ¶"㉠ 어떤 목적이나 방향으로 남을 가르쳐 이끎. ㉡ 교과의 학습 활동을 지도하는 일. ㉢ 학생들의 일상생활 활동을 지도하여 좋은 습관이나 태도를 기르는 일."
□ "(…) 수많은 파문을 자신 안에 새기고도/ 말 없는 저 강물에게 **지:도**[지도] 받고 있다고" (송경동, 「사소한 물음들에 답함」).

'지(指)'는, 상성으로 장음입니다.
"[**지:도**](○) / [지도](×)"
'지(指)'는 '가리킨다'라는 뜻과 함께 "손가락/곤두설/아름다운/뜻" 등의 뜻도 지닌 말입니다. '지(指)'가 상성으로 장음인데도 국어사전에는, 장음을 표시하지 않았습니다. 그러나 '지(指)'는, 다음과 같이 모두 길고 높게 발음해야 합니다. "① 지남철(指南鐵)[**지:남철**], ② 지명(指名)[**지:명**], ③ 지목(指目)[**지:목**], ④

지문(指紋)[지:문], ⑤ 지시(指示)[지:시], ⑥ 지장(指章)[지:장], ⑦ 지침(指針)[지:침], ⑧ 지탄(指彈)[지:탄], ⑨ 지휘(指揮)[지:휘], ⑩ 지휘자(指揮者)[지:휘자]."

참담閔 (慘憺) [참:담 tsʰaːmdam] ¶"㉠ 끔찍하고 절망적이다. ㉡ 몹시 슬프고 괴롭다."

　□ "당신의 그 **참:담한**[참담한] 정돈을 흔들어 버릴 수만 있다면" (고정희, 「가을 편지」).

'참(慘)'은, 상성으로 장음입니다.

"[**참:담**](○) / [**참담**](×)"

'참(慘)'은 '참혹하다'라는 뜻으로 "아프다/근심하다/혹독하다/가혹하다/비통하다/손상하다/춥다"라는 여러 뜻도 함께 품은 말입니다.

'참혹할 참(慘)'이 상성으로 장음인데도 국어사전에는, 장음을 표시하지 않았습니다. 그러나 다음과 같이 모두 길고 높게 발음해야 합니다. "① 참극(慘劇)[참:극], ② 참사(慘死)[참:사], ③ 참상(慘狀)[참:상], ④ 참패(慘敗)[참:패], ⑤ 참형(慘刑)[참:형], ⑥ 참혹(慘酷)[참:혹]."

체벌閔 (體罰) [체:벌 tsʰeːbʌl] ¶"몸에 직접 고통을 주어 벌함. 또는 그런 벌."

　□ "학기말 고사 화학 시험 답안지를 백지 제출하고/ 담임선생님께 **체벌를:**[체벌을] 받았다" (장정일, 「첫사랑」).

'체(體)'는, 상성으로 장음입니다.

"[**체:벌**](○) / [**체벌**](×)"

'몸 체(體)'는 '몸'이라는 뜻으로 "사지/물건/나눌/형성할/친할/본받을/행할"이라는 여러 뜻도 함께 품은 말입니다.

'몸 체(體)'가 상성으로 장음인데도 국어사전에는, 장음을 표시하지 않았습니다. 그러나 다음과 같이 모두 길고 높게 발음해야 합니다. "① 체격(體格)[체:격], ② 체계(體系)[체:계], ③ 체내(體內)[체:내], ④ 체득(體得)[체:득], ⑤ 체력(體力)[체:력], ⑥ 체면(體面)[체:면], ⑦ 체육(體育)[체:육], ⑧ 체중(體重)[체:중], ⑨ 체질(體質)[체:질], ⑩ 체통(體統)[체:통], ⑪ 체험(體驗)[체:험], ⑫ 체형(體刑)[체:형], ⑬ 체형(體形)[체:형]."

체온명 (體溫) [체:온 tsʰeːon] ¶"동물체가 가지고 있는 온도."

☐ "나는 쓰레기통끼리 **체:오늘:**[체온을] 나눌 수 있어서 좋았다" (정호승, 「쓰레기통처럼」).

"[체:온](○) / [체온](×)"

체조명 (體操) [체:조 tsʰeːdzo] ¶"신체 각 부분의 고른 발육과 건강의 증진을 위하여 일정한 형식으로 몸을 움직임. 또는 그런 운동."

☐ "나에게 **체:조가:**[체조가] 있다. 나를 외우는 체조가 있다. 나는 체조와 와야만 한다" (이수명, 「체조하는 사람」).

"[체:조](○) / [체조](×)"

체포명 (逮捕) [체:포 tsʰeːpʰo] ¶"㉠ 형법에서, 사람의 신체에 대하여 직접적이고 현실적인 구속을 가하여 행동의 자유를 빼앗는 일. ㉡ 형사소송법에서, 검찰 수사관이나 사법 경찰관이 법관이 발부하는 영장에 따라 피의자를 잡아서 일정 기간 유치하는 일. 또는 그런 강제 처분."

☐ "마치, 난자를 만난 정자가 그녀의 집에 영원히 **체:포되듣:**[체포되듯] 너는 거기에 속해 있다" (김혜순, 「서울」).

'체(逮)'는, 거성으로 장음입니다.

"[체:포](○) / [체포](×)"

'체(逮)'는 '쫓을/잡을'이라는 뜻과 함께 "보낼" 등의 뜻도 지닌 말입니다.

'체(逮)'가 거성으로 장음인데 국어사전에는, 장음을 표시하지 않았습니다. 그러나 길고 높게 발음해야 합니다.

초록명 (草綠) [초:록 tsʰoːrok] ¶"㉠ 파랑과 노랑의 중간색. 또는 그런 색의 물감. ㉡ 파랑과 노랑의 중간 빛."

☐ "여우와 뱀이 입 맞추고/ **초록**[초록] 풀 나무 덩굴이 수천 번/ 되살아나고 되지던 곳" (김혜순, 「어느 별의 지옥」).

'초(草)'는, 상성으로 장음입니다.

"[초:록](○) / [초록](×)"

'초(草)'는 '풀'이라는 뜻과 함께 "풀 벨/거칠/야비할" 등의 뜻도 지닌 말입니다.

'풀 초(草)'가 상성으로 장음이지만 국어사전에는, 장음을 표시하지 않았습니다. 그러나 '초(草)'는, 다음과 같이 모두 길고 높게 발음해야 합니다. "① 초가(草家)[초:가], ② 초고(草稿)[초:고], ③ 초막(草幕)[초:막]."

초목¹명 (草木) [초:목 tsʰoːmok] ¶"풀과 나무를 아울러 이르는 말."

☐ "그러한 잠시 내가 알던 소녀는/ 정원의 **초:목**[초목] 옆에서 자라고" (박인환, 「목마와 숙녀」).

"[초:목](○) / [초목](×)"

치욕명 (恥辱) [치:욕 tsʰiːyok] ¶"수치와 모욕을 아울러 이르는 말."

☐ "사랑에서 **치:욕그:로**[치욕으로],/ 다시 **치:욕게:서**[치욕에서] 사랑으

로/ 하루에도 몇 번씩 네게로 드리웠던 두레박" (나희덕, 「푸른 밤」).

> '치(恥)'는, 상성으로 장음입니다.
>
> "[치ː욕](○) / [치욕](×)"
>
> '치(恥)'는, '부끄럼'이라는 뜻과 함께 "욕/부끄러워할/욕보일" 등의 뜻도 지닌 말입니다.
>
> '부끄러울 치(恥)'가 상성으로 장음인데도 국어사전에는, 장음을 표시하지 않았습니다. 그러나 '치(恥)'는 다음과 같이 모두 길고 높게 발음해야 합니다. "① 치골(恥骨)[치ː골], ② 치사(恥事)[치ː사]."

투명명 (透明) [투ː명 tʰuːmyʌŋ] ¶"㉠ 물 따위가 속까지 환히 비치도록 맑음. ㉡ 사람의 말이나 태도, 펼쳐진 상황 따위가 분명함. ㉢ 앞으로의 움직임이나 미래의 전망 따위가 예측할 수 있게 분명함."

  □ "얼마나 좋겠니, 물방울처럼 **투명**[투명]하게/ 우리 하나로 맺혀질 수 있다면" (권갑하, 「물방울 속의 사랑」).

> '투(透)'는, 거성으로 장음입니다.
>
> "[투ː명](○) / [투명](×)"
>
> '투(透)'는, '환히 비칠 투'입니다. 이에 더해 "뛸/사무칠/꿰뚫을/놀랄/던질"이라는 뜻도 지닙니다.
>
> '투(透)'가 거성으로 장음인데도 국어사전에는, 단음으로 표기했습니다. 그러나 '투(透)'는, 다음과 같이 길고 높게 발음해야 합니다. "① 투과(透過)[투ː과], ② 투사(透寫)[투ː사], ③ 투시(透視)[투ː시], ③ 투영(透映)[투ː영], ④ 투철(透徹)[투ː철]."

토지명 (土地) [토ː지 tʰoːdzi] ¶"㉠ 경지나 주거지처럼 사람의 생활과 활동에 이용하는 땅. ㉡ 사람에 의한 이용이나 소유의 대상으로서 받아들여지는 경우의 땅."

☐ "**토:지를:**[토지를] 빌려준 뒤/ 입당을 회유했던/ 소련 공산당에 가입하던 날에도" (전성훈, 「홍범도의 가을」).

> '흙 토(土)'는, 상성으로 장음이고, '땅 지(地)'는 거성으로 역시 장음입니다. 그러나 첫음절만 장음화되고 둘째 음절은 단음화됩니다.
>
> "[**토:지**](○) / [**토지**](×)"
>
> 목적격 '를'은 측성성 조사로 '토(土)'가 상성으로 장음인데도 국어사전에는, 단음으로 표기했습니다. 그러나 '토(土)'는, 다음과 같이 모두 길고 높게 발음해야 합니다. "① 토굴(土窟)[**토:굴**], ② 토기(土器)[**토:기**], ③ 토산(土山)[**토:산**], ④ 토성(土城)[**토:성**], ⑤ 토성(土星)[**토:성**], ⑥ 토착민(土着民)[**토:착민**], ⑦ 토호(土豪)[**토:호**]."

표정[명] (表情) [**표:정** pʰyoːdzʌŋ] ¶"마음속에 품은 감정이나 정서 따위의 심리 상태가 겉으로 드러남. 또는 그런 모습."

☐ "이미 너는 내 어두운/ **표:정**[표정] 밖으로 사라져버린다" (신달자, 「너의 이름을 부르면」).

> '표(表)'는, 상성으로 장음입니다.
>
> "[**표:정**](○) / [**표정**](×)"
>
> '표(表)'는, '겉 표'입니다. 그리고 "웃옷/입을/나타낼/모습"이라는 뜻도 지닌 말입니다. '표(表)'가 상성으로 장음인데 국어사전에는, 단음으로 표기했습니다. 그러나 '표(表)'는, 다음과 같이 길게 발음해야 합니다. "① 표결(表決)[**표:결**], ② 표구(表具)[**표:구**], ③ 표기(表記)[**표:기**], ④ 표리(表裏)[**표:리**], ④ 표면(表面)[**표:면**], ④ 표제(表題)[**표:제**], ⑤ 표현(表現)[**표:현**]."

표지¹[명] (表紙) [**표:지** pʰyoːdzi] ¶"㉠ 책의 맨 앞뒤의 겉장. ㉡ 읽던 곳이나 필요한 곳을 찾기 쉽도록 책갈피에 끼워 두는 종이쪽지나 끈."

□ "**표지는**:[표지는] 빳빳하고 목차는 미끄러워/ 문화예술의 연기인지 그을 음인지" (이원규, 「시를 태워 시가 빛날 때」).

> "[**표:지**](○) / [**표지**](×)"

총검명 (銃劍) [**총:검** tsʰoːŋɡʌm] ¶"㉠ 총과 칼을 아울러 이르는 말. ㉡ 무력을 비유적으로 이르는 말. ㉢ 가까운 거리에 있는 적과 싸울 때 소총에 꽂아 쓰는 작은 칼."

□ "구둣발도 **총:검도**:[총검도] 아랑곳없이/ 도도히 도도히 흘렀습니다" (허영자, 「만세로 가득 찬 사나이」).

> '총 총(銃)'은, 상성으로 장음이고, '칼 검(劍)'은 거성으로 역시 장음입니다. 장음은 첫음절만 장음으로 실현되고, 둘째 음절의 장음은 단음화되므로 '총'만 길게 발음하고 '검'은 짧게 발음합니다.
>
> "[**총:검**](○) / [**총검**](×)"
>
> '총 총(銃)'은, 상성으로 장음인데도 국어사전에는, 장음을 표시하지 않았습니다. 그러나 거성인 '총(銃)'은, 다음과 같이 모두 길고 높게 발음해야 합니다. "① 총격(銃擊)[**총:격**], ② 총구(銃口)[**총:구**], ③ 총기(銃器)[**총:기**], ④ 총살(銃殺)[**총:살**], ⑤ 총상(銃傷)[**총:상**], ⑥ 총탄(銃彈)[**총:탄**], ⑦ 총포(銃砲)[**총:포**]."
>
> 보조사 '도'는, 측성성 조사로 장음에 해당합니다. 따라서 단음으로 변한 '검'은, 다시 극단음으로 바뀝니다. 하여 "총검도"는 [**총:검도**:]로 발음되는 것입니다.

총성명 (銃聲) [**총:성** tsʰoːŋsʰʌŋ] ¶"총을 쏠 때 나는 소리."

□ "**총:성은**:[총성은] 멎었으나/ 숱한 전우들과 버려지듯 묻힌 무덤가엔" (이길원, 「철조망에 걸린 편지」).

> "[**총:성**](○) / [**총성**](×)"

보조사 '은'은, 측성성 조사로 장음에 해당합니다. 따라서 앞 음절 단음인 '성'은, 극단음으로 바뀌어 아주 짧게 발음됩니다. 하여 총성이 [총:성은:]으로 발음되는 것입니다.

희극¹명 (喜劇) [히:극 hiːgɯk] ¶"㉠ 웃음을 주조로 하여 인간과 사회의 문제점을 경쾌하고 흥미 있게 다룬 연극이나 극 형식. 인간 생활의 모순이나 사회의 불합리성을 골계적, 해학적, 풍자적으로 표현한다. ㉡ 남의 웃음거리가 될 만한 일이나 사건."

☐ "인생이란 느끼는 자에게는 비극이고/ 생각하는 자에게는 **히:그기라니 요:**[희극이라니요]?" (천양희, 「왜요?」).

'희(喜)'는, 상성으로 장음이고, '연극 극(劇)'은 촉급한 소리인 '입성'입니다.
"[히:극](○) / [히극](×)"
'기쁠 희(喜)'가 상성으로 장음인데도 국어사전에는, 장음을 표시하지 않았습니다. 그러나 '희(喜)'는, 다음과 같이 모두 길고 높게 발음해야 합니다. "① 희로애락(喜怒哀樂)[히:로애락], ② 희보(喜報)[히:보], ③ 희색(喜色)[히:색], ④ 희소식(喜消息)[히:소식], ⑤ 희열(喜悅)[히:열]."

희비명 (喜悲) [히:비 hiːbi] ¶"기쁨과 슬픔을 아울러 이르는 말."
☐ "사랑과 이별로 **히:비의:**[희비의] 근육을 키우며" (목필균, 「함께하다」).

"[히:비](○) / [히비](×)"
"의"는, 측성성 조사로 길게 읽어야 하는 음입니다. 앞의 음절 '비'는 단음이라고 했죠. 단음은 장음 앞에서 평고조되므로 극단음으로 바뀌어 발음됩니다. 따라서 "희비의"는 [히:비의:]와 같이 발음되는 것입니다.

2. '장단양음(長短兩音)'

우리 고유어 중에는 아주 특별한 장음이 있습니다. 장음이기는 분명 장음인데, 어떤 경우에는 단음으로도 발음되는 말이 있습니다. 우선 예를 하나만 들어보겠습니다. "꿈"이 그러합니다. 꿈은 대체 어떤 경우에 긴소리로 발음될까요? 조사 '에/에게/에는/에서/엔들' 앞에서는 짧게 발음됩니다. 다음의 문장을 읽어보면, 확실하게 단음으로 발음되는 걸 알 수 있습니다. 문장 전체를 읽어볼 때 외려 장단양음의 그 실체를 더 쉽게 느낄 수 있습니다.

"꾸메:[꿈에] 보았던 그녀."
"꾸메:게[꿈에게] 묻는다."
"꾸메:는[꿈에는] 꿈틀거리는 욕망이 있다."
"꾸메:서[꿈에서] 깰까 봐."
"꾸멘:들[꿈엔들] 잊힐리야."

처소격 조사 "에/엔"은 '측성성 조사'로 장음이고, 장음 "꿈"은, "에" 앞에서 단음으로 발음됩니다. 그러니까 "꿈에(꿈+에)"의 음장(音長) 구조는, '단+장'입니다. 그런데 이런 '단+장'의 음장 구조에서는, 어떤 변화가 나타납니다. 단음은, 언제나 장음 앞에서 돌연 더욱 짧아지며 높아집니다. 이는 우리말에서 예외 없이 나타나는 현상입니다. 이를 '평고조' 현상이라고 합니다. 짧은소리를 평성(平聲)이라고 하는데, 이 짧고 낮으며 잔잔한 소리(=단음)가 장음 앞에서는, 아연 더욱 짧아지며, 원래의 낮은 소리에서 돌연 높아지는 현상이 나타납니다.

그리고 글자 위의 [′]는 단음보다 더 짧고 높아지는 소리(=평고조)의 기호입니다. 또 글자 위의 [¯]는 장음 뒤의 음절이 본연의 제 음가보다 조금 짧아진다는 기호입니다.

그러나 "꿈"은, '에/에게/에는/에서/엔들' 이외의 모든 조사 앞에서, 길게 읽힙니다. 설령 오늘날 조금 짧아졌더라도 분명 장음의 제 역할을 합니다. 그것은 바로 '꿈' 뒤 음절의 장음이 짧아질 뿐 아니라, '꿈' 뒤의 단음 역시 제 음가보다 짧아지기 때문입니다. 살아 움직이는 생생한 우리말을 증거합니다.

"꿈:까지:[꿈까지] 꾸었다."

"꿈:마저:[꿈마저] 빼앗겼다."

"꿈:조차:[꿈조차] 꿀 수 없는 나의 참담한 삶."

"꿈:보다[꿈보다] 해몽."

"꿈:마다[꿈마다] 너를."

"꾸:믄[꿈은] 하늘에서 잠자고…"

"꾸:미[꿈이] 아니었구나."

"꾸:믈[꿈을] 꾸었으나,"

"꿈:과[꿈과] 함께 사라졌다."

"꾸:므로:[꿈으로] 가득 찬 설레는 이 마음"

"꾸:밀랑[꿈일랑] 접어두자."

"꾸:믜[꿈의] 궁전에서"

"꾸:미라도:[꿈이라도] 꾸어보자"

"꾸:미든:[꿈이든] 생시든"

"꿈:도[꿈도] 크다."

"꿈:만[꿈만] 꾸지 말고, 현실을 좀 보아라."

"꿈:만큼[꿈만큼] 환상적이다."

"꿈:처럼[꿈처럼] 아름다운 사랑이여~."

"나의 꿈:[꿈], 나의 모든 것."

"꾸:미[꿈이] 원대한 소년이 좋다."

"꾸:미나[꿈이나] 꾸어볼까?"

"꾸:믄[꿈은] 하늘에서 잠자고."

"꾸:믈[꿈을] 갖자."

"꿈:과[꿈과] 행복이 가득한 곳"

"꾸:므로:[꿈으로] 가득 찬 아이들"

"꾸:므로:써[꿈으로써]"

"꾸:므로:써[꿈으로서]"

"꿈:의[꿈의] 궁전"

"꾸:마[꿈아]"

"꾸:민들[꿈인들] 어떠리오."

"꾸:미든지[꿈이든지] 생시든지."

"꾸:미라:도[꿈이라도] 꾸어보자."

"꾸:미여:[꿈이여] 다시 한번"

"꿈:도[꿈도] 못 꿀까?"

"꿈:만[꿈만] 같아요."

"꿈:가치[꿈같이] 허망한 것도 없다."

"꿈:만큼[꿈만큼]"

"꿈:처럼:[꿈처럼] 아름다운 사랑이여"

   우리 고유어 중에서 "꿈"과 같이 '장단양음'으로 발음되는 말은, 다음과 같습니다. 여기에 제시된 말은, 사전에선 모두 단음으로 표시된 단어입니다. 하지만 위에서 보았듯, 어떤 조사 앞에 놓이느냐에 따라 '장단양음'으로 발음되는 말입니다. 이것이 살아 있는 생생한 우리말의 변화무쌍입니다.

"① 갓(笠) ② 길(道) ③ 꿈(夢) ④ 귀(耳) ⑤ 끈(紐) ⑥ 끝(末) ⑦ 꾀(謀)
⑧ 남(他) ⑨ 낫(鎌) ⑩ 낮(晝) ⑪ 논(畓) ⑫ 눈(眼) ⑬ 담(墻) ⑭ 땅(地)
⑮ 떡(餠) ⑯ 뜻(意) ⑰ 맛(味) ⑱ 몸(身) ⑲ 못(釘) ⑳ 못(池) ㉑ 밤(夜)
㉒ 밥(飯) ㉓ 발(足) ㉔ 뺨(頰) ㉕ 봄(春) ㉖ 붓(筆) ㉗ 빗(櫛) ㉘ 살(矢)

㉙ 손(手) ㉚ 쌀(米) ㉛ 안(內) ㉜ 엿(飴) ㉝ 옷(衣) ㉞ 이(齒) ㉟ 잎(葉) ㊱ 입(口) ㊲ 절(寺) ㊳ 칼(刀) ㊴ 코(鼻) ㊵ 틈(隙)"

다음의 사례에서 앞의 예시는 장음, 뒤의 예시는 단음으로 발음되는 경우입니다. 장음 뒤의 음절은 제 음가보다 짧아집니다. 이는 [ˉ] 기호로 표시합니다. 그리고 단음은, 장음 앞에서 짧은소리가 더욱 짧아지며, 낮은 소리가 돌연 높아집니다. 이는 [´] 기호로 표시합니다. 그리고 어휘적 장음의 기호 [ː] 대신 기호 [ː]로 표기합니다. 장음은 어두에서만 실현된다는 표준발음법의 규정은, 부분적으로 수정돼야 함을 증거하는 사례들을 들어봅니다.

한 가지 더. 장음은 조금 이르게, 반면에 극단음은 조금 늦게 발화해야 장단음이 좀 더 쉽게 구현됩니다. 장음의 발화 시점은 마치 '꾸밈음'처럼 조금 일러야 하고, 극단음의 발화 시점은 '못갖춘마디'처럼 조금 늦게 들어가야 합니다. 그리고 각각의 글자마다의 장단보다는, 문장 전체 속에서의 장단을 발음할 때 외려 더 쉬워집니다. 그러니까 '의미 단위로 읽기' 속에서 장단 발음을 하면 "아, 말하듯 글을 읽을 수도 있겠구나" 하는 생각이 들 때가 올 수 있습니다.

갓¹명 [갇ː/갇 kaːt/kat] ¶"예전에, 어른이 된 남자가 머리에 쓰던 의관의 하나."

☐ "가ː슨[갓은] 썼으나, 행색이 초라한 선비".

> 장단양음 "갓¹"은, 보조사 '은' 앞에서 장음으로 발음됩니다. '은'은, 측성성 조사로 장음입니다. "갓은"에서 첫음절의 장음 '갓'은 길고 높게, 둘째 음절의 장음 '은'은 짧고 낮게 발음합니다. 우리말에선 장음 뒤에 장음이 이어질 때 첫음절의 장음만 장음으로 실현되고, 뒤의 장음은 단음화되기 때문입니다. 하여 "갓은"은, [가ː슨]으로 발음됩니다. 또한 장음의 음절에 '강세'가 놓입니다. 따라서 장음 음절을 약하지 않게, 강하게 발음해야 합니다.

☐ "**가세:**[갓에] 떨어진 새똥".

그러나 장단양음 "갓¹"은, 저 처격 조사 '에' 앞에서 단음으로 발음됩니다. 조사 '에'는, 측성성 조사로 장음입니다. 이때, "갓에"의 첫음절 '갓'은, 평고조되어 아주 짧고 돌연 높게 '극단음'으로 발음됩니다. 이렇게 단음은, 원래 짧고 낮은 소리인데 저 장음 앞에서는 변신합니다. 외려 돌연 높아지기 때문입니다. 그리고 둘째 음절 장음 조사 '에'는, 제 음가 그대로 길고 높게 발음됩니다.
따라서 "갓에"는 [**가세:**]로 발음되는 것입니다. 짧고 낮게 발음되는 단음이 장음 앞에서 돌연 더욱 짧아지며 아연 높아지는 현상을 대체 어떻게 설명해야 할까요? 이는 마치 장대높이뛰기 선수가 아주 높은 바를 넘으려고 마구 달려가다가 순간, 장대를 땅에 팍, 하고 꽂으며 순간, 튀어 올라가며 아주 높은 바를 넘으려고 더 높아지는 것과 같다고 할 수 있을까요. 아무튼 단음은, 장음 앞에서 원래 짧고 낮은 그 속성이 돌연 더욱 짧아지며 별안간 높아진다는 것입니다. 이를 '평고조(平高調)'라고 합니다. 짧고 낮은 것이 어느 순간에 더욱 짧아지며, 높아지니 말입니다. 이는 우리말에 적용되는 일종의 법칙과도 같습니다.

귀¹囝 [귀:/귀 kwiː/kwi] ¶"사람이나 동물의 머리 양옆에 듣는 기능을 하는 감각 기관."

☐ "단풍도 꽃이 되지 **귀:도**[귀도] 눈이 되지" (유안진, 「춘천은 가을도 봄이지」).

장단양음 "귀¹"는, 보조사 '도' 앞에서 장음으로 발음됩니다. '도'는, 측성성 조사로 장음입니다. "귀도"의 첫음절의 장음 '귀'을 길고 높게, 둘째 음절의 장음 '도'는 짧고 낮게 발음합니다. 장음 뒤에 장음이 이어질 때 첫음절의 장음만 장음으로 실현되고, 뒤의 장음은 단음화되기 때문입니다. 하여 "귀도"는, [**귀:도**] 로 발음되는 것입니다.

☐ "**귀에:**[귀에] 물이 들어갔다."

장단양음 "귀[1]"는, 처격 조사 '에' 앞에서 단음으로 발음됩니다. 조사 '에'는, 측성성 조사로 장음인 제 음가 그대로 그 길이가 유지됩니다.

길[1]명 [길:/길 kiːl/kil] ¶"㉠ 사람이나 동물 또는 자동차 따위가 지나갈 수 있게 땅 위에 낸 일정한 너비의 공간."

☐ "**기:리**[길이] 끝나는 곳에서도/ **기:리**[길이] 있다" (정호승, 「봄길」).

장단양음 "길[1]"은, 주격 조사 '이' 앞에서 장음으로 발음됩니다. '이'는, 측성성 조사로 장음입니다. "길이"의 첫음절 장음 '길'을 길고 높게, 둘째 음절의 장음 '이'는 짧고 낮게 발음합니다. 장음 뒤에 장음이 이어질 때 첫음절의 장음만 장음으로 실현되고, 뒤의 장음은 단음화되기 때문입니다. 하여 "길이"는 [길:이]로 발음되는 것입니다.

☐ "**기레:서**[길에서] 만난 사람들".

장단양음 "길"은, 처격 조사 '에' 앞에서 단음으로 발음됩니다. 조사 '에서'는, 측성성 조사로 '에'가 장음입니다. 첫 장음 '길'을 아주 짧고 낮게 '극단음'으로 발음합니다. 셋째 음절 '서'는 단음이므로 짧게 발음합니다.

끈명 [끈:/끈 kɯːn/kɯn] ¶"㉠ 물건을 매거나 꿰거나 하는 데 쓰는 가늘고 긴 물건. ㉡ 물건에 붙어서 잡아매거나 손잡이로 쓰는 물건."

☐ "어느 봄날, 책을 묶던 **끄:니**[끈이] 말했네" (강은교, 「봄날의 끈」).

장단양음 "끈[1]"은, 주격 조사 '이' 앞에서 장음으로 발음됩니다. '이'는, 측성성 조사로 장음입니다. "끈이"의 첫음절의 장음 '끈'을 길고 높게, 둘째 음절의 장음 '이'는 짧고 낮게 발음합니다. 장음 뒤에 장음이 이어질 때 첫음절의 장음만 장음으로 실현되고, 뒤의 장음은 단음화되기 때문입니다. 하여 "끈이"는, [끄:니]로 발음되는 것입니다.

□ "<u>끄네:[끈에]</u> 묶여 있는 리본."

> 장단양음 "끈"은 처격 조사 '에' 앞에서 단음으로 발음됩니다. 조사 '에'는, 측성성 조사로 장음이며 제 음가 그대로 길게 발음됩니다.

끝¹명 [끋:/끋 kɯːt/kɯt] ¶"㉠ 시간·공간·사물에서 마지막 한계가 되는 곳. ㉡ 긴 물건에서 가느다란 쪽의 맨 마지막 부분."

□ "추녀 <u>끄:틔/끄:테[끝의]</u> 풍경 소리를 알아듣게 하시고" (정채봉, 「기도」).

> 장단양음 "끝¹"은, 관형격 조사 '의' 앞에서 장음으로 발음됩니다. '은'은, 측성성 조사로 장음입니다. "끝의"의 첫음절 장음 '끝'을 길고 높게, 둘째 음절의 장음 '의'는 짧고 낮게 발음합니다. 장음 뒤에 장음이 이어질 때 첫음절의 장음만 장음으로 실현되고, 뒤의 장음은 단음화되기 때문입니다. 하여 "끝의"는, [끄:틔] 로 발음되는 것입니다.

□ "그는 성적이 <u>끄테:서[끝에서]</u> 두 번째다."

> 장단양음 "끝"은 처격 조사 '에' 앞에서는 단음으로 발음됩니다. 조사 '에서'는 측성성 조사로 '에'가 장음이고, '서'가 단음입니다.

꾀¹명 [꾀:/꾀 kweː/kwe] ¶"일을 잘 꾸며 내거나 해결해 내거나 하는, 묘한 생각이나 수단."

□ "<u>꾀:를[꾀를]</u> 잘 내는 아이."

> 장단양음 "꾀¹"는, 목적격 조사 '를' 앞에서 장음으로 발음됩니다. '를'은, 측성성 조사로 장음입니다. "꾀를"의 첫음절 장음의 '꾀'를 길고 높게, 둘째 음절의 장음 '를'은 짧고 낮게 발음합니다. 장음 뒤에 장음이 이어질 때 첫음절의 장음만 장음으로 실현되고, 뒤의 장음은 단음화되기 때문입니다. 하여 "꾀를"은, [꾀:를] 로 발음되는 것입니다.

□ "서림의 **뫼에:**[뫼에] 다들 넘어갔다."

> 장단양음 "뫼"는 처격 조사 '에' 앞에선 단음으로 발음됩니다. 조사 '에'는 측성성 조사로 장음입니다. 첫 장음 '뫼'를 아주 짧고 낮게 '극단음'으로 발음합니다. 단음은 장음 앞에서 돌연 짧아지며 높아지기 때문입니다. 그리고 둘째 음절 장음 '에'는, 제 음가 그대로 조금 길고 높게 발음됩니다. 따라서 "뫼에"는, [뫼에:]로 발음되는 것입니다.

남⌐명 [남:/남 naːm/nam] ¶"㉠ 자기 이외의 다른 사람. ㉡ 일가가 아닌 사람. ㉢ 아무런 관계가 없거나 관계를 끊은 사람."

□ "육첩방은 **나:믜**[남의] 나라" (윤동주, 「쉽게 쓰여진 시」).

> 장단양음 "남"은, 관형격 조사 '의' 앞에서 장음으로 발음됩니다. '의'는, 측성성 조사로 장음입니다. "끝의"의 첫음절 장음 '끝'을 길고 높게, 둘째 음절의 장음 '의'는 짧고 낮게 발음합니다. 장음 뒤에 장음이 이어질 때 첫음절의 장음만 장음으로 실현되고, 뒤의 장음은 단음화되기 때문입니다. 하여 "남의"는, [나:믜]로 발음되는 것입니다.

□ "가족에게는 못해도 **나메:게**[남에게] 잘하는 남편."

> 장단양음 "남"은, 처격 조사 '에게' 앞에선 단음으로 발음됩니다. 조사 '에게'는 측성성 조사로 '에'가 장음이고, '게'가 단음입니다. 첫 장음 '남'을 아주 짧고 낮게 '극단음'으로 발음합니다. 그리고 둘째 음절 장음 '에'는 제 음가 그대로 조금 길고 높게 발음하며, '게'는 짧게 발음합니다.

낫⌐명 [낟:/낟 naːt/nat] ¶"곡식·나무·풀 따위를 베는 데 쓰는 농기구. 시우쇠로 'ㄱ' 자 모양으로 만들어 안쪽으로 날을 내고, 뒤 끝 슴베에 나무 자루를 박아 만든다."

□ "**나:슬**[낫을] 갈 듯 살아오신 아버님의 팔순 생애" (권갑하, 「숫돌」).

장단양음 "낯"은, 목적격 조사 '을' 앞에서 장음으로 발음됩니다. '을'은, 측성성 조사로 장음입니다. "낯을"의 첫음절 장음 '낯'을 길고 높게, 둘째 음절의 장음 '을'은 짧고 낮게 발음합니다. 장음 뒤에 장음이 이어질 때 첫음절의 장음만 장음으로 실현되고, 뒤의 장음은 단음화되기 때문입니다. 하여 "낯을"은, [나ː슬]로 발음되는 것입니다.

☐ "언제나 **나세ː**[낯에] 묻은 봄풀의 부드러운 향기" (진은영, 「언제나」).

장단양음 "낯"은, 처격 조사 '에' 앞에선 단음으로 발음됩니다. 조사 '에'는, 측성성 조사로 장음입니다. 첫 장음 '낯'을 아주 짧고 낮게 '극단음'으로 발음합니다. 그리고 둘째 음절 장음 '에'는, 제 음가 그대로 조금 길고 높게 발음됩니다. 따라서 "낯에"는, [**나세ː**]로 발음되는 것입니다.

낮몡 [낟ː/낟 naːt/nat] ¶"㉠ 해가 뜰 때부터 질 때까지의 동안. ㉡ 아침이 지나고 저녁이 되기 전까지의 동안. ㉢ 낮의 한가운데. 곧, 낮 열두 시를 전후한 때를 이른다."

　☐ "**나ː치**[낮이]] 기울면 서쪽 그늘이 깊어진다 하겠는지요" (천양희, 「여전히 여전한 여자」).

장단양음 "낮"은, 주격 조사 '이' 앞에서 장음으로 발음됩니다. '이'는, 측성성 조사로 장음입니다. "낮이"의 첫음절 장음 '낮'을 길고 높게, 둘째 음절의 장음 '이'는 짧고 낮게 발음합니다. 장음 뒤에 장음이 이어질 때 첫음절의 장음만 장음으로 실현되고, 뒤의 장음은 단음화되기 때문입니다. 하여 "낮이"는, [나ː치]로 발음되는 것입니다.

　☐ "마애보살의 얼굴 표정이 아침에 다르고,/ **나제ː**[낮에]] 다르고,/ 밤에 다르다" (윤희상, 「보타사 마애보살좌상」).

장단양음 "낮"은 처격 조사 '에' 앞에서는, 단음으로 발음됩니다. 조사 '에'는,

측성성 조사로 장음입니다. 첫 장음 '낮'이 외려 아주 짧고 낮게 '극단음'으로 발음합니다. 그리고 둘째 음절 장음 '에'는, 제 음가 그대로 조금 길고 높게 발음됩니다. 따라서 "낮에"는, [나제:]로 발음되는 것입니다.

논¹명 [논:/논 no:n/non] ¶"물을 대어 주로 벼를 심어 가꾸는 땅."
   □ "**논:과**[논과] 밭 사이 작은 초가집" (조영남, 「내 고향은 충청도」).

   장단양음 "논¹"은, 비교격 조사 '과' 앞에서 장음으로 발음됩니다. '과'는, 측성성 조사로 장음입니다. "논과"의 첫 장음 '논'을 길고 높게, 둘째 음절의 장음 '과'는 짧고 낮게 발음합니다. 장음은 첫음절만 장음으로 실현되고, 뒤의 장음은 단음화되기 때문입니다. 하여 "논과"는, [논:과]로 발음됩니다.

   □ "보리밟기하러 **노네:**[논에] 가서 꼭꼭 밟았다."

   장단양음 "논"은, 처격 조사 '에' 앞에 단음으로 발음됩니다. 조사 '과'는, 측성성 조사로 장음입니다. 첫 장음 '논'이 외려 아주 짧고 낮게 '극단음'으로 다. 그리고 둘째 음절 장음 '에'는, 제 음가 그대로 조금 길고 높게 발음됩니다. 따라서 "논에"는, [노네:]로 발음되는 것입니다.

눈¹명 [눈:/눈 nu:n/nun] ¶"빛의 자극을 받아 물체를 볼 수 있는 감각 기관."
   □ "**누:늘**[눈을] 부릅떴던 모든 것이 세월이 가면서/ 부드러워지는데" (고형렬, 「바쁨 속에 가을 하늘을 쳐다보다」).

   장단양음 "눈¹"은, 목적격 조사 '을' 앞에서 장음으로 발음됩니다. '을'은, 측성성 조사로 장음입니다. "눈을"의 첫음절 장음 '눈'을 길고 높게, 둘째 음절의 장음 '을'은 짧고 낮게 발음합니다. 장음 뒤에 장음이 이어질 때 첫음절의 장음만 장음으로 실현되고, 뒤의 장음은 단음화되기 때문입니다. 하여 "눈을"은, [누:늘]로 발음되는 것입니다.

□ "**누⌐네:**[눈에] 넣어도/ 아프지 않은 것들 때문에, 산다" (이정록, 「눈에
　넣어도 아프지 않은 것들의 목록」).

> 　장단양음 "눈"은, 처격 조사 '에' 앞에서 단음으로 발음됩니다. 조사 '에'는,
> 측성성 조사로 장음입니다. 첫 장음 '눈'을 아주 짧고 낮게 '극단음'으로 발음합니
> 다. 그리고 둘째 음절 장음 '에'는, 제 음가 그대로 조금 길고 높게 발음됩니다.
> 따라서 "눈에"는, [**누네:**]로 발음되는 것입니다.

담¹團 [담:/담 taːm/tam] ¶"집이나 일정한 공간을 둘러막기 위하여 흙,
돌, 벽돌 따위로 쌓아 올린 것."

　□ "이를테면 수양의 늘어진 가지가 **다:믈**[담을] 넘을 때" (정끝별, 「가지가
　　담을 넘을 때」).

> 　장단양음 "담"은, 목적격 조사 '을' 앞에서 장음으로 발음됩니다. '을'은, 측성성
> 조사로 장음입니다. "담을"의 첫음절 장음 '담'을 길고 높게, 둘째 음절의 장음
> '을'은 짧고 낮게 발음합니다. 장음 뒤에 장음이 이어질 때 첫음절의 장음만
> 장음으로 실현되고, 뒤의 장음은 단음화되기 때문입니다. 하여 "담을"은, [**다:믈**]
> 로 발음되는 것입니다.

　□ "그는 **다메:**[담에] 기대어 고개를 숙이고 울고 있었다."

> 　장단양음 "담"은, 처격 조사 '에' 앞에 단음으로 발음됩니다. 조사 '에'는,
> 측성성 조사로 장음입니다. 첫 장음 '담'을 아주 짧고 낮게 '극단음'으로 발음합니
> 다. 그리고 둘째 음절 장음 '에'는, 제 음가 그대로 조금 길고 높게 발음됩니다.
> 따라서 "담에"는, [**다메:**]로 발음되는 것입니다.

땅¹團 [땅:/땅 taːŋ/taŋ] ¶"㉠ 강이나 바다와 같이 물이 있는 곳을 제외한
지구의 겉면. ㉡ 영토(領土) 또는 영지(領地)."

　□ "손바닥만 한 **땅:이라:도**[땅이라도] 있으면 콩이나 채소를 가꾸었다"

(안상학, 「앙숙」).

> 장단양음 "땅¹"은, 조사 '(이)라도' 앞에서 장음으로 발음됩니다. "라도"는, 측성성 조사로 첫음절 '라'가 장음이고, '도'가 단음입니다. "땅이라도"의 첫음절 장음 '땅'을 길고 높게, 둘째 음절 '이'는 극단음으로 가장 짧고도 아연 높게, 셋째 음절 장음 '라'는 제 음가 그대로 길게, 도는 단음보다 조금 짧게 발음합니다. 둘째 음절의 단음이 짧고 높게 발음되는 것은, 평고조 현상으로 단음은 장음 앞에서 돌연 짧아지고 또 아연 높아지기 때문입니다. 따라서 "땅이라도"는 [땅:이 라:도]로 발음되는 것입니다.

☐ "사람은/ 아무리 높은 사람이라도/ **땅에:서**[땅에서] 살다/ **땅에:서**[땅에 서] 가고" (이생진, 「구름의 마음」).

> 장단양음 "땅"은, 처격 조사 '에서' 앞에선 단음으로 발음됩니다. 조사 '에서'는, 측성성 조사로 장음입니다. 첫 장음 '땅'을 아주 짧게 낮게 '극단음'으로 발음합니다. 단음은 장음 앞에서 돌연 짧아지며 높아지기 때문입니다. 그리고 둘째 음절 장음 '에'는, 제 음가 그대로 조금 길고 높게, '서'는 원래의 단음 음가대로 짧게 발음됩니다. 따라서 "땅에서"는, [땅에:서]로 발음되는 것입니다.

떡¹명 [떡:/떡ˈtʌːk/tʌk] ¶"곡식 가루를 찌거나, 그 찐 것을 치거나 빚어서 만든 음식을 통틀어 이르는 말."

☐ "눈 오는 소리를 흰 **떡:그로:**[떡으로] 빚으시는/ 어머니 곁에서" (김종해, 「어머니와 설날」).

> 명사 "떡¹"은, 조사 '(이)로' 앞에서 장음으로 발음됩니다. "로"는, 측성성 조사로 장음입니다. "떡으로"에서 첫음절의 장음 떡을 길고 높게, 둘째 음절의 단음 '으'는 아주 짧고 돌연 높게 극단음으로, 그리고 셋째 장음 '로'는 제 음가 그대로 길게 발음합니다. 둘째 음절 '으'가 아주 짧고도 아연 높게 발음되는 것은 평고조 현상입니다. 뒤에 장음이 놓였기에 음의 길이와 높이가 변한 것입니다. 그러므로 "떡으로"는 [떠:그로:]로 발음되는 것입니다.

□ "**떠게**:[떡에] 묻힌 콩가루, 팥가루···."

> 장단양음 "떡"은, 처격 조사 '에' 앞에선 단음으로 발음됩니다. 조사 '에'는, 측성성 조사로 장음입니다. 첫 장음 '떡'을 아주 짧고 낮게 '극단음'으로 발음합니다. 그리고 둘째 음절 장음 '에'는, 제 음가 그대로 조금 길고 높게 발음됩니다. 따라서 "떡에"는, [**떠게**:]로 발음되는 것입니다.

뜻® [뜯:/뜯 'tɯːt/tɯt] ¶"㉠ 무엇을 하겠다고 속으로 먹는 마음. ㉡ 말이나 글, 또는 어떠한 행동 따위로 나타내는 속내."

  □ "이상한 **뜨:시**[뜻이] 없는 나의 생계는 간결할 수 있다" (박준, 「당신의 이름을 지어다가 며칠은 먹었다」).

> 장단양음 "뜻"은, 주격 조사 '이' 앞에서 장음으로 발음됩니다. '이'는, 측성성 조사로 장음입니다. "뜻이"의 소리 길이는, '장+장'의 음장 구조입니다. 그러나 장음 뒤의 장음은, 단음화되므로 '장+단'의 구조로 바뀝니다. "뜻이"의 '뜻'은 길고 높게, '이'는 짧고 낮게 발음됩니다. 따라서 "뜻이"는, [뜨:시]로 발음되는 것입니다.

  □ "당신 **뜨세**:[뜻에] 따르겠나이다".

> 장단양음 "뜻"은, 처격 조사 '에' 앞에서 단음으로 발음됩니다. 조사 '에'는, 측성성 조사로 장음입니다. 첫 장음 '뜻'을 아주 짧고 낮게 '극단음'으로 발음합니다. 그리고 둘째 음절 장음 '에'는, 제 음가 그대로 조금 길고 높게 발음됩니다. 따라서 "뜻에"는, [**뜨세**:]로 발음되는 것입니다.

맛¹® [맏:/맏 maːt/mat] ¶"㉠ 음식 따위를 혀에 댈 때에 느끼는 감각. ㉡ 어떤 사물이나 현상에 대하여 느끼는 기분. ㉢ 제격으로 느껴지는 만족스러운 기분."

  □ "마침내, 향 그윽한/ **마:시**[맛이] 된다고/ 얼얼한 손맛까지 눌러 담아"

(유대준, 「고추장 담그기」).

> 　장단양음 "맛¹"은, 주격 조사 '이' 앞에서 장음으로 발음됩니다. '이'는, 측성성 조사로 장음입니다. "맛이"의 소리 길이는, '장+장'의 음장 구조입니다. 그러나 장음 뒤의 장음은, 단음화되므로 '장+단'의 구조로 바뀝니다. "맛이"의 '맛'은 길고 높게, '이'는 짧고 낮게 발음됩니다. 따라서 "맛이"는, [마ː시]로 발음되는 것입니다.

☐ "읽을수록 오묘한 마세ː[맛에] 빠져듭니다."

> 　장단양음 "맛"은, 처격 조사 '에' 앞에서 단음으로 발음됩니다. 조사 '에'는, 측성성 조사로 장음입니다. 첫 장음 '갓'을 아주 짧고 낮게 '극단음'으로 발음합니다. 그리고 둘째 음절 장음 '에'는, 제 음가 그대로 조금 길고 높게 발음됩니다. 따라서 "맛에"는, [마세ː]로 발음되는 것입니다.

몸¹[명] [몸ː/몸 moːm/mom] ¶"㉠ 사람이나 동물의 형상을 이루는 전체. 또는 그것의 활동 기능이나 상태."

☐ "내 모ː믜[몸의] 가장 먼 곳이 아픈 것은" (안상학, 「먼 곳」).

> 　장단양음 "몸¹"은, 관형적 조사 '의' 앞에서 장음으로 발음됩니다. '의'는, 측성성 조사로 장음입니다. "몸의"의 첫음절 '몸'을 길고 높게, 둘째 음절의 '의'는 짧고 낮게 발음합니다. 장음 뒤에 장음이 이어질 때 첫음절의 장음만 장음으로 실현되고, 뒤의 장음은 단음화되기 때문입니다. 하여 "몸의"는, [몸ː믜]로 발음되는 것입니다.

☐ "소년의 모메ː서[몸에서] 풀냄새가 났다."

> 　장단양음 "몸"은, 처격 조사 '에' 앞에서 단음으로 발음됩니다. 조사 '에'는, 측성성 조사로 장음입니다. 첫 장음 '몸'을 아주 짧고 낮게 '극단음'으로 발음합니다. 그리고 둘째 음절 장음 '에'는, 제 음가 그대로 조금 길고 높게, '서'는 단음이므로 짧게 발음됩니다. 따라서 "몸에서"는, [모메ː서]로 발음되는 것입니다.

못¹몡 [몯:/몯 moːt/mot] ¶"목재 따위의 접합이나 고정에 쓰는 물건. 쇠·대·나무 따위로 가늘고 끝이 뾰족하게 만든다."

☐ "그 모:시[못이] 아니었다면/ 아비는 어디서 밤을 지냈을까요" (나희덕, 「못 위의 잠」).

장단양음 "못¹"은, 주격 조사 '이' 앞에 장음으로 발음됩니다. '이'는, 측성성 조사로 장음입니다. "못이"의 소리 길이는 둘 다 긴 장음으로 '장+장'의 음장 구조입니다. 그러나 장음 뒤의 장음은, 단음화되므로 '장+단'의 구조로 바뀝니다. "못이"의 '못'은 길고 높게, '이'는 짧고 낮게 발음됩니다. 따라서 "못이"는, [모:시]로 발음되는 것입니다.

☐ "모세:[못에] 찔린 손가락."

장단양음 "못"은, 처격 조사 '에' 앞에서 단음으로 발음됩니다. 조사 '에'는, 측성성 조사로 장음입니다. 첫 장음 '못'을 아주 짧고 낮게 '극단음'으로 발음합니다. 그리고 둘째 음절 장음 '에'는, 제 음가 그대로 조금 길고 높게 발음됩니다. 따라서 "못에"는, [모세:]로 발음되는 것입니다.

못³몡 [몯:/몯 moːt/mot] ¶"넓고 오목하게 팬 땅에 물이 괴어 있는 곳. 늪보다 작다."

☐ "모:슨커녕:[못은커녕] 웅덩이도 없네."

장단양음 "못³"은 보조사 '은' 앞에서 장음으로 발음됩니다. '커녕'은 평성성 조사로 첫음절 '커'가 단음이고, 뒤 음절 '녕'이 장음입니다. "못은커녕"의 첫음절 '못'을 길고 높게, 둘째 음절의 '은'은 짧고 발음합니다. 그리고 셋째 음절 '커'는 아주 짧게, '녕'은 길게 발음됩니다. 따라서 "못은커녕"은, [모:슨커녕:]으로 발음되는 것입니다.

☐ "모세:[못에] 핀 연꽃 한 송이."

장단양음 "못"은, 처격 조사 '에' 앞에 단음으로 발음됩니다. 조사 '에'는 측성성 조사로 장음입니다. 첫 장음 '못'을 아주 짧고 낮게 '극단음'으로 발음합니다. 그리고 둘째 음절 장음 '에'는, 제 음가 그대로 조금 길고 높게 발음됩니다. 따라서 "못에"는 [모세:]로 발음되는 것입니다.

밤¹명 [밤:/밤 paːm/pam] ¶"해가 져서 어두워진 때부터 다음 날 해가 떠서 밝아지기 전까지의 동안."

☐ "**밤:마다**[밤마다] 별들이 우릴 찾아와 속삭이지 않느냐/ 몰랐더냐고 진실로 몰랐더냐고" (신경림, 「언제까지고 우리는 너희를 멀리 떠나보낼 수가 없다」).

장단양음 "밤"은, '낱낱이 모두'라는 뜻을 지닌 보조사 '마다' 앞에서 장음으로 발음됩니다. '마다'는, 평성성 조사로 원래 첫음절 '마'가 단음이고, 둘째 음절 '다'가 장음이었습니다. 그러나 오늘날에는, 두 음절 모두 평성화되어 둘 다 단음으로 발음되는 조사입니다.
"밤마다"의 첫 장음 '밤'을 길고 높게, 둘째 음절의 '마'는 조금 짧게 발음됩니다. 여기서는 '다'가 고조되지 않습니다. 그저 조금 더 짧고 낮게만 발음됩니다. 셋째 음절 '다'는 단음의 제 음가 그대로 발음됩니다. 짧아지지도 길어지지도 않습니다. 하여 "밤마다"는, [밤:마다]로 발음되는 것입니다.

☐ "바람 몹시 찬 **바메:**[밤에]/ 포장마차 국숫집에" (배한봉, 「포장마차 국숫집 주인의 셈법」).

장단양음 "밤"은, 처격 조사 '에' 앞에서 단음으로 발음됩니다. 조사 '에'는, 측성성 조사로 장음입니다. '밤'을 아주 짧고 낮게 '극단음'으로 발음합니다. 그리고 둘째 음절 '에'는, 제 음가 그대로 조금 길고 높게 발음됩니다. 따라서 "밤에"는, [바메:]로 발음되는 것입니다.

밥¹명 [밥:/밥 pa:p/pap] ¶"㉠ 쌀, 보리 따위의 곡식을 씻어서 솥 따위의 용기에 넣고 물을 알맞게 부어, 낟알이 풀어지지 않고 물기가 잦아들게 끓여 익힌 음식. ㉡ 끼니로 먹는 음식."

□ "사는 일은/ **밥:처럼**[밥처럼] 물리지 않는 것이라지만" (이상국, 「국수가 먹고 싶다」).

> 장단양음 "밥"은, 조사 '처럼' 앞에 장음으로 발음됩니다. '처럼'은, 측성성 조사로 첫음절 '처'가 장음이고, 둘째 음절 '럼'은 단음입니다. "밥처럼"의 첫음절 '밥'을 길고 높게, 둘째 음절 '처'는 짧고 낮게 발음합니다. 처가 장음이지만 장음 뒤의 장음이므로 단음화되기 때문입니다. 셋째 음절 '럼'은 단음의 제 음가 그대로 발음됩니다. 하여 "밥처럼"은 [**밥:처럼**]으로 발음되는 것입니다.

□ "**바베:는**[밥에는] 하늘이 들어 있다."

> 장단양음 "밥"은, 처격 조사 '에' 앞에 단음으로 발음됩니다. 조사 '에'는, 측성성 조사로 장음입니다. 단음화된 '밥'을 아주 짧고 낮게 '극단음'으로 발음합니다. 둘째 음절 장음 '에'는, 제 음가 그대로 조금 길고 높게 발음되며, 측성성 조사 장음 '는'은 장음 뒤에 놓이므로 단음화됩니다. 따라서 "밥에는"은, [**바베:는**]으로 발음되는 것입니다.

발¹명 [발:/발 pa:l/pal] ¶"사람이나 동물의 다리 맨 끝부분."

□ "연탄재 함부로 **발:로**[발로] 차지 마라" (안도현, 「너에게 묻는다」).

> 장단양음 "발"은, 수단격 조사 '로' 앞에서 장음으로 발음됩니다. '로'는, 측성성 조사로 장음입니다. "발로"의 첫음절 '발'을 길고 높게, 둘째 음절의 '로'는 짧고 낮게 발음합니다. 장음 뒤에 장음이 이어질 때 첫음절의 장음만 장음으로 실현되고, 뒤의 장음은 단음화되기 때문입니다. 하여 "발로"는, [**발:로**]로 발음되는 것입니다.

□ "나는 가장 고생스러운 나의 **바레:게**[발에게] 늘 미안하다."

장단양음 "발"은, 처격 조사 '에게' 앞에 단음으로 발음됩니다. 조사 '에게'는, 측성성 조사로 장음입니다. 첫 장음 '발'을 아주 짧고 낮게 '극단음'으로 발음합니다. 둘째 음절 장음 '에'는, 제 음가 그대로 조금 길고 높게 발음하고, '게'는 제 음가대로 짧게 발음됩니다. 따라서 "발에게"는, [**바레:게**]로 발음되는 것입니다.

익숙해지면, 현실의 발음에서 "발:로[발로] 차"에서 장음으로 발음되는 [발:]과 '**바레:게**[발에게] 미안하다'에서 단음으로 발음되는 [발]을 뚜렷하게 구별할 수도 있습니다.

뺨명 [**뺨**:/**뺨** pya:m/pyam] ¶"얼굴의 양쪽 관자놀이에서 턱 위까지의 살이 많은 부분."

□ "**뺨**:**과**[**뺨과**]/ 입술을/ 스스럼없이 부벼대는 저/ 물오른 나무들의/ 무성한 잎새들을 보아라" (오세용, 「녹음」).

장단양음 "뺨"은, 접속 조사 '과' 앞에 장음으로 발음됩니다. '과'는, 측성성 조사로 장음입니다. "뺨과"의 첫음절 '뺨'을 길고 높게, 둘째 음절의 '과'는 장음이 지만, 장음 뒤에 놓였으므로 단음화되기 때문에 짧고 낮게 발음합니다. 하여 "뺨과"는, [**뺨**:**과**]로 발음되는 것입니다.

□ "북풍한설 부는 밤 소녀의 **뺨메**:[**뺨에**] 석류알 한 알 맺혀 있습니다" (김혜순, 「석류알 성냥알」).

장단양음 "뺨"은, 처격 조사 '에' 앞에서 단음으로 발음됩니다. 조사 '에'는, 측성성 조사로 장음입니다. 첫 장음 '뺨'을 아주 짧고 낮게 '극단음'으로 음절 장음 '에'는, 제 음가 그대로 조금 길고 높게 발음됩니다. 따라서 "뺨에"는, [**뺨메**:] 로 발음되는 것입니다.

봄명 [**봄**:/**봄** po:m/pom] ¶"㉠ 한 해의 네 철 가운데 첫째 철. 겨울과 여름 사이이며, 달로는 3~5월, 절기(節氣)로는 입춘부터 입하 전까지를 이른다. ⓛ 인생의 한창때를 비유적으로 이르는 말. ⓔ 희망찬 앞날이나 행운을 비유적으로 이르는 말."

☐ "고운 **보:믜**[봄의] 향기가 어리우도다" (이장희, 「봄은 고양이로다」).

> 장단양음 "봄"은, 관형적 조사 '의' 앞에서 장음으로 발음됩니다. '의'는, 측성성 조사로 장음입니다. "봄의"의 첫음절 '봄'을 길고 높게, 둘째 음절의 '의'는 짧고 낮게 발음합니다. 장음 뒤에 장음이 이어질 때 첫음절의 장음만 장음으로 실현되고, 뒤의 장음은 단음화되기 때문입니다. 하여 "봄의"는, [**보:믜**]로 발음되는 것입니다.

☐ "**보메:**[봄에] 꽃들은/ 일제히 입을 벌리고/ 향기로 말을 쏟는다" (오세영, 「황홀」).

> 장단양음 "봄"은, 처격 조사 '에' 앞에 단음으로 발음됩니다. 조사 '에'는, 측성성 조사로 장음입니다. 단음화된 '봄'을 아주 짧고 낮게 '극단음'으로 발음합니다. 둘째 음절 장음 '에'는, 제 음가 그대로 조금 길고 높게 발음됩니다. 따라서 "봄에"는, [**보메:**]로 발음되는 것입니다.

붓¹명 [붇:/붇 puːt/put] ¶"ⓐ 글씨를 쓰거나 그림을 그리거나 페인트칠을 할 때 쓰는 도구의 하나. 주로 가는 대나무나 나무로 된 자루 끝에 짐승의 털을 꽂아서 먹이나 물감을 찍어 쓴다."

☐ "독립의 **부:슬**[붓을] 들어 그들이/ 무명베에 태극기를 그린 것은/ 그 뜻이 다른 데에 있지 않았다" (김남주, 「독립의 붓」).

> 장단양음 "붓"은, 목적격 조사 '을' 앞에서 장음으로 발음됩니다. '을'은, 측성성 조사로 장음입니다. "붓을"의 첫 장음 '붓'을 길고 높게, 둘째 음절의 '을'은 짧고 낮게 발음합니다. 장음 뒤에 장음이 이어질 때 첫음절의 장음만 장음으로 실현되고, 뒤의 장음은 단음화되기 때문입니다. 하여 "붓을"은, [**부:슬**]로 발음되는 것입니다.

☐ "**부세:**[붓에] 어린 영혼".

장단양음 "붓"은, 처격 조사 '에' 앞에 단음으로 발음됩니다. 조사 '에'는, 측성성 조사로 장음입니다. 단음화된 '붓'을 아주 짧고 낮게 '극단음'으로 발음됩니다. 그리고 둘째 음절 장음 '에'는, 제 음가 그대로 조금 길고 높게 발음됩니다. 따라서 "붓에"는, [부세:]로 발음되는 것입니다.

빗뗑 [빋:/빋 piːt/pit] ¶"머리털을 빗을 때 쓰는 도구. 소재는 주로 '대나무/뿔/금속'이며, 종류론, '참빗/얼레빗/면빗/음양소'가 있다."

☐ "그녀는 **비:스로:**[빗으로] 머리를 빗다 내려놓고 잠시 생각에 잠겼다."

장단양음 "빗"은, 수단격 조사 '으로' 앞에서 장음으로 발음됩니다. '으로'는, 평성성 조사로서 첫음절 '으'가 단음이고 둘째 음절 '로'가 장음입니다. 음장이 '장+단+장'의 구조입니다. "빗으로"의 첫음절 '빗'을 길고 높게, 둘째 음절의 '으'를 아주 짧게 '극단음'으로 발음합니다. 단음은 장음 앞에서 더 짧아지며 높아지기 때문입니다. 그리고 셋째 음절 장음 '로'는, 제 음가 그대로 길고 높게 발음합니다. 그러니까 음장의 구조가 최종적으로 '장+극단+장'으로 바뀌기 때문입니다. 따라서 "빗으로"는, [비:스로:]로 발음되는 것입니다.

☐ "머리를 빗던 **비세:서**[빗에서] 정전기가 일었다."

장단양음 "빗"은, 처격 조사 '에서' 앞에서 단음으로 발음됩니다. '에서'는, 측성성 조사로 첫음절 '에'가 장음이고, '서'가 단음입니다. "빗에서"의 단음화된 '빗'이 더 짧아져 '극단음'으로 발음됩니다. 그리고 둘째 음절 장음 '에'는 제 음가 그대로 조금 길고 높게 발음되며, 셋째 음절 '서'는 단음이되, 조금 짧게 발음됩니다. 장음 뒤의 음절은 짧아지기 때문입니다. 따라서 "빗에서"는, [비세:서]로 발음되는 것입니다.

살뗑 [살:/살 sʰaːl/sʰal] ¶"활시위에 오늬를 메워서 당겨 쏘는 기구."
☐ "쏜 **살:과**[살과] 같이 빠른 세월."

장단양음 "살"은, 비교격 조사 '과' 앞에서 장음으로 발음됩니다. '과'는, 측성성 조사로 장음입니다. "살과"의 첫 장음 '살'을 길고 높게, 둘째 음절의 장음 '과'는 짧고 낮게 발음합니다. 장음은 첫음절만 장음으로 실현되고, 뒤의 장음은 단음화되기 때문입니다. 하여 "살과"는, [살ː과]로 발음됩니다.

☐ "적의 <u>사ː례ː</u>:[살에] 맞아 쓰러진 장군."

장단양음 "살"은, 처격 조사 '에' 앞에 단음으로 발음됩니다. 조사 '에'는, 측성성 조사로 장음입니다. 단음화된 '살'을 아주 짧고 낮게 '극단음'으로 발음합니다. 그리고 둘째 음절 장음 '에'는, 제 음가 그대로 조금 길고 높게 발음됩니다. 따라서 "살에"는, [사ː례ː]로 발음되는 것입니다.

손¹명 [손ː/손 sʰoːn/sʰon] ¶"사람의 팔목 끝에 달린 부분. 손등, 손바닥, 손목으로 나뉘며 그 끝에 다섯 개의 손가락이 있어, 무엇을 만지거나 잡거나 한다."
　☐ "저기 있어요. <u>소ː느로ː</u>:[손으로] 가리키다가/ 말문이 막힌다" (안상학, 「맹인부부」).

장단양음 "손"은, 수단격 조사 '으로' 앞에서 장음으로 발음됩니다. '으로'는, 평성성 조사로 '으'가 단음이고 '로'가 장음입니다. "손으로"의 첫음절 장음 '손'을 길고 높게, 둘째 음절의 단음 '으'를 극단음으로 발음합니다. 단음은 장음 앞에서 더 짧아지며 높아지기 때문입니다. 그리고 셋째 음절 장음 '로'는, 제 음가 그대로 길고 높게 발음합니다. "손으로"는, [소ː느로ː]로 발음됩니다.

☐ "약속 시간보다 늦으신 서정춘 시인 <u>소ː네ː는</u>[손에는]" (허형만, 「서정춘 시인」).

장단양음 "손"은, 처격 조사 '에는' 앞에 단음으로 발음됩니다. 조사 '에는'은, 측성성 조사로 장음입니다. 단음화된 '손'은 다시 아주 짧고 낮게 '극단음'으로 발음합니다. 그리고 둘째 음절 장음 '에'는, 제 음가 그대로 조금 길고 높게 발음됩니다. 따라서 "손에는"은, [소ː네ː는]으로 발음되는 것입니다.

쌀圐 [쌀:/쌀 ˢaːl/ˢal] ¶"벼에서 껍질을 벗겨 낸 알맹이."

☐ "밥을 안치려다 **싸:를**[쌀을] 쏟고는 망연히 바라본다" (김남극, 「쌀을 쏟고는」).

장단양음 "쌀"은, 목적격 조사 '을' 앞에서 장음으로 발음됩니다. '을'은, 측성성 조사로 장음입니다. "쌀을"의 첫 장음 '쌀'을 길고 높게, 둘째 음절의 장음 '을'은 짧고 낮게 발음합니다. 장음은 첫음절만 장음으로 실현되고, 뒤의 장음은 단음화됩니다. 하여 "쌀을"은, [싸:를]로 발음됩니다.

☐ "오래 묵은 **싸레:서**[쌀에서] 냄새가 났다."

장단양음 "쌀"은, 처격 조사 '에서' 앞에 단음으로 발음됩니다. 조사 '에서'는, 측성성 조사로 '에'가 장음입니다. 단음화된 '쌀'은 다시 더 짧게 '극단음'으로 발음합니다. 그리고 둘째 음절 장음 '에'는, 제 음가 그대로 조금 길게 발음되며, 단음 '서'는 제 음가보다 조금 짧게 발음됩니다. 따라서 "쌀에서"는, [싸레:서]로 발음되는 것입니다.

안¹圐 [안:/안 aːn/an] ¶"어떤 물체나 공간의 둘러싸인 가에서 가운데로 향한 쪽."

☐ "캄캄한 골목길 오늘도 우성세탁소 **아:는**[안은] 환하다" (김해자, 「구겨진 생을 펴다」).

장단양음 "안"은, 보조사 '은' 앞에 장음으로 발음됩니다. '은'은, 측성성 조사로 장음입니다. "안의"에서 첫 장음 '안'을 길고 높게, 그리고 둘째 음절의 장음 '은'은 짧고 낮게 발음합니다. 장음은 첫음절만 장음으로 실현되고, 뒤의 장음은 단음화되 때문입니다. 하여 "안은"은, [아:는]으로 발음됩니다.

☐ "가을의 가슴 **아네:**[안에] 쉬어라" (김남조, 「가을 잠」).

장단양음 "안"은, 처격 조사 '에' 앞에 단음으로 발음됩니다. 조사 '에'는, 측성성 조사로 장음입니다. 여기서 단음으로 발음되는 '안'은 다시 아주 짧은 '극단음'으로 발음합니다. 그리고 둘째 음절 장음 '에'는, 제 음가 그대로 조금 길고 높게 발음됩니다. 따라서 "안에"는, [아ː네ː]로 발음되는 것입니다.

엿[명] [연ː/연 yʌːt/yʌt] ¶"곡식으로 밥을 지어 엿기름으로 삭힌 뒤 겻불로 밥이 물처럼 되도록 끓이고, 그것을 자루에 넣어 짜낸 다음 진득진득해질 때까지 고아 만든 달고 끈적끈적한 음식."

☐ "엿장수를 보니, 엄마 몰래 냄비와 바꿔 먹던 **여ː싀**[엿의] 단내가 나는 듯했다."

장단양음 "엿"은, 관형격 조사 '의' 앞에서 장음으로 발음됩니다. '의'는, 측성성 조사로 장음입니다. "엿의"의 첫 장음 '엿'을 길고 높게, 둘째 음절의 장음 '의'는 짧고 낮게 발음합니다. 장음은 첫음절만 장음으로 실현되고, 뒤의 장음은 단음화됩니다. 하여 "엿의"는, [여ː싀]로 발음됩니다.

☐ "**여세ː서**[엿에서] 묻어나오는 어릴 적 추억의 향기가 솔솔…."

장단양음 "엿"은, 처격 조사 '에서' 앞에서 단음으로 발음됩니다. 조사 '에서'는, 측성성 조사로 장음입니다. 여기서 단음으로 발음되는 '엿'을 아주 짧은 '극단음'으로 발음합니다. 단음은 장음 앞에서 돌연 짧아지며 높아지기 때문입니다. 그리고 둘째 음절 장음 '에'는, 제 음가 그대로 조금 길고 높게 발음되고, 단은 '서'는 제 음가보다 조금 짧아집니다. 따라서 "엿에서"는, [여세ː서]로 발음되는 것입니다.

옷[명] [온ː/온 oːt/ot] ¶"몸을 싸서 가리거나 보호하려고 피륙 따위로 만들어 입는 물건."

☐ "**오ː슬**[옷을] 벗지도 않고 물속에 서면" (김혜순, 「일인용 감옥」).

장단양음 "옷"은, 목적격 조사 '을' 앞에서 장음으로 발음됩니다. '을'은, 측성성 조사로 장음입니다. "옷을"의 첫 장음 '옷'을 길고 높게, 둘째 음절의 장음 '을'은 짧고 낮게 발음합니다. 장음은 첫음절만 장음으로 실현되고, 뒤의 장음은 단음화됩니다. 하여 "옷을"은, [오:슬]로 발음됩니다.

☐ "뻘건 피가 오세:[옷에] 흥건히 배었다."

장단양음 "옷"은, 처격 조사 '에' 앞에 단음으로 발음됩니다. 조사 '에'는, 측성성 조사로 장음입니다. 여기서 단음으로 발음되는 '옷'은, 다시 아주 짧은 '극단음'으로 발음됩니다. 단음은 장음 앞에서 돌연 짧아지며 높아지기 때문입니다. 그리고 둘째 음절 장음 '에'는, 제 음가 그대로 조금 길고 높게 발음됩니다. 따라서 "옷에"는, [오세:]로 발음합니다.

이³명 [이:/이 i:/i] ¶"척추동물의 입 안에 있으며 무엇을 물거나 음식물을 씹는 역할을 하는 기관."

☐ "이:가[이가] 아파 치과에 갔다."

장단양음 "이"는, 주격 조사 '가' 앞에서 장음으로 발음됩니다. '가'는, 측성성 조사로 장음입니다. "이가"의 첫음절 '이'를 길고 높게, 둘째 음절의 장음 '가'는 짧고 낮게 발음합니다. 장음이 이어질 때 첫음절의 장음만 장음으로 실현되고, 뒤의 장음은 단음화됩니다. 따라서 "이가"는, [이:가]로 발음됩니다.

☐ "이에:서[이에서] 피가 났다."

장단양음 "이"는, 처격 조사 '에서' 앞에 단음으로 발음됩니다. 조사 '에서'는, 측성성 조사로 장음입니다. 여기서 단음으로 발음되는 '이'가 다시 아주 짧은 '극단음'으로 발음됩니다. 단음은 장음 앞에서 돌연 짧아지며 높아지기 때문입니다. 그리고 둘째 음절 장음 '에'는, 제 음가 그대로 조금 길게 발음되고, 단음 '서'는 제 음가보다 조금 더 짧아집니다. 따라서 "이에서"는, [이에:서]로 발음됩니다.

잎¹명 [입:/입 i:p/ip] ¶"식물의 영양 기관의 하나. 줄기의 끝이나 둘레에 붙어 호흡 작용과 탄소 동화 작용을 한다."

□ "그 말이 **이:플**[잎을] 노랗게 물들였다" (나희덕, 「그 말이 잎을 물들였다」).

> 장단양음 "잎"은, 목적격 조사 '을' 앞에서 장음으로 발음됩니다. '을'은, 측성성 조사로 장음입니다. "입을"의 첫 장음 '입'을 길고 높게, 둘째 음절의 장음 '을'은 짧고 낮게 발음합니다. 장음은 첫음절만 장음으로 실현되고, 뒤의 장음은 단음화되기 때문입니다. 따라서 "잎을"은, [이:플]로 발음되는 것입니다.

□ "그 **이페:**[잎에] 빨간 물이 들기 시작할 즈음."

> 장단양음 "잎"은, 처격 조사 '에' 앞에서 장음으로 발음됩니다. '에'는, 측성성 조사로 장음입니다. "입에"의 첫 장음 '입'을 길고 높게, 둘째 음절의 장음 '에'는 짧고 낮게 발음합니다. 장음은 첫음절만 장음으로 실현되고, 뒤의 장음은 단음화되기 때문입니다. 따라서 "잎에"는, [이페:]로 발음되는 것입니다.

입囘 [**입**:/**입** iːp/ip] ¶"입술에서 후두(喉頭)까지의 부분. 음식이나 먹이를 섭취하며, 소리를 내는 기관이다."

□ "돌 같은 **이:비**[입이] 되렵니다" (강우식, 「그리움」).

> 장단양음 "입"은, 주격 조사 '이' 앞에 장음으로 발음됩니다. '이'는, 측성성 조사로 장음입니다. "입이"에서 첫 장음 '입'을 길고 높게, 둘째 음절의 장음 '이'는 짧고 낮게 발음합니다. 장음은 첫음절만 장음으로 실현되고, 뒤의 장음은 단음화되기 때문입니다. 따라서 "입이"는, [이:비]로 발음되는 것입니다.

□ "엎드려, **이베:**[입에] 손가락 집어넣자 달싹이는 어깨" (김해자, 「티켓 투 더 문」).

> 장단양음 "입"은, 처격 조사 '에' 앞에 단음으로 발음됩니다. 조사 '에'는, 측성성 조사로 장음입니다. 단음으로 발음되는 '입'이 아주 짧은 '극단음'으로 발음됩니다. 단음은 장음 앞에서 돌연 짧아지며 높아지기 때문입니다. 그리고 둘째 음절 장음 '에'는, 제 음가 그대로 조금 길고 높게 발음됩니다. 따라서 "입에"는, [이베:]로 발음됩니다.

절¹몡 [절:/절 ts:ʌl/tsʌl] ¶"승려가 불상을 모시고 불도(佛道)를 닦으며 교법을 펴는 집."

☐ "내 마음속에 절 하나/ 갖고 싶다 **절:까지:는**[절까지는] 말고/ 단칸방 암자 하나" (허형만, 「내 마음속 풍경(風磬) 하나·2」).

> 장단양음 "절"은, 보조사 '까지' 앞에서 장음으로 발음됩니다. 그리고 '까지'는, 평성성 조사로서 첫음절 '까'가 단음이고, 둘째 음절 '지'가 장음입니다. 단음은 장음 앞에서 극단음으로 발음됩니다. 그러므로 단음 '까'는, 장음 '지' 앞에서 아주 짧고 낮게 '극단음'으로 발음합니다. 그리고 '지'는 제 음가 그대로 길게 발음됩니다. '지' 뒤의 보조사 '는'은 장음이나, 장음인 '지' 뒤에 놓였으므로 단음화됩니다. 하여 "절까지는"은, [절:까지:는]으로 발음됩니다.

☐ "**저레:**[절에] 가서 불공 드리고 낳은 아들."

> 장단양음 "절"은, 처격 조사 '에' 앞에 단음으로 발음됩니다. 조사 '에'는, 측성성 조사로 장음입니다. 단음화된 '절'을 더 짧고 돌연 높게 '극단음'으로 발음합니다. 둘째 음절 장음 '에'는, 제 음가 그대로 조금 길고 높게 발음됩니다. 따라서 "절에"는, [저레:]로 발음되는 것입니다.

칼¹몡 [칼:/칼 kʰa:l/kʰal] ¶"물건을 베거나 썰거나 깎는 데 쓰는 도구."

☐ "드는 **칼:로**[칼로] 이 몸의 가죽이라도 벗겨서" (심훈, 「그날이 오면」).

> 장단양음 "칼"은, 조사 '로' 앞에서 장음으로 발음됩니다. 조사 '로'는, 측성성 조사로 장음입니다. 첫 장음 '칼'을 길고 높게, 둘째 음절의 장음 '로'는 짧고 낮게 발음합니다. 장음 뒤의 장음은 단음화되기 때문입니다. 그러므로 "칼로"는, [칼:로]로 발음됩니다.

☐ "그는 결국 **카레:**[칼에] 찔렸다."

> 장단양음 "칼"은, 처격 조사 '에' 앞에 단음으로 발음됩니다. 조사 '에'는,

측성성 조사로 장음입니다. 단음화된 '칼'은 더 짧게, 그리고 돌연 높게 '극단음'으로 발음합니다. 둘째 음절 장음 '에'는, 제 음가 그대로 조금 길고 높게 발음됩니다. 따라서 "칼에"는, [카레:]로 발음되는 것입니다.

코¹명 [코:/코 kʰoː/kʰo] ¶"포유류의 얼굴 중앙에 튀어나온 부분."
□ "수심 깊은 숲/ 어린 돌고래/ 수면 위로 **코:를**[코를] 내민다" (박창민,
「죽순의 꿈」).

장단양음 "코"는, 목적격 조사 '를' 앞에서 장음으로 발음됩니다. '를'은, 측성성 조사로 장음입니다. "코를"의 첫음절 장음 '코'을 길고 높게, 둘째 음절의 장음 '를'은 짧고 낮게 발음합니다. 장음은 첫음절만 장음으로 실현되고, 뒤의 장음은 단음화되기 때문입니다. 고로 "코를"은, [코:를]로 발음됩니다.

□ "꽃이 꽃이라서 가만 **코에:**[코에] 대 보면/ 물큰, 향기는 알 수도 없이 해독된다" (고재종, 「꽃의 권력」).

장단양음 "코"는, 처격 조사 '에' 앞에 단음으로 발음됩니다. 조사 '에'는, 측성성 조사로 장음입니다. 첫음절 단음 '코'을 아주 짧은 '극단음'으로 발음합니다. 단음은, 장음 앞에서 돌연 짧아지며 높아지기 때문입니다. 그리고 둘째 음절 장음 '에'는, 제 음가 그대로 조금 길고 높게 발음됩니다. 따라서 "코에"는, [코에:]로 발음되는 것입니다.

틈명 [틈:/틈 tʰɯːm/tʰɯm] ¶"㉠ 벌어져 사이가 난 자리. ㉡ 어떤 일을 하다가 생각 따위를 다른 데로 돌릴 수 있는 시간적인 여유."
□ "뱀은 돌 **트:믈**[틈을] 지나기가 고통스러웠는지/ 허물이 되어서도 입을 쩍 벌리고 있다" (공광규, 「허물」).

장단양음 "틈"은, 목적격 조사 '을' 앞에서 장음으로 발음됩니다. 조사 '을'은,

장단양음 "틈"은, 목적격 조사 '을' 앞에서 장음으로 발음됩니다. 조사 '을'은, 측성성 조사로 장음입니다. 첫음절 '틈'을 길고 높게, 둘째 음절의 조사 '을'은 짧고 낮게 발음합니다. 장음은 첫음절만 장음으로 실현되고, 뒤의 장음은 단음화되기 때문입니다. 따라서 "틈을"은, [트:틈]로 발음되는 것입니다.

□ "옹색한 아스팔트 <u>트메:서</u>[틈에서]/ 다리조차 마음껏 펴지 못해도" (김명관, 「민들레」).

장단양음 "틈"은, 처격 조사 '에서' 앞에 단음으로 발음됩니다. 조사 '에서'는, 측성성 조사로 '에'가 장음이고, '서'가 단음입니다. 첫음절 단음 '틈'을 아주 짧은 '극단음'으로 발음합니다. 단음은, 장음 앞에서 돌연 짧아지며 높아집니다. 그리고 둘째 음절 장음 '에'는, 제 음가 그대로 조금 길고 높게 발음되며, 셋째 음절 단음 '서'는 조금 짧아집니다. 따라서 "틈에서"는, [틈메:서]로 발음됩니다.

제2장

장음 앞 단음의 변신—'평고조(平高調)'

한국어 달인이 되려면, 우리말 어법 한 가지를 꼭 익혀야 합니다. 그것은 바로 '평고조'라는 것입니다. 한국어에서 짧은소리인 단음(=평성)은 긴소리인 장음(=측성) 앞에서 아연 더욱 짧아지며 동시에 돌연 높아집니다. 이는 어김이 없습니다. 예외 없는 법칙과도 같습니다. 예를 들어 "고귀(高貴)하다"에서 첫음절 '높을 고(高)'는, 평성으로 단음이고, 둘째 음절 '귀할 귀(貴)'는, 거성으로 장음입니다. 그러니까 소리의 길이에서 "고귀(高貴)"의 구조는, '단+장'의 음장 구조가 되는데, 이때의 단음은 더욱 짧아져서 '극단음'으로 변합니다. 우리말의 변화무쌍한 특징입니다. 따라서 음장(音長) 구조는, '단+장'에서 '극단+장'으로 바뀌게 됩니다.

국어사전에서는, "고귀(高貴)"의 두 음절 모두 [고귀]처럼 단음으로 발음하라 합니다. 한국인의 모국어는, [고귀:]와 같이 '극단+장'으로 발음합니다. 이것이 한국어를 모국어로 사용하는 한국어 사용자의 현실적 발음입니다. 글자 위의 기호 [ˊ]는, '낮고 짧은소리로서의 단음'이 돌연 "더욱 짧아지는 동시에 가장 높은 소리로 바뀌어 발음하라"는 의미입니다. 이렇게 짧고 낮은 소리의 단음(=평성)이 길고 높은 소리의 장음(=측성) 앞에서 그 "높이가 높아진다"고 해서 이를 '평고조(平高調)'라고 합니다. 이는, 극히 짧아지는 '극단음'으로 우리말에서 가장 짧고 높은 소리가 됩니다. 이 소리의 무게감은, 가벼움입니다. 결코 무겁거나 강하지는 않습니다. 이것이 평성(=단음)의 특징입니다. 글자 오른쪽에 놓인 기호 [:]는, 이 기호의 왼쪽 음절이 긴소리로서의 장음이라는 의미입니다.

동사 "하다"의 첫음절 '하'는 평성으로 단음이고, 둘째 음절 어미 '다'는 '측성성 조사'의 어미로서 장음입니다. 그러므로 [하다]처럼 두 음절 모두 단음으로 발음되는 게 아니라, [하́다:]와 같이 발음됩니다. [고귀:하́다:]의 소리의 길이를 좀 더 세밀하게 표현하자면 [♪ ♩ ♪ ♪][1]입니다. 둘째/넷째 음절을 모두 장음 기호로 표시했지만, 실은 둘째 음절이 넷째 음절보다 더 깁니다. 좀 더 세밀할수록 더욱 한국어답게 발음되며, 그 음률이 살아 마침내 노래에 가까워집니다.

한 가지 더 말씀드려야 합니다. 장음의 발음에서 우리가 만일 장음 음절 하나만 고려하면, 낭패가 될 것입니다. 장음과 장음이 이어질 때, 둘째 음절의 장음은, 단음화된다고 했습니다. 예를 들어 "세상(世上)"의 '인간 세(世)'는, '거성'인데 상성화되어 긴 장음입니다. 그리고 '위 상(上)' 역시 상성으로 장음입니다. 하지만 첫음절의 장음만 장음으로 실현되고 둘째 음절의 장음은 단음화됩니다. 우리말의 원리가 그러합니다. 그러니까 '장+장'의 음절 구조가 '장+단'의 구조로 바뀐다는 거죠. 이 역시 예외 없는 우리말의 법칙입니다. 따라서 장음 뒤의 음절을 원래의 제 음가보다 더 짧게 발음해야 한다는 것입니다.

장음 뒤의 음절은, 또 조사와도 관련을 맺습니다. 보조사 조사 '은/는', 주격 조사 '이/가'를 '측성성 조사'라고 합니다. 이는 장음의 성질을 지닌 음절이라는 말인데, 그저 간단하게 '장음'의 개념으로 여기면 됩니다. 장음의 음절 뒤에서 놓이는 조사로서의 장음 역시 단음으로 바뀝니다. 예를 들어 장음인 '벌[蜂(bee)]' 뒤에 장음인 주격 조사 '이'가 붙을 때, '장+장'의 구조가

---

1) "♪"는 '16분음표'로 반의반 박자, "♩"는 '4분음표'로 한 박자, "♪"는 '점 8분음표'로 반 박자 반입니다.

'장+단'의 구조가 되므로 [별:이]처럼 장음 '이'가 짧게 발음됩니다. [ˉ]는 단음화된 장음을 가리키는 기호입니다. 하지만, 단음인 "꽃"에 장음인 주격 조사 '이'가 이어지면, 그때의 '이'는 [꼬치:]처럼 제 음가 그대로 길게 발음됩니다. '꽃'은 물론 '극단음'으로 바뀌고요.

처음엔 복잡한 듯도 하고, 알 듯 말 듯 하기도 할 겁니다. 그러나 조금의 인내심만 있으면, 안개는 곧 걷히고 명징해질 때가 오리라 확신합니다. 실은 알고 나면 간단하고 명징한 법칙이요, 원리이기 때문입니다. 그 효과는 무척 큽니다. 그리고 여러 경우에 적용되기 때문에 그 열매는 무엇을 상상해도 그 이상일 것입니다.

우리는 이제 '단+장(=평+측)'의 2음절을 사례와 함께 익혀볼 것입니다. 제시되는 사례는, 모두 첫음절이 단음(=평성)이고, 둘째 음절이 장음[=측성(=상성/거성/입성]입니다. 평고조라는 우리말의 리듬과 가락을 느껴볼 수 있을 것입니다. 아는 만큼 보이듯이, 아는 만큼 들릴 것입니다. 들려야 비로소 말을 배울 수 있다는 건, 자명한 이치입니다.

1. '2음절' 한자어의 평고조

가족몡 (家族) [가족ː kadzoːk] ¶"주로 부부를 중심으로 한, 친족 관계에 있는 사람들의 집단. 또는 그 구성원. 혼인·혈연·입양으로 이루어진다."
   ☐ "흩어졌던 **가족ͦ들를**:[가족들을] 불러 모아" (김산, 「은하 미용실」).
   ☐ "백로나 물닭 **가족ͦ이**(가조기)[가족이] 춤과 노래 마당 펼치기도 한다" (배한봉, 「자연도서관」).

거실몡 (居室) [거실ː kʌɕiːl] ¶"㉠ 거처하는 방. ㉡ 가족이 일상 모여서 생활하는 공간."

□ "**거실**ː[거실] 앞 타일 바닥 위까지 가을이 왔다" (오규원, 「가을이 왔다」).

□ "프로야구에 빠져 **거실ː의**(거시릐)[거실의] TV를 보다가도" (김종해, 「아내를 사랑하라」).

거처명 (居處) [거처ː kʌtsʰʌː] ¶"일정하게 자리를 잡고 사는 일. 또는 그 장소."

□ "내가 살아본 이 세상 가장 먼 북녘의 **거처**ː[거처]" (안상학, 「북녘 거처」).

□ "아무래도 내가 쓸 방, 우리가 **거처ː할**[거처할] 방 하나쯤은" (박성룡, 「사랑은 자근자근」).

견고명 (堅固) [견고ː kyʌngoː] ¶"'굳고 단단하다, 사상이나 의지가 동요됨이 없이 확고하다'라는 뜻의 '견고하다'의 어근."

□ "바위 속 **견고ː한**[견고한] 침묵에/ 온기 피어오르며" (신달자, 「간절함」).

□ "너와 나 섞이어 더욱 **견고ː해지는**[견고해지는] 하나 됨에 대하여" (김인육, 「개 같은 사랑에 대한 보고서」).

고모명 (姑母) [고모ː komoː] ¶"아버지의 누이를 이르거나 부르는 말."

□ "**고모ː를**[고모를] 향해 소리를 지르던 아버지는" (권대웅, 「휘어진 길 저쪽」).

□ "**고모ː와**[고모와] 삼촌이 외식처럼 앉아 있기도 했습니다" (공광규, 「얼굴 반찬」).

공기명 (空氣) [공기ː koŋiː] ¶"㉠ 지구를 둘러싼 대기의 하층부를 구성하는 무색, 무취의 투명한 기체. ㉡ 그 자리에 감도는 기분이나 분위기."

□ "**공기ː를**[공기를] 아프게 때려 내는 게 구화(口話)라면" (김호삼, 「수어

(手語)」).

☐ "철창 속에서라도 이 맑은 **공기ː를**[공기를] 호흡하고" (심훈, 「풀밭에
  누워서」).

광경囤 (光景) [**광경ː** kwaŋgyʌːŋ] ¶"벌어진 일의 형편과 모양."

☐ "우우 그런 치욕적인/ 과 **광경ː을**[광경을] 보면 소 소름 끼쳐/ 다 다
  달아나고 싶어" (이승하, 「화가 뭉크와 함께」).

☐ "아낙네의 찰랑이는 물동이 속에서 해가 떠오르는 **광경ː이며**[광경이
  며]" (안도현, 「백석 선생의 마을에 가서」).

남자囤 (男子) [**남자ː** namdzaː] ¶"㉠ 남성으로 태어난 사람. ㉡ 사내다운
사내. ㉢ 한 여자의 남편이나 애인을 이르는 말."

☐ "너무 뻔뻔한 **남자ː는**[남자는] 지겨워서" (이원규, 「몽유운무화」).

☐ "**남자ː를**[남자를] 좋아하는 여자가/ **남자ː가**[남자가] 좋아질 때/ **남자ː를**
  [남자를] 여자의 속에 감춘다" (윤희상, 「사랑」).

도망²囤 (逃亡) [**도망ː** tomaŋ] ¶"피하거나 쫓기어 달아남."

☐ "낙타를 타고 이곳을 떠나 멀리 **도망ː가고** 싶었다" (김혜순, 「모래 여자」).

☐ "코카서스 산중(山中)에서 **도망ː해**[도망해] 온 토끼처럼" (윤동주, 「간
  (肝)」).

도주²囤 (逃走) [**도주ː** todzuː] ¶"피하거나 쫓기어 달아남."

☐ "먼 데로 **도주ː하는ː**[도주하는] 마음이/ 돌아보는 밤" (이하석, 「서시」).

☐ "자유를 향하여 달려가는 네 **도주ː의**[도주의] 흔적을 따라" (진란, 「그럼
  에도 불구하고」).

동해¹몡 (東海) [**동해**: toŋhɛ:] ¶"동쪽에 있는 바다."

☐ "**동해**:**에서**:[동해에서] 조반을 먹고/ 줄포(茁浦)에 오니 아직 해가 남았다" (이상국, 「줄포에서」).

☐ "밤에는 **동해**:[동해] 저 큰 바다 다스렸고" (이승하, 「늘 혼자였던 섬」).

망각몡 (忘却) [**망각**ː maŋgaːk] ¶"어떤 사실을 잊어버림."

☐ "요즘은 **망각**ː**을**(망가글)[망각을] 경쟁하듯 합니다" (이생진, 「나내와 나 상이」).

☐ "**망각**ː**의**(망가긔)[망각의] 강물은 쉬지 않고/ 흘러서 가지만" (조지훈, 「안중근 의사 찬(讚)」).

망명몡 (亡命) [**망명**ː maŋmyʌːŋ] ¶"혁명 또는 그 밖의 정치적인 이유로 자기 나라에서 박해를 받고 있거나 박해를 받을 위험이 있는 사람이 이를 피하기 위하여 외국으로 몸을 옮김."

☐ "**망명**ː**하고**:[망명하고] 싶었다 다만/ 꽃의 나라 신민으로 남은 임기가 있어서" (도종환, 「돌고래 열병식」).

☐ "낙엽(落葉)은 폴란드 **망명**ː[망명]정부의 지폐(紙幣)" (김광균, 「추일서정(秋日抒情)」).

명검몡 (名劍) [**명검**: myʌŋgʌːm] ¶"이름난 칼. 또는 좋은 칼."

☐ "단련 없이 **명거**ː**믄**[명검은] 날이 서지 않는다" (문병란, 「희망가」).

☐ "대장장이는 **명거**ː**를**[명검을] 만들기 위해 며칠째 쇠붙이를 연단하고 있다.

문학¹몡 (文學) [**문학**ː munhaːk] ¶"사상이나 감정을 언어로 표현한 예술. 또는 그런 작품. 시, 소설, 희곡, 수필, 평론 따위가 있다."

□ "**문하ː기**[문학이] 죽고 인생이 죽고/ 사랑의 진리마저 애증(愛憎)의 그림자를 버릴 때" (박인환, 「목마와 숙녀」).

빈곤⟨명⟩ (貧困) [**빈곤**ː pingon:] ¶"㉠ 가난하여 살기가 어려움. ㉡ 내용 따위가 충실하지 못하거나 모자라서 텅 빔."
　□ "두 마리, **빈고ː늘**[빈곤을] 상징하는 노새에 끌려" (고정희, 「들국」).
　□ "그래서 한평생 내가 누린 건 무명과 **빈고ː니지만ː**[빈곤이지만]" (임보, 「바보 이력서」).

생계⟨명⟩ (生計) [**생계**ː shɛŋg(y)eː] ¶"살림을 살아 나갈 방도. 또는 현재 살림을 살아가고 있는 형편."
　□ "이상한 뜻이 없는 나의 **생계ː는**[생계는] 간결할 수 있다" (박준, 「당신의 이름을 지어다가 며칠은 먹었다」).
　□ "오직 생계만 남은 **생계ː가**[생계가] 두려운 게다" (오민석, 「귀가(歸家)」).

선녀¹⟨명⟩ (仙女) [**선녀**ː shʌɲɲʌː] ¶"선경(仙境)에 산다는 여자."
　□ "나무꾼과 **선녀ː가**[선녀가] 가슴 떨리게/ 만나는 칠석날입니다" (이문희, 「칠월 칠석날 밤」).
　□ "물 없는 계곡에 눈먼 **선녀ː가**[선녀가] 목욕을 해도/ 지게꾼에게 옷을 물어다 줄 사슴은 없느니라" (반칠환, 「사라진 동화마을」).

소멸¹⟨명⟩ (消滅) [**소멸**ː shomyʌːl] ¶"사라져 없어짐."
　□ "어쩌다 나는 당신이 좋아서/ 어디로든 아낌없이 **소멸ː해버리고ː**[소멸해버리고] 싶은 건가" (류근, 「어쩌다 나는」).
　□ "수수만년 **소멸ː하는ː**[소멸하는] 것들을 혼자 다 잡수시고/ 해마다 하늘만큼 땅만큼 몸을 불려 돌아오는" (김혜순, 「공룡이 지나가시네」).

소식¹몡 (消息) [소식ː sʰosiɐk] ¶"㉠ 멀리 떨어져 있는 사람의 사정을 알리는 말이나 글. ㉡ 천지의 시운(時運)이 끊임없이 변화하고 순환하는 일."

　☐ "다만, 녀석이/ 내 끝내 좋아한다는 그 말 한마디/ 전해지 못했던 그녀와/ 한 쌍이 되었다는 <u>소시ː기</u>[소식이] 들려왔을 적" (정세훈, 「첫사랑」).

　☐ "월남전 나간 큰아들 이야길랑/ 강남 백화점에 취직한 손주딸 <u>소시ː길랑ː</u>[소식일랑]/ 이려이려 쟁기질 소리에 묻어둔다네" (곽재구, 「꽃은 피고 새는 울고」).

승객몡 (乘客) [승객ː sʰuᵑɡɛːk] ¶"차/배/비행기 따위의 탈것을 타는 손님."

　☐ "지구가 우주의 일원으로 오늘을 걷고/ 운 좋게 지구에 탑승한 오십년 차 <u>승객ː인</u>[승객인] 나도" (김선우, 「오늘은 없는 날」).

　☐ "<u>승객ː</u>[승객] 여러분/ 봄 여름 가을/ 입구에서 서성대고/ 계시는 [승객] 여러분" (차창룡, 「소화」).

시대²몡 (時代) [시대ː ɕidɛː] ¶"㉠ 역사적으로 어떤 표준에 의하여 구분한 일정한 기간. ㉡ 지금 있는 그 시기. 또는 문제가 되고 있는 그 시기."

　☐ "빗방울 같은 우리 <u>시대ː의</u>[시대의] 사랑법 같은" (김종해, 「우리들의 우산」).

　☐ "등불을 밝혀 어둠을 조금 내몰고,/ <u>시대ː처럼</u>[시대처럼] 올 아침을 기다리는 최후의 나" (윤동주, 「쉽게 쓰여진 시」).

신록¹몡 (新綠) [실록ː ɕillokː] ¶" 늦봄이나 초여름에 새로 나온 잎의 푸른 빛."

　☐ "<u>실로ː게</u>[신록에] 접을 붙여" (박재삼, 「신록에 접을 붙여」).

　☐ "마을로 드는 길에서도/ 당신은 <u>실로ː게</u>[신록에] 눈을 뜨지 못했다" (박준, 「오름」).

연기⃝ (煙氣) [**연기**: yʌngiː] ¶"무엇이 불에 탈 때에 생겨나는 흐릿한 기체나 기운."

☐ "옷에 핀 꽃에서 붉은 물감이 **연기**:[연기]처럼 올라가요" (김혜순, 「일인용 감옥」).

☐ "산기슭에 걸터앉아 피웠을 담배 **연기**:[연기]]" (나희덕, 「시월」).

이별⃝ (離別) [**이별**: ibyʌːl] ¶"서로 갈리어 떨어짐."

☐ "꿈에도 보내지 못할 **이별**:[이별] 있어 만성 불감에 시달리지만" (이우디, 「슈뢰딩거의 고양이는 안녕해요」).

☐ "남몰래 사랑하는 우리 사이에 남몰래 **이벼:리**[이별이] 올 줄은 몰랐어라" (이상화, 「이별을 하느니」).

'떠날 리(離)'는, 평성으로 단음인데, 국어사전에는 장음 기호로 표시해놓았습니다. 이는 오류입니다. '이(離)'는 단음일 뿐 아니라, '별(別)'이 입성으로 '측성'에 속하기 때문에 '평+측' 구조, 즉 '단+장'의 구조입니다. 따라서 '이(離)'는 극단음으로 바뀌어 발음됩니다. 국어사전이 외려 정반대로 발음을 지시합니다. 그리하면 무척 어색한 한국어가 됩니다. '이'는 반드시 극단음으로 발음해야 합니다. 국어사전뿐 아니라 한국어 발음 사전마저 "이륙(離陸), 이탈(離脫), 이산(離散), 이혼(離婚)의 평성으로서의 단음인 '떠날 이(離)'에 장음 기호를 넣어서 장음으로 발음할 것을 지시합니다. 이 사례는, 가장 극단적 오류입니다. 가장 짧은 극단음을 길게 발음하라는 것이기 때문입니다. 다음과 같이 발음해야 합니다. "이륙(離陸)[**이**륙], 이탈(離脫)[**이**탈], 이산(離散)[**이**산:], 이혼(離婚)[**이**혼]". 이혼(離婚)은 두 음절 모두 평성으로 단음이기 때문에 두 음절 모두 짧고, 낮게 발음되는 것입니다.

제거⃝ (除去) [**제거**: tsegʌː] ¶"없애 버림."

☐ "푸른 깃발을 들고 인해 전술처럼 밀려오는 녹색당 젊은 기수들을 무참히 **제거:핸따:**[제거했다]" (이덕규, 「여름」).

☐ "**제거**:[제거]할 수 있는 향기를 뿜고 싶을 뿐" (이용우, 「사는 향기」).

종교명 (宗敎) [종교: tsoŋgyo:] ¶"신이나 초자연적인 절대자 또는 힘에 대한 믿음을 통하여 인간 생활의 고뇌를 해결하고 삶의 궁극적인 의미를 추구하는 문화 체계."

□ "나무는 **종교:가**[종교가] 없는데도 늘 기도를 드리고 있는 것 같다" (손택수, 「탕자의 기도」).

□ "거룩한 분노는 **종교:보다도:**[종교보다도] 깊고" (변형로, 「논개」).

풍경명 (風景) [풍경: pʰuŋgyʌ:ŋ] ¶"산이나 들/강/바다의 자연이나 지역의 모습. 어떤 정경이나 상황. 자연의 경치를 그린 그림."

□ "아직 가로등이 켜지지 않은 골목길들이/ 조금씩 밝아지며/ **풍경:드리:**[풍경들이] 따스해지기 시작했다" (이종형, 「대설주의보」).

□ "눈 내리는 날엔 풍경이 **풍경:을**[풍경] 본뜨지 않는다는 걸 알았을 때" (천양희, 「마침내」).

희망명 (希望) [히망: hima:ŋ] ¶"예전에, 우리나라 인구가 약 삼천만이었을 때 국민 전체를 비유적으로 이르던 말."

□ "나 오래전 **히망:에**[희망에] 등 돌렸네/ **히망:은**[희망은] 내 등에 비수를 꽂았네" (박지웅, 「내부의 적」).

□ "오오 미쳐 볼 뿐 대책 없는 불쌍한 **히망:을**[희망을]" (유안진, 「자화상」).

2. '3음절' 한자어의 평고조

고아원명 (孤兒院) [고아원: goawo:n] ¶"고아를 거두어 기르는 사회사업 기관."
□ "**고아워:늬**[고아원의] 밤이 깊어간다" (이종섭, 「책장 애벌레」).
□ "열다섯에 전쟁을 만나 **고아워:늘**[고아원을] 전전하다" (김해자, 「詩어머니」).

다반사명 (茶飯事) [다반사: tabansʰaː] ¶"차를 마시고 밥을 먹는 일이라는 뜻으로, 보통 있는 예사로운 일을 이르는 말."

☐ "폐쇄되는 경우가 **다반사:**[다반사]인 것이다" (이수종, 「치마와 팬티」).

☐ "말에 말이/ 꼬이고 얽히다 보면/ 이 사람 저 사람 베이고 상처주는 일/ **다반사:**[다반사]야" (함확, 「수다」).

도망자명 (逃亡者) [도망자: tomaŋdzaː] ¶"법이나 규칙 따위를 어겨 쫓겨 달아나는 사람."

☐ "남주 이두학은 간첩 누명을 쓴 채/ **도망자:**[도망자] 신세가 돼/ 서울역 노숙자로 위장했다" (함확, 「오아실수[(O我失手) 오 나의 실수]」).

☐ "어둔밤 무서운 건 **도망자:의**[도망자의] 발자욱 소리/" (정남진, 「산다는 건」).

무공해명 (無公害) [무공해: mugoŋhɛː] ¶"자연이나 사람에게 피해를 주지 않음."

☐ "**무공해:**[무공해] 신도시는 튼튼하다" (문인수, 「매미소리」).

☐ "(…) 벌레가 먹을 수 있어야 **무공해:**[무공해]/ 풋것이듯이 생활도 벌레를 허용할 수 있어야 자연산/ 인간일 수 있다는 생각" (김화순, 「시인의 밭에 가서」).

무소식명 (無消息) [무소식: musʰoɕiːk] ¶"소식이 없음."

☐ "그런 아배도 오래 전에 집을 나서 저기 가신 뒤로는 감/ 감 **무소식:기다:**[무소식이다]" (안상학, 「아배 생각」).

☐ "**무소식:기**[무소식이] 희소식이라고/ 날마다 마주하는 침묵이라고" (나호열, 「안부」).

무인도囘 (無人島) [무인도: muindo:] ¶"사람이 살지 않는 섬."

☐ "**무인도:에**[무인도에] 가서 살겠다고 거들먹거리지 않겠습니다" (천양희, 「오늘 쓰는 편지」).

☐ "아름다운 **무인도:가**[무인도가] 하나 있어서" (문정희, 「지하철 정거장에서」).

무화과囘 (無花果) [무화과: muhwagwa:] ¶"㉠ 무화과의 열매. 달걀 모양이며 먹을 수 있다. ㉡ 뽕나뭇과의 낙엽 활엽 관목. 높이는 2~3미터이며, 가지는 굵고 갈색 또는 녹갈색이다."

☐ "연못의 입구에서 늙은 개가/ **무화과:**[무화과] 속처럼 붉은 혓바닥으로/ 떠도는 어린 개들의 삶이며 잔등을" (김선우, 「오후만 있던 일요일」).

☐ "**무화과:가**[무화과가] 익을 때/ 스님께서 건네주던 무화과의 맛을/ 냇물이 알까" (박진선, 「비오는 날의 山寺」).

문방구囘 (文房具) [문방구: munbaŋgu:] ¶"㉠ 학용품과 사무용품 따위를 통틀어 이르는 말. ㉡ 학용품과 사무용품 따위를 파는 곳."

☐ "**문방구:**[문방구] 앞 오락기는 끝인 줄 알았죠/ 어른이 된 뒤, 깊은 밤" (이정록, 「어른의 꿈」).

☐ "**문방구:**[문방구] 집 아들 문호는 개비에 가득 껌을 갖고 다녔어" (조명희, 「껌 좀 씹을까」).

방명록囘 (芳名錄) [방명록: paŋmyʌŋnoːk] ¶"어떤 일에 참여하거나 찾아온 사람들을 특별히 기념하기 위하여 그 사람들의 이름을 적어 놓는 기록. 또는 그 책."

☐ "모르고 생(生)의 **방명로:글**[방명록을] 미리 넘겨/ 네 이름 위에 빨간 줄을 그은 죄로" (신미나, 「곡비(哭婢)」).

□ "예감에 젖은 사람들이 햇살의 **방명로:게**[방명록에] 서명을 마치면" (조명희, 「껌 좀 씹을까」).

삼천만명 (三千萬) [삼천만: sʰamtsʰʌnma:n] ¶"예전에, 우리나라 인구가 약 삼천만이었을 때 국민 전체를 비유적으로 이르던 말."
　□ "**삼천만:**[삼천만] 한결같이 지킬 새 언약 이루니" (정인보, 「제헌절 노래」).
　□ "**삼천마:니**[삼천만이] 하나로 일어나/ 벙어리까지 입을 열고 일어나" (김남주, 「독립의 붓」).

선인장명 (仙人掌) [서닌장: seoninja:ŋ] ¶"선인장과의 식물을 통틀어 이르는 말. 대부분 가시가 있고 잎은 없으며, 줄기는 공 모양 또는 원기둥 모양이다."
　□ "**서닌장:이**[선인장이] 꽃을 피운 건/ 그것이 지금 죽을 지경이란 거유" (박제영, 「사는 게 참, 참말로 꽃 같아야」).
　□ "희망의 토템 풀인 **서닌장:**[선인장]…" (김승희, 「희망이 외롭다·1」).

시간표명 (時間表) [시간표: siganpyo:] ¶"시간을 나누어서 시간대별로 할 일 따위를 적어 넣은 표. 기차, 자동차, 배, 비행기 따위가 떠나고 닿는 시간을 적어 놓은 표."
　□ "누렇게 빛이 바랜 버스 운행 **시간표:를**[시간표를] 안다" (안도현, 「그 작고 하찮은 것들」).
　□ "아까시나무가 운행 **시간표:를**[시간표를] 내려다보고 있다" (변종태, 「한 잎의 운명」).

3. 고유어 체언의 평고조

가슴⊞ [**가**슴: kasʰɯːm] ¶"① 신체의 어깨로부터 시작해 명치에 이르는 부분. ② 심장이나 폐. ③ 마음이나 생각. ④ 여자의 '젖'을 완곡하게 이르는 말."

☐ "**가**슴:**소**개:[가슴속에] 하나 둘 새겨지는 별을/ 이제 다 못 헤는 것은" (윤동주, 「별 헤는 밤」).

☐ "그리운 **가**슴:[가슴] 가만히 열어/ 한 그루/ 찔레로 서 있고 싶다" (문정희, 「찔레」).

거미⊞ [**거**미: kʌmiː] ¶"절지동물 거미류 거미목에 속한 동물을 통틀어 이르는 말."

☐ "**거**미:[거미] 새끼 하나 방바닥에 나린 것을 나는 아무 생각 없이 문밖으로 쓸어버린다" (백석, 「수라(修羅)」).

☐ "가을 바람에 늙어가는 **거**미:**처**럼[거미처럼] 몸이 까맣게 타버렸다" (김수영, 「거미」).

거북이⊞ [**거**부:기 kʌbuːgi] ¶"'거북'을 일상적으로 이르는 말."

☐ "**거**부:**기**는:[거북이는] 걸어서/ 달팽이는 기어서/ 굼벵이는 굴렀는데/ 한날한시 새해 첫날에/ 도착했다" (반칠환, 「새해 첫 기적)」).

☐ "굳은살이 덮인 발바닥/ 딱딱하기가 **거**부:**기**[거북이] 등 같다" (이승하, 「늙은 어머니의 발톱을 깎아드리며」).

거품⊞ [**거**품: kʌpʰuːm] ¶"㉠ 액체가 공기나 그 밖의 기체를 머금고 부풀어서 생긴 속이 빈 방울. ㉡ 입가에 내뿜어진, 속이 빈 침방울. ㉢ 어떤 현상 따위가 일시적으로 생겨 겉만 번지르르하고 실속은 없는 상태를 비유적으로 이르는 말."

☐ "**거**푸:**미**[거품이] 들이켜는 소리가 몸 안을 돌아다닌다" (이정록, 「저돌

적인 사랑」).
- □ "보광(普光)의 <u>거푸:민</u>[거품인] 양/ 눈곱 낀 눈으로/ 게가 뻐끔뻐끔 담배 연기를 피워 올렸다" (황지우, 「게 눈 속의 연꽃」).

겨울명 [<u>겨울</u>: kyʌul:] ¶"한 해의 네 철 가운데 넷째 철. 가을과 봄 사이이며, 낮이 짧고 추운 계절로, 달로는 12~2월, 절기(節氣)로는 입동부터 입춘 전까지를 이른다."
- □ "<u>겨울</u>:<u>빰</u>[겨울밤] 쩡 하니 닉은 동티미국을 좋아하고" (백석, 「국수」).
- □ "어느 <u>겨울</u>:<u>인들</u>:[겨울인들]/ 우리들의 사랑을 춥게 하리" (정희성, 「한 그리움이 다른 그리움에게」).

고기명 [<u>고기</u>: kogi:] ¶"식용하는 온갖 동물의 살."
- □ "밤새 <u>고기</u>:[고기]] 재우고 김밥 말던 아내가" (이길원, 「어머니 닮네요」).
- □ "겨울밤 쩡 하니 닉은 동티미국을 좋아하고 얼얼한 댕추가루를 좋아하고 싱싱한 산꿩의 <u>고기</u>:를[고기를] 좋아하고" (백석, 「국수」).

구리명 [<u>구리</u>: kuri:] ¶"붉은색을 띤 금속 원소. "
- □ "오 저 <u>구릿</u>:<u>빛</u>[구리빛] 다리 사이로/ 뒷물하지 않은 냄새들" (권대웅, 「갯벌」).
- □ "정신 차려 다시 보면 빼알간 <u>구리</u>:[구리]동전" (유안진, 「다보탑을 줍다」).

구슬명 [<u>구슬</u>: kushɯ:l] ¶"휘어서 구부러진 곳. 굽어진 곳을 세는 단위."
- □ "반짝이는 <u>구스</u>:<u>리</u>[구슬이] 되어 웃고 있네" (마종기, 「이슬의 아침」).
- □ "누가 저처럼 영롱한 <u>구스</u>:<u>를</u>[구슬을] 뿌렸는가" (조태일, 「가을엔」).

굽이명 [<u>구비</u>: kubi:] ¶"휘어서 구부러진 곳. 굽어진 곳을 세는 단위."

- □ "삶의 어느 **구비:에**[굽이에] 나, 풀꽃 한 포기를 위해" (박남준, 「아름다운 관계」).
- □ "사람이, 사는 것이/ 별것인가요?/ 다 눈물의 **구비:에서:**[굽이에서] 울고 싶고" (김용택, 「인생)」).

고깔囿 [**고깔:** koka:l] ¶"승려나 무당 또는 농악대들이 머리에 쓰는, 위 끝이 뾰족하게 생긴 모자."
- □ "토방 아래 **고깔:**[고깔] 쓴 여승이 서서 염불 외는 것을 내다보았다" (송수권, 「여승」).
- □ "얇은 사(紗) 하이얀 **고까:른**[고깔은]/ 고이 접어서 나빌레라" (조지훈, 「승무(僧舞)」).

금빛囿 (金빛) [**금삗:** kɯmpi:t] ¶"황금색 광택이 나는 빛."
- □ "**금삗:**[금빛] 기름진 햇살은 내려오고" (박두진, 「청산도」).
- □ "얼룩백이 황소가 해설피 **금삗:**[금빛] 게으른 울음을 우는 곳" (정지용, 「향수」).

기름囿 [**기름:** kirɯ:m] ¶"물보다 가볍고 불을 붙이면 잘 타는 액체. 약간 끈기가 있고 미끈미끈하며 물에 잘 풀리지 않는다. 동물의 살, 뼈, 가죽에 엉기어 있기도 하고 식물의 씨앗에서 짜내기도 하는데, 원료에 따라서 빛깔과 성질이 다르고 쓰임새가 매우 다양하다."
- □ "아주까리 **기르:믈**[기름을] 바른이가 지심매는 그들이라도 다 보고 싶다" (이상화, 「빼앗긴 들에도 봄은 오는가」).
- □ "타고 남은 재가 다시 **기르:미**[기름이] 됩니다" (한용운, 「알 수 없어요」).

깃발²囿 [**긷빨:** kitp'a:l] ¶"어떤 사안에 대하여 내세우는 태도나 주장을

비유적으로 이르는 말'이나 또는 '천, 종이로 넓게 만들어 깃대에 다는 물건'을
가리키는 말."

☐ "긴빠:른[깃발은] 불멸의 것 길이 휘날릴" (박두진, 「아, 조국」).

☐ "아아, 우리들의 영원한 긴빠:리여:[깃발이여]" (김준태, 「아아 광주여,
　우리나라의 십자가여」).

기침⑲ [기침: kitsʰiːm] ¶"기도의 점막이 자극을 받아 갑자기 숨소리를 터트
려 내는 일."

☐ "기치:믈[기침을] 하자/ 젊은 시인이여 기치:믈[기침을] 하자/ 눈 위에
　대고 기치:믈[기침을] 하자/ 눈더러 보라고 마음 놓고 마음 놓고/ 기치:믈
　[기침을] 하자" (김수영, 「눈」).

☐ "누군가 밤새 기치:믈[기침을] 하더니 기치:믄[기침은] 허공으로 다 흩어
　져 버렸나" (박정대, 「의열(義烈)하고 아름다운」).

김치⑲ [김치: kimtsʰiː] ¶"배추나 무를 소금에 절였다가 고춧가루/파/마늘/
생강의 여러 가지 양념을 넣어 버무린 뒤 발효시킨 한국 고유의 저장 식품"

☐ "아직 쓸지 않은 마당을 지나/ 뒤안으로 김치:를[김치를] 내려 가다가"
　(김용택, 「그 여자네 집」).

☐ "한가한 애동들은 어둡도록 꿩사냥을 하고/ 가난한 엄매는 김치:[김치]가
　재미로 가고" (백석, 「국수」).

까닭⑲ [까닥: k͈adaːk] ¶"일이 생기게 된 원인이나 조건."

☐ "내일 밤이 남은 까달:기요:[까닭이요],/ 아직 나의 청춘이 다 하지 않은
　까달:김니다:[까닭입니다]" (윤동주, 「별 헤는 밤」).

☐ "해바라기처럼 그리움에 피던/ 그 까당:마는[까닭만은] 아니다" (천상병,
　「강물」).

꽃잎명 [꼳닙: konɲiːp] ¶"꽃을 이루는 낱낱의 조각 잎."

☐ "꼰니:픈[꽃잎은]/ 하롱하롱 하늘로 날아가지만" (오세영, 「등불」).

☐ "비 맞는 꼰닙:뜰[꽃잎들] 바라보면/ 맨몸으로 비를 견디며 알 품고 있는/ 어미 새 같다" (류근, 「사과꽃」).

나비명 [나비: nabi] ¶"나비목의 곤충 가운데 낮에 활동하는 무리를 통틀어 이르는 말. 몸은 가늘고 빛깔이 매우 아름답다."

☐ "나비:[나비] 제비야 깝치지 마라" (이상화, 「빼앗긴 들에도 봄은 오는가」).

☐ "흰 나비:는[나비는] 도무지 바다가 무섭지 않다" (김기림, 「바다와 나비」).

노래명 [노래: noɾɛː] ¶"가사에 곡조를 붙여 목소리로 부를 수 있게 만든 음악. 또는 그 음악을 목소리로 부름. 가곡, 가사, 시조 따위와 같이 운율이 있는 언어로 사상과 감정을 표현함. 또는 그런 예술 작품. 같은 말을 자꾸 되풀이하여 졸라 댐. 새 따위가 지저귐. 또는 그런 소리. 높이 찬양하거나 칭송함을 비유적으로 이르는 말."

☐ "강물 같은 노래:를[노래를] 품고 사는/ 사람은 알게 되리" (정지원, 「사람이 꽃보다 아름다워」).

☐ "한 개의 별을 노래:하자:[노래하자]. 꼭 한 개의 별을" (이육사, 「한 개의 별을 노래하자」).

마늘명 [마늘: manɯːl] ¶"백합과의 여러해살이풀. 예로부터 강장제로 널리 쓰였는데 잎·꽃줄기·비늘줄기에 독특한 냄새가 있어 양념과 반찬에 널리 쓴다."

☐ "한평생 마늘:바테:[마늘밭에] 엎드려 있던 그녀의 생애를 만날 수 있었다" (하재일, 「마늘밭」).

☐ "머리가 마늘:쪽까:치[마늘쪽같이] 생긴 고향의 소녀와" (김기림, 「바다와 나비」).

머리몡 [**머리**ː mʌriː] ¶"사람이나 동물의 목 위의 부분. 눈, 코, 입이 있는 얼굴을 포함하며 머리털이 있는 부분을 이른다. 뇌와 중추 신경이 있다."

☐ "**머리ː도**[머리도] 풀어헤쳤고/ 그 어느 손도 다 뿌리쳤으니" (안상학, 「벼랑의 나무」).

☐ "아득하게 빗물에 **머리ː를**[머리를] 묻고/ 부리를 쉬는" (류근, 「사과꽃」).

무덤몡 [**무덤**ː mudʌːm] ¶"송장이나 유골을 땅에 묻어 놓은 곳."

☐ "**무덤ː**[무덤] 속에 무엇이 묻혔는가를 알려고 해본 적도 느껴본 적도 없었다" (한얼생, 「고독(孤獨)」).

☐ "어린 딸은 도라지꽃이 좋아 **돌ː-무덤ː으로ː**[돌무덤으로] 갔다" (백석, 「여승(女僧)」).

방울몡 [**방울**ː paŋuːl] ¶"㉠ 작고 둥글게 맺힌 액체 덩어리. ㉡ 작고 둥근 액체 덩어리를 세는 단위. ㉢ 약간의 그것이라는 뜻을 나타내는 말."

☐ "풀잎 없고 이슬 한 **방울ː**[방울] 내리지 않는/ 숨막힐 듯, 그러나 나 여기 살아 있다" (나희덕, 「귀뚜라미」).

☐ "풀잎 등에 맺히는 이슬 한 **방우ː리**[방울이] 무거워진다" (정일근, 「가을의 일」).

바다몡 [**바다**ː padaː] ¶"㉠ 지구상에서 육지를 제외한 부분으로, 아래로 움푹 꺼진 땅에 짠물이 차서 전체가 하나로 이어진 넓고 큰 부분. ㉡ 무엇이 넓거나 깊게 많이 넘쳐 있는 것을 비유적으로 이르는 말."

☐ "우리들의 순결은/ 저 **바다ː의**[바다의] 입술에 바쳐져야 하고" (문병란, 「안 된다」).

☐ "성산포에서는/ 남자가 여자보다/ 여자가 남자보다!/ **바다ː에**[바다에] 가깝다" (이생진, 「술에 취한 바다」).

바퀴명 [바퀴: pákʰwiː] ¶"돌리거나 굴리려고 테 모양으로 둥글게 만든 물건."

  ☐ "자전거 **바퀴:에**[바퀴에] 부서져 내리던 햇살처럼" (류근, 「나에게 주는 시」).
  ☐ "내 자전거 **바퀴:가**[바퀴가] 치르르 치르르 도는 소리" (김혜순, 「잘 익은 사과」).

버릇명 [버릇: pʌrɯːt] ¶"㉠ 오랫동안 자꾸 반복하여 몸에 익어 버린 행동. ㉡ 윗사람에 대하여 지켜야 할 예의."

  ☐ "어머니는 말을 둥글게 하는 **버르:시**[버릇이] 있다" (이대흠, 「동그라미」).
  ☐ "**버릇:처럼**[버릇처럼] 다짐만 했던 사랑!" (윤보영, 「내가 하고 싶은 사랑은」).

산골명 [산골:/산꼴: sʰangoːl/ sʰankoːl] ¶"㉠ 깊은 산속의 구석지고 으슥한 곳. ㉡ 산과 산 사이의 우묵하게 들어간 곳."

  ☐ "외따른 **산꼬:레서:**[산골에서] 소리개소리 배우며 다람쥐 동무하고 자라난 탓이다" (백석, 「선우사」).
  ☐ "**산꼴:로**[산골로] 가자 출출이 우는 깊은 산골로가 마가리에 살자" (백석, 「나와 나타샤와 흰 당나귀」).

서리명 [서리: sʰʌriː] ¶"㉠ 대기 중의 수증기가 지상의 물체 표면에 얼어붙은 것. 땅 위의 표면이 복사 냉각으로 차가워지고, 그 위에서 수증기가 승화하여 생긴다."

  ☐ "**서리:**[서리] 까마귀 우지짖고 지나가는 초라한 지붕" (정지용, 「향수(鄕愁)」).
  ☐ "바람은 모나고/ **서리:는**[서리는] 조급하고/ 달빛은 냉정하고" (문태준, 「가을 모과」).

소리명 [소리: sʰori:] ¶"㉠ 사람이 발성 기관을 통해 내는 음. ㉡ 일정한 내용을 가진 사람의 말이나 주장. ㉢ 물체의 진동으로 사람이나 동물의 귀에 전달돼 청각 작용을 일으키는 공기의 파동."

☐ "머언 곳에 여인의 옷 벗는 **소리:**[소리]" (김광균, 「설야(雪夜)」).

☐ "노인의 자리맡에 밭은 기침 **소리:도**[소리도] 없을 양이면" (박용래, 「월훈(月暈)」).

어깨명 [어깨: ʌ́kɛ:] ¶"㉠ 사람의 몸에서, 목의 아래 끝에서 팔의 위 끝에 이르는 부분. ㉡ 옷소매가 붙은 솔기와 깃 사이의 부분. ㉢ 짐승의 앞다리나 새의 날개가 붙은 윗부분."

☐ "**어깨:와**[어깨와] **어깨:**[어깨] 뼈와 뼈를 맞대고" (김준태, 「아아 광주여 우리나라의 십자가여」).

☐ "가까운 사이인 듯, 고개 숙인 나무 한 그루가/ 의자의 **어깨:를**[어깨를] 짚고 서 있지만,/ 의자는 강물만 바라보고 앉아 있습니다" (윤제림, 「함께 젖다·2」).

얼음명 [어름: ʌ́rɯ:m] ¶"물이 얼어 굳어진 물질."

☐ "**어름:**[얼음] 풀리는 냇가에 새파란 움미나리 발돋움할 거라" (유안진, 「춘천은 가을도 봄이지」).

☐ "**어르:믄**[얼음은] 금 간 제 속살에 재빨리 무지개를 새겨 넣는다" (복효근, 「깨어진 얼음이 무지개를 품는다」).

이마명 [이마: ima:] ¶"㉠ 얼굴의 눈썹 위로부터 머리털이 난 아래까지의 부분. ㉡ '앞머리'를 전문적으로 이르는 말. ㉢ 어떤 물체 꼭대기의 앞쪽이 되는 부분."

☐ "해맑은 밤바람이 **이마:에**[이마에] 나리는" (김광균, 「성호 부근(星湖

附近)」).

- □ "빛무리에 싸여 눈뜬/ 내 **이마**:[이마] 서늘하다" (정희성, 「시(詩)가 오는 새벽」).

이불명 [**이불**: íbuːl] ¶"사람이 잠잘 때 몸을 덮기 위하여 솜이나 오리털 따위를 넣어 만든 침구의 하나."

- □ "내 쪽의 **이브**:**를**[이불을] 끌어다가 자꾸/ 네 쪽의 드러난 어깨를 덮으려는 것 같은" (복효근, 「덮어준다는 것」).
- □ "우리들의 삶이/ **이불**:[이불] 한 장만한 햇살을 들이지 못한다는 것을" (안상학, 「이불을 널며」).

이슬명 [**이슬**: íshɯːl] ¶"㉠ 공기 중의 수증기가 기온이 내려가거나 찬 물체에 부딪힐 때 엉겨 생긴 물방울. ㉡ 덧없는 목숨을 비유적으로 이르는 말. ㉢ '눈물[1]'을 비유적으로 이르는 말."

- □ "밤새 내린 맑은 **이스**:**로**[이슬로]/ 헝클어진 머리카락 다시 빗고서/ 그대가 오실 먼길 바라보며" (김태경, 「옥잠화」).
- □ "내 가슴에 한이 맺히는 게 아니라/ **이스**:**리**[이슬이]] 맺혀서 다행이다" (정호승, 「이슬이 맺히는 사람」).

주검명 [**주검**: tsúgʌːm] ¶"죽은 사람의 몸을 이르는 말."

- □ "새의 **주거**:**미**[주검이]/ 라일락 꽃그늘 위에/ 상한 꽃잎처럼 떨어져 있네" (김명리, 「꽃잎 너머」).
- □ "모가지 뚝뚝 부러진/ 동백꽃 **주거**:**를**[주검을] 당신은 보지 못했겠으나" (이종형, 「바람의 집」).

지렁이명 [**지렁**:**이** tsirʌːŋi] ¶"환형동물 빈모류에 속한 동물을 통틀어 이르는 말.”

- □ “**지렁:이가:**[지렁이가] 눈에 들어왔습니다” (손택수, 「지렁이 성자(聖者)」).
- □ “천상의 별을 찾는다고 네 발 밑에서/ **지렁:이나:**[지렁이나] 개미가 죽게 하지 말기를” (이승하, 「뼈아픈 별을 찾아서–아들에게」).

4. 고유어 용언의 평고조

가렵다[형] [**가렵:따** karyʌpt'a] ¶“㉠ 피부에 긁고 싶은 느낌이 있다. ㉡ 못 견딜 정도로 어떤 말을 하거나 어떤 일을 하고 싶은 느낌이 있다.”

- □ “쓰리고 슬슬 **가렵:꼬**[가렵고] 할 무렵” (이병초, 「황방산의 달」).
- □ “스물스물 발바닥이 **가렵:따**[가렵다]” (김세경, 「입춘」).
- □ “양손을 이리저리 휘둘러도 **가려:운**[가려운] 곳에 닿지 않는다” (김남극, 「내 등이 너무 멀다」).
- □ “아물 무렵 상처는 아프기보다는 **가려:워서:**[가려워서]” (복효근, 「왈칵, 붉은」).
- □ “그때는 섞이지 못하면 뒤꼭지가 **가려:워따:**[가려웠다]” (이면우, 「작은 완성을 향한 고백」).

기리다[동] [**기리:다** kiri:da] ¶“뛰어난 업적이나 바람직한 정신, 위대한 사람을 칭찬하고 기억하다.”

- □ “분홍을 **기리:다**[기리다]” (조용미, 「분홍을 기리다」).
- □ “일제강점기 선열들 숭고한 넋 **기리:고**[기리고] 재차 이어받아” (손병흥, 「삼일절」).
- □ “그 적막을 이겨낼 수 있는 슬픔을 **기리:며**[기리며]” (조병화, 「황홀한 모순」).

□ "애타게 **기리:는**[기리는] 그 마음 이해하진 못하셔도" (이성진, 「아름다운 여행」).

거칠다휑 [**거칠:다** kʌtsʰiːlda] ¶"㉠ 결이 매끄럽지 않고 윤기가 없다. ㉡ 찬찬하거나 세밀한 데가 없다. ㉢ 손질이 되어 있지 않고 어지럽다."
　□ "**거칠:지가:**[거칠지가]/ 않구나 좋구나 아주 잘 드는 소리" (정진규, 「삽」).
　□ "그 시절만 해도 **거칠**[거칠] 것이 없었다" (안도현, 「백석 선생의 마을에 가서」).
　□ "우리의 손은 차고 **거칠:다**[거칠다]" (신경림, 「귀로」).
　□ "칼자국 지나간 몸 더 **거칠:어가는**[거칠어가는] 줄 모르고" (손택수, 「모과」).
　□ "들일과 땔감 나무를 하느라 손이 **거칠:고**[거칠고]" (맹문재, 「감자떡」).

견디다통 [**견디:다** kyʌndiːda] ¶"㉠ 참아 내다. ㉡ 버티면서 죽지 않고 계속해서 살아가다. ㉢ 맞서 버티면서 죽지 않고 계속해서 살아가다."
　□ "**견디:다**[견디다]" (백무산, 「견디다」).
　□ "혼자서 햇볕을 **견디:고**[견디고] 키워낸 것이다" (엄의현, 「복숭아 몇 알」).
　□ "한겨울 맨몸으로 **견딜:수록**[견딜수록]" (안상학, 「배롱나무」).
　□ "겨울은 봄을 기다리며 **견뎠:따**[견뎠다]" (이면우, 「우리는 알몸으로 사계절을 껴안았다」).
　□ "이 개새끼라고 소리치지 않고는 **견디:지**[견디지] 못하는가" (정호승, 「운동주 시집이 든 가방을 들고」).

구르다통 [**구르:다** kuɾɯːda] ¶"돌면서 움직이다."
　□ "**구르:고**[구르고] **구르:다**[구르다] 그대 발 밑을 뒹굴다" (박규리, 「소쩍

새 우는 봄날에」).

- ☐ "구르:면서:[구르면서] 더욱 단단해지는 삶이" (이기철, 「돌에 대하여」).
- ☐ "발만 동동 구르:다[구르다] 영영 들어가지 못한 건" (문창갑, 「아, 이 열쇠들」).
- ☐ "발을 동동 구르:다가:[구르다가] 잠에서 깬다" (신경림, 「가난한 아내와 아내보다 더 가난한 나는」).
- ☐ "언 땅속에서 발 동동 구르:며[구르며]" (안상학, 「냉이꽃」).

꾸짖다图 [꾸짇:따 kúdzi:t͡ta] ¶"윗사람이 아랫사람의 잘못에 대하여 엄하게 나무라다."

- ☐ "꾸지:저:[꾸짖어] 내보낼 수도 없이" (성숙, 「중독」).
- ☐ "마음 꾸짇:는[꾸짖는] 것을 듣는다" (이재무, 「발을 씻으며」).
- ☐ "나의 엄살을 꾸지:치며:[꾸짖으며]" (전빛돌, 「나에게 이 세상은」).
- ☐ "잿밥에 관심이 더한 스님도 꾸지:지[꾸짖지] 않는다" (공광규, 「한심하게 살아야겠다」).
- ☐ "더 오래 잘못할 나를 일찌감치 꾸짇:꼬[꾸짖고] 싶어서" (하종오, 「지팡이였다가 몽둥이였다가」).

나서다图 [나서:다 násʰʌ:da] ¶"㉠ 앞이나 밖으로 나와 서다. ㉡ 어떠한 일을 적극적으로 또는 직업적으로 시작하다. ㉢ 어떠한 일을 가로맡거나 간섭하다."

- ☐ "거리로 나서:는[나서는] 순간 눈앞이 캄캄하다" (안상학, 「맹인부부」).
- ☐ "별빛따라 길 나서:다[나서다] 보면"
- ☐ "꽹과리를 앞장세워 장거리로 나서:면[나서면]" (신경림, 「농무」).
- ☐ "한 솥 쪄낸 밤을 놔두고/ 아이는/ 집을 나섣:꼬[나섰고]" (지봉수, 「다람쥐의 저주」).

□ "나는 산새처럼 울고 있는 아이를 업고 바람길을 **나섣:다**[나섰다]" (윤병주, 「귀촌일기」).

녹이다图 [**노기:다** nogi:da] ¶"㉠ 풀어져 섞이게 하다. ㉡ 열이나 뜨거운 기운으로 액체가 되게 하다. ㉢ 높은 온도나 열로 물러지거나 물처럼 되게 하다."
□ "**녹다:만**[녹다만] 눈 응달 발치에 두고" (유안진, 「춘천은 가을도 봄이지」).
□ "가는 동안 **노가:서**[녹아서]/ 피는 꽃 보았지" (서정춘, 「매화 걸음」).
□ "겨우내 얼었다 **노갇:따**[녹았다] 푸석푸석 들떠 있다" (고영민, 「내가 갈아엎기 전의 봄 흙에게」).
□ "눈보라에 얼었다가 **노갇:따가:**[녹았다가] (정호승, 「황태덕장에서」).
□ "너의 자줏빛 속눈썹에 **노가:**[녹아]" (김태경, 「박각시나방」).

나누다图 [**나누:다** nanu:da] ¶"갈라 떨어지게 하거나 분류하다."
□ "겁없이 사랑을 **나누:다**[나누다] 간다" (김태경, 「꽃범의 꼬리」).
□ "사과 하나 둘로 쪼개/ **나눠:**[나눠] 가질 줄 안다" (김남주, 「사랑·1」).
□ "선술집 목로에서/ 정담을 **나누:며**[나누며]" (이여진, 「여행을 하고 싶다」).
□ "나는 쓰레기통끼리 체온을 **나눌:**[나눌] 수 있어서 좋았다" (정호승, 「쓰레기통처럼」).
□ "그때까지 맨방바닥에서 사랑을 **나눋:따**[나눴다]" (박형준, 「생각날 때마다 울었다」).

닫히다图 [**다치:다** tatsʰi:da] ¶"도로 제자리로 가게 돼 안팎 사이가 통하지 못하다."
□ "굳게 **다친:**[닫힌] 문고리를 가만 만져보고 돌아가는 이여" (나호열, 「봄비」).

○ "겨우내 **다쳐:**[닫혀] 있던 방문이 열리자" (이재무, 「목련」).

○ "열렸다 **다치:는**[닫히는] 바다" (김완수, 「가득찬 것은 출렁이지 않는다」).

○ "열렸다 **다쳤:따하며:**[닫혔다 하며] 날아다니는 소책자" (박은율, 「나비」).

○ "수련 열리다./ 닫히다/ 열리다/ **다치:다**[닫히다]" (김선우, 「완경(完經)」).

더듬다동 [**더듬:따** tʌdɯ:mta] ¶"㉠ 손 따위를 이리저리 움직여 찾거나 만져 보다. ㉡ 여기저기 찾아 살피다. ㉢ 애써 떠올려 마음속으로 헤아리다."

○ "**더듬:더듬:**[더듬더듬] 먼 길을" (김사인, 「달팽이」).

○ "점자처럼 **더듬:거리다:**[더듬거리며] 멈춰 서는 색" (서안나, 「먼, 분홍」).

○ "서로의 누드를 **더듬:꼬**[더듬고] 핥고…" (신현림, 「꿈꾸는 누드」).

○ "상처를 간지럽게 **더듬:는다:**[더듬는다]" (김기택, 「고행(苦行)을 끝내다」).

○ "장님처럼 나 이제 **더듬:거리며:**[더듬거리며] 문을 잠그네" (기형도, 「빈집」).

데우다동 [**데우:다** teu:da] ¶"따뜻하게 하다."

○ "물 한 그릇 **데울:**[데울] 수 없는" (나호열, 「사랑의 온도」).

○ "불사르어 몸 **데우:고**[데우고] 밥을 지어" (박경리, 「확신」).

○ "내 피곤한 이마를 잠시 **데웠:따**[데웠다] 떠나는 (…)" (최영미, 「내 마음의 지중해」).

○ "이불 돌돌 아랫도리에 손을 **데우:며**[데우며]" (손택수, 「언덕 위의 붉은 벽돌집」).

○ "아직은 더운 체온으로 내 손을 **데워:서**[데워서]" (복효근, 「눈, 스무 살로 내리다」).

두렵다형 [**두렵:따** turyʌ:pta] ¶"겁이 나거나 마음에 몹시 꺼려 불안하다."

- □ "나는 **두려:웠따:**[두려웠다]" (류시화, 「새는 날아가면서 뒤돌아보지 않는다」).
- □ "이별이 **두려:워서:**[두려워서] 먼저 이별 속으로" (김재진, 「겨울, 두오모」).
- □ "나는 고통이 **두렵:꼬**[두렵고] 독이 없어/ 평생 허물을 입고 산다" (공광규, 「허물」).
- □ "너나없이 놀아날까 **두렵:따**[두렵다]" (구상, 「네 마음에다」).
- □ "같은 물에 생채기/ 나는 게 더 **두려:워**[두려워]" (이산하, 「강」).

다투다⑧ [**다투:다** tatʰuːda] ¶"⊙ 겨루어 가리다. ⓛ 차지하려고 겨루다. ⓒ 의견이나 이해의 대립으로 서로 맞서 옥신각신 싸우다."
- □ "오동꽃이/ **다투:지**[다투지] 않고/ 단독으로 피었다" (천양희, 「오월에」).
- □ "아이 문제로 **다투:다**[다투다] 옆자리를 돌아본다" (문숙, 「우산」).
- □ "서로 품고 자겠다고 **다투:며**[다투며] 깨득거리다가" (손택수, 「대추나무 신랑」).
- □ "사는 동안 심심찮게 **다투:얻따:**[다투었다]" (이현원, 「떠나보내고 나서야」).
- □ "내 잘났다 네 잘났다 **다투:고**[다투고] 있다" (신경림, 「태풍이 지나간 저녁 들판에서」).

뛰놀다⑧ [**뛰놀:다** twinoːlda] ¶"⊙ 이리저리 뛰어다니며 놀다. ⓛ 맥박이나 심장 따위가 세게 뛰다."
- □ "맘껏 **뛰노:는**[뛰노는] 벌판을" (김기택, 「어미 고양이가 새끼를 핥을 때」).
- □ "산길을 **뛰놀:며**[뛰놀며] 자연스레 세상 탐구" (강안개, 「뜻하지 않은 개교」).
- □ "활기차게 **뛰놀:고**[뛰놀고] 있다" (천상병, 「어린애들」).

- "기어다니다, **뛰놀:다**[뛰놀다], 헤엄치다, 도망치다" (김선태, 「무안 갯벌」).
- "하느님의 장막 둘레 우리 양 떼처럼 **뛰놀:**[뛰놀] 때," (윌리엄 블레이크, 「검둥이 소년」).

머금다통 [**머금:따** mʌgɯːmt͈a] ¶"㉠ 삼키지 않은 상태로 입속에 넣고 있다. ㉡ 표정이나 태도로 조금 드러내다. ㉢ 눈에 글썽인 채 흘리지 않고 그대로 지니고 있다."
- "비를 **머그:믄**[머금은] 잎들 반짝거렸다 그 속으로" (곽효환, 「비움과 틈새의 시간」).
- "달빛 산빛을 **머그:므며:**[머금으며]" (김용택, 「섬진강·15-겨울, 사랑의 편지」).
- "비 맞은 뒤, 물 **머금:따**[머금다] 떨구는" (남정순, 「6월의 소리」).
- "제각각의 빛깔을 **머금:꼬**[머금고] 뒤섞이는 시간" (곽효환, 「비움과 틈새의 시간」).
- "연꽃은 이슬도 **머금:찌**[머금지] 않는다" (박우복, 「연꽃은 이슬도 머금지 않는다」).

머물다통 [**머물:다** mʌmuːlda] ¶"㉠ 잠시 멈추어 있다. ㉡ 그친 채 더 나아가지 못하다. ㉢ 도중에 잠시 멈추다."
- "**머물:며**[머물며] 귀를 갈며/ 머물며 떠나는 법도 법은 법이지" (오규원, 「상사뒤야2」).
- "잠시 **머물:다**[머물다] 돌아가지 않더냐" (김종해, 「외로운 별은 너의 것이 아니다」).
- "황도에만 **머무:는**[머무는] 것인가를" (오세영, 「8월의 시」).
- "그대 위해 **머물:고**[머물고] 싶은" (허형만, 「그늘이라는 말」).
- "몸은 돌아왔으나 마음은 그 시간에 **머물:러**[머물러] 있는" (류시화,

「나는 투표했다」).

미치다[동] [**미치:다** mitsʰiːda] ¶ "㉠ 정신에 이상이 생겨 정상적이지 않은 상태로 되다. ㉡ 관심을 보이는 정도가 정상적 경우보다 지나치게 심하거나 비정상적으로 열중하다. ㉢ 상식에 지나치게 벗어난 행동을 하다."

- "**미치:고**[미치고] 환장하고 애간장 탄 그 어른이 용하다는 점쟁이께" (이종문, 「웃지 말라니까 글쎄」).
- "**미치:지**[미치지] 않을 수 없는 일이어서" (곽성숙, 「앓으라」).
- "한바탕 **미치:면**[미치면] **미치:는**[미치는] 거다, 뭐" (손현숙, 「목련이 피었는데 죄나 지을까).
- "수왕(壽王)이 **미쳐:서**[미쳐서] 춤을 춘다" (박성룡, 「양귀비꽃」).

배우다[동] [**배우:다** pɛuːda] ¶ "㉠ 새로운 지식이나 교양을 얻다. ㉡ 새로운 기술을 익히다. ㉢ 남의 행동, 태도를 본받아 따르다."

- "꽃 이름만/ **배우:지**[배우지] 마라" (목필균, 「참스승」).
- "제 얼굴로 사는 법을 **배우:는**[배우는] 중이다" (안상학, 「얼굴」).
- "빈몸으로 하늘의 마음을/ **배우:고**[배우고] 싶다" (나태주, 「겨울나무」).
- "외따른 산골에서 소리개소리 **배우:며**[배우며] (…)" (백석, 「선우사」).
- "우리나라 어린 물고기들의 이름 **배우:다**[배우다] 무릎을 치고 만다" (정일근, 「착한 시」).

사랑하다[동] [**사랑:하다:** sʰaraːŋʰadaː] ¶ "㉠ 어떤 사람이나 존재를 몹시 아끼고 귀중히 여기다. ㉡ 어떤 사물이나 대상을 아끼고 소중히 여기거나 즐기다. ㉢ 남을 이해하고 돕다."

- "**사랑:이얼찌:**[사랑이었지] 가득 찬 마음으로 일어나는 사랑" (박남준, 「아름다운 관계」).

□ "아직 **사랑:할**[사랑할] 일이 남아 있기 때문이다" (김종해, 「가을에는 떠나리라」).

□ "너를 **사랑:하는**[사랑하는] 일이" (문숙, 「홍시」).

□ "삶을 **사랑:하고**[사랑하고]/ 사람을 용서하며" (이해인, 「가을 편지·1」).

□ "이제 우리가 **사랑:한다:는**[사랑한다는] 것은" (류근, 「이제 우리가 사랑한다는 것은」).

아끼다[동] [**아끼:다** aki:da] ¶"㉠ 물건이나 돈, 시간을 함부로 쓰지 아니하다. ㉡ 물건이나 사람을 소중하게 여겨 보살피거나 위하는 마음을 가지다."

□ "아무것도 **아끼:지**[아끼지] 않았으면 좋겠다" (박지웅, 「일요일 아침 아홉시에는」).

□ "왜 그랬을까/ **아끼:다**[아끼다] 잠들걸" (정상화, 「마음만 낭비한 당신」).

□ "사람이 사람을 **아끼:는**[아끼는] 날" (김수영, 「여름밤」).

□ "사랑하는 마음을 **아끼:며**[아끼며]/ 삽시다" (나태주, 「사랑하는 마음 내게 있어도」).

□ "이 봄이 다 가기 전에 그것들을 **아끼:고**[아끼고]" (안도현, 「봄날, 사랑의 기도」).

아물다[동] [**아물:다** amu:lda] ¶"부스럼이나 상처가 다 나아 살갗이 맞붙다."

□ "**아물:지**[아물지] 않는 상처가/ 아름답다고" (천양희, 「시인의 말이라고?」).

□ "꽃과 함께 **아물:다**[아물다]" (김명기, 「꽃과 함께 아물다」).

□ "외상은 언젠가 **아물:고**[아물고]" (김해자, 「아무도 그의 이름을 부르지 않았다」).

□ "세월이 가고/ 상처가 **아물:면**[아물면]" (김시천, 「사람의 사랑·3」).

□ "고요의 속살을 찔렀지만 고요는 곧 **아무:럳따**[아물었다]" (마경덕, 「뒤꼍」).

어둡다⟨형⟩ [**어둡:따** ˈʌduːpta] ¶"㉠ 빛이 없어 주변 사물이 잘 보이지 않는 상태에 있다. ㉡ 슬프거나 우울하다."

- ☐ "**어둡:찌**[어둡지] 않으려고 마음과 집들은 함께 모여 있다" (이기철, 「생은 과일처럼 익는다」).
- ☐ "**어두:울수:록**[어두울수록] 밝게 빛나는" (나호열, 「안부」).
- ☐ "갈수록 숲은 **어둡:꼬**[어둡고]" (김해자, 「사람 숲에서 길을 잃다」).
- ☐ "동트기 전이 가장 **어둡:따**[어둡다] 했지" (이석희, 「그림자」).
- ☐ "먼지는 희고/ 걸레는 **어두:윝따**[어두웠다]" (조말선, 「야간조」).

어렵다⟨형⟩ [**어렵:따** ˈʌryʌːpta] ¶"㉠ 까다롭고 힘들다. ㉡ 그렇게 될 가능성이 적다. ㉢ 뜻을 이해하기가 까다롭다."

- ☐ "**어렵:따**[어렵다] 어려워 말 안 해도 빤한 너희네 생활" (유홍준, 「들깻잎을 묶으며」).
- ☐ "**어려:울수:록**[어려울수록] 조금 더 지금까지 이룬 것을 감사하게 하소서" (양광모, 「12월 31일의 기도」).
- ☐ "태어나는 것보다 더 **어려:운**[어려운] 거듭나기를 한다" (이서빈, 「달의 이동 경로」).
- ☐ "난해한 신호등처럼/ 단추는 **어렵:꼬**[어렵고]/ 많기만 해" (문정희, 「어디를 열어야 당신일까」).
- ☐ "몇 해쯤 만나지 못해도 밤잠이 **어렵:찌**[어렵지] 않은 강" (마종기, 「우화의 강」).

우기다⟨동⟩ [**우기:다** ugiːda] ¶"억지를 부려 제 의견을 고집스럽게 내세우다."

- ☐ "**우기:치**[우기지] 말 것을,/ 싸웠어도 내가 먼저 말을 걸 것을" (이향아, 「능소화 편지」).
- ☐ "누가 아무리 **우겨:도**[우겨도] 같은 풍경은 없고" (이규리, 「풍경」).

□ "확고부동하게 옳다고 <u>우기:는</u>[우기는] 사람 참 많다" (박경리, 「확신」).
□ "그것을 첫사랑 고백이라/ <u>우기:고</u>[우기고] 싶네".
□ "댕기새 돌 던져 울려 놓고 장고 소리라 <u>우기:며</u>[우기며]" (이기철, 「조그 맣게」).

움츠리다圖 [<u>움츠:리다:</u> úmtsʰɯːridaː] ¶"㉠ 몸이나 몸의 일부를 몹시 오그 리어 작아지게 하다. ㉡ 겁을 먹거나 위압감 때문에 몹시 기가 꺾이거나 풀이 죽다."
□ "<u>움츠:리고:</u>[움츠리고] 살던 초목들이" (구상, 「신록을 바라보며」).
□ "나는 몸을 <u>움츠:리지:</u>[움츠리지] 않고" (고영민, 「봄의 정치」).
□ "나는 두려움으로 약간 몸을 <u>움츠:리며:</u>[움츠리며] 그의 발을 견딘다" (이창기, 「우리가 어떻게 사랑할 수 있을까…」).
□ "꽃과 구름 다소곳하고/ 쓸쓸한 듯 <u>움츠:리는:</u>[움츠리는] 미묘한" (장영, 「첫눈」).
□ "가늘고 말랑말랑한 더듬이 눈은 급히 <u>움츠:려든다:</u>[움츠려든다]" (김기 택, 「눈먼 사람」).

잠그다圖 [<u>잠그:다:</u> tsamgɯːdá] ¶"㉠ 여닫는 물건을 열지 못하도록 자물쇠 를 채우거나 빗장을 걸거나 하다. ㉡ 물/가스 따위가 흘러나오지 않도록 차단하다. ㉢ 옷을 입고 단추를 끼우다."
□ "굳게 문 걸어 <u>잠그:고</u>[잠그고] 있던 내 몸의" (문창갑, 「아, 이 열쇠들」).
□ "산그림자에 장지문을 걸어 <u>잠그:는:</u>[잠그는] 마음의" (문태준, 「봄날 지나쳐간 산집」).
□ "여름밤은 너무 짧아 수평선 채 <u>잠그:치</u>[잠그지] 못해" (김명인, 「천지간」).
□ "김포 황금 들녘도 문을 걸어/ <u>잠궜:따</u>[잠궜다]" (김한명, 「회상」).
□ "장님처럼 나 이제 더듬거리며 문을 <u>잠그:네</u>[잠그네]" (기형도, 「빈집」).

저물다图 [저물:다 tsʌmuːldá] ¶“㉠ 해가 져서 어두워지다. ㉡ 계절이나 한 해가 거의 다 지나게 되다. ㉢ 어떠한 일이 날이 어두워질 때까지 늦어지게 되다.”

☐ “이렇게 **저물:고**[저물고], **저무:러서:**[저물어서]” (정희성, 「저문 강에 삽을 씻고」).

☐ “아직 해가 **저물:지**[저물지] 않았는가” (하종오, 「무덤 하나」).

☐ “여름날/ 해 **저무:는**[저무는] 바닷가에서” (오세영, 「눈물」).

☐ “당신의 해가 **저물:면**[저물면]” (찰스 스펀전, 「지금 하십시오」).

☐ 나무 아래에서 하루해가 **저무:런따:**[저물었다]” (김용택, 「그 나무」).

지니다图 [지니:다 tsini:dá] ¶“㉠ 몸에 간직하여 가지다. ㉡ 기억하여 잊지 않고 새겨 두다. ㉢ 바탕으로 갖추고 있다.”

☐ “제 빛깔과 향기를 **지닐:**[지닐] 수 있는 것” (박상봉, 「사랑하지 마라」).

☐ “바람 속에 나이테를 **지니:는**[지니는] 나무여” (김명수, 「어제의 바람은 그치고」).

☐ “향기를 더해가는 특성을 **지녔:따**[지녔다]” (안상학, 「촛불」).

☐ “풍우 속에 나무는 상처를 **지니:고**[지니고]” (김명수, 「어제의 바람은 그치고」).

☐ “단단하면서도 유연한 몸짓 **지니:지**[지니지] 못했을 것이다” (도종환, 「자작나무」).

태우다图 [태우:다 tɛuːdá] ¶“불씨나 높은 열로 불을 붙여 번지게 하거나 불꽃을 일어나게 하다. ‘타다’의 사동사.”

☐ “하루를 **태우:고**[태우고] 남은 빛이 별이 될 때” (이기철, 「생은 과일처럼 익는다」).

☐ “학습이란 **태워:**[태워] 올리는 불길일까?” (김명인, 「책을 태우다」).

□ "나를 바짝 **태웦:따**[태웠다]. 눈물에 그을음이 묻어 나왔다" (마경덕, 「지루한 영화」).

□ "생애의 절정을 온몸으로 **태우:며**[태우며]" (이수익, 「차라리 눈부신 슬픔」).

풍기다⑧ [**풍기:다** pʰuŋgiːda] ¶"㉠ 냄새가 나다. 또는 냄새를 퍼뜨리다. ㉡ 어떤 분위기가 나다. 또는 그런 것을 자아내다."

□ "물씬 흙냄새 **풍겯:따**[풍겼다] 그리고 또 그렇게" (문인수, 「칼국수」).

□ "후박꽃 향기 그윽히 **풍기:며**[풍기며]" (임병호, 「자랑거리」).

□ "떠난 이들의 그리움 **풍겨:줌니다**[풍겨줍니다]" (임병호, 「자랑거리」).

□ "어렴풋이 바람의 내음을 **풍기:고**[풍기고] 있다" (김시종, 「나뭇잎 한 장」).

□ "대학을 갓 졸업한 여직원 앞에서 썩은 생선 냄새를 **풍기:다**[풍기다] 문득" (김명인, 「책을 태우다」).

푸르다⑲ [**푸르:다** pʰurɯːda] ¶"㉠ 맑은 하늘빛이나 풀빛과 같은 색을 띤 상태에 있다. ㉡ 추위나 공포로 핏기가 가신 듯 창백하다. ㉢ 젊고 건강하다."

□ "**푸르:고**[푸르고] 둥근 줄기" (김기택, 「낫」).

□ "밤하늘 하도 **푸르:러**[푸르러] 선돌바위 앞에" (이성복, 「추석」).

□ "강물은 다시 **푸르:럳따:**[푸르렀다]" (조말선, 「재스민 향기는 어두운 두 개의 콧구멍을 지나서 탄생했다」).

□ "살아온 바다는 언제나 **푸르:다**[푸르다]" (김태경, 「묵호항」).

휘젓다⑧ [**휘젇:따** hwidʑʌːtta] ¶"㉠ 이리저리 마구 젓다. ㉡ 심하게 뒤흔들다. ㉢ 마구 흔들어 어지럽게 만들다."

□ "썩은 구녁만 **휘젇:따**[휘젓다] 잠이 깻지유" (길상호, 「뒤숭숭」).

□ "야윈 팔다릴망정 한껏 **휘저:어**[휘저어]" (조태일, 「국토서시」).

□ "새들은 어지럽게 공중을 **휘젇:꼬**[휘젓고]" (채호기, 「강물의 심장」).

휘돌다[동] [**휘돌:다** hwidol:da] ¶"㉠ 휘어서 돌다. ㉡ 원을 그리듯이 돌다."

□ "바람에 날리어 나의 주변을 **휘돌:고**[휘돌고] 있다" (박인환, 「가을의 유혹」).

□ "**휘도:는**[휘도는] 물살을 살며시 밀어주듯" (황규관, 「품어야 산다」).

□ "마을을 **휘도:라**[휘돌아] 흐르는 것은" (김부조, 「곡선에 물들다」).

□ "눈보라가 골목골목 **휘돌:면**[휘돌면]" (정남진, 「그땐 그랬지」).

□ "이 이름들에는 여를 오래 **휘돌:며**[휘돌며] 지나간" (나희덕, 「여, 라는 말」).

흘기다[동] [**흘기:다** hɯlgiɯ:da] ¶"눈동자를 옆으로 굴리어 못마땅하게 노려보다."

□ "눈을 **흘기:며**[흘기며] 문을 나선다" (문모근, 「늙은 애인」).

□ "또 노오랗게 **흘기:는**[흘기는] 그 고운 눈빛" (오세영, 「단풍 숲속을 가며」).

□ "일출의 눈초리는 일몰의 눈초리를 **흘기:고**[흘기고] 있는 줄 알았다" (강은교, 「너를 사랑한다」).

□ "정욕(情欲)처럼 피폐한 소설에 눈을 **흘겯:따**[흘겼다]" (박인환, 「검은 강」).

제3장

자음의 길이가 길어지는 '장자음(長子音)'

받침이 'ㄷ/ㅂ/ㄹ'인 음절은, 장자음으로 발음됩니다. 장자음(長子音)은, 국어사전에 "같은 상태로 오래 낼 수 있는 소리"라고 그 뜻을 풀이해놓았습니다. 유사어로 어떤 소리가 지속된다는 뜻의 '지속음(持續音)'이라는 설명을 곁들였습니다. 이 책에서는, 장자음의 기호로 **어휘적 장음의 기호인 [ː]와 구분해 [ː]로 표기합니다.** 최한룡이 사용한 장자음의 기호1)를 따른 것입니다. 어휘적 장음의 기호 [ː]는, "모음의 길이를 길게" 읽으라는 뜻이고, 장자음의 기호 [ː]는, "폐쇄된 소리", 즉 "소리 없는 묵음"이 지속된다는 의미의 기호이므로 달리 표기합니다.

이 책에서는 "학교"를 [학ː꾜], "압박"을 [압ː빡], 불신을 [불ː씬]으로 표기합니다. 자음 'ㄱ'은, 두 가지로 발음됩니다. 첫째, "가다"의 첫음절 '가'처럼 [ㄱ]이 초성으로 쓰일 땐, 막혔다 터지는 소리인 '파열음'으로 발음됩니다. 그러나 종성 받침으로 쓰일 때 [ㄱ]의 발음은, 달라집니다. 달라도 아주 팔팔결 다르게 발음됩니다. 촉급하게, 아주 촉급하고 빠르게 발음됩니다. 그리고 또 발음되자마자 곧바로 콱, 막혀버립니다. 지금 한 번 입으로 '학' 하고

---

1) 최한룡은, 『울고 싶도록 서글픈 韓國語學의 現實』(1999, 신정사)에서 장자음의 기호로 [ː]을 사용하여 어휘적 장음의 기호 [ː]과 구분하였습니다. 글쓴이는 이를 따릅니다.

발음해보세요. 우리는, '학' 하고 발음한 상태에서 숨을 마시려고 한들, 숨을 쉴 순 없습니다. 완전히 막힌 상태이기 때문입니다. 혀뿌리와 여린입천장(=연구개)이 딱 붙습니다. 그래서 이를 '폐쇄음'이라고 합니다. 자, 그런데 이때 막힌, 폐쇄된 상태에서 다음의 음절을 발음하기 전에, 바로 그때, '소리 없는' 즉, '묵음 상태'가 순간 지속됩니다. 바로 이때, 그 짧은 순간의 묵음의 길이가 발생됩니다. 그러므로 이를 '장자음'이라고 하는 것입니다. 그런데 실은 자음 자체가 길어지는 건, 아닙니다. 결국 '장자음'이라는 이름은, 지시어와 지시 대상이 딱 들어맞는 말은 아닙니다. 하긴 세상엔 지시어와 지시 대상이 딱 들어맞는 말만 있는 건 아니지요.

장자음 음절이라도 뒤에 이어지는 음절이 없으면, 장자음의 묵음은 길어질 수 없습니다. 그럴 땐 촉급한 소리로 끝납니다. 예를 들면 "독백[독·백]"의 '독'은, 묵음이 잠깐 지속되지만, 마지막 음절 '백'은 그저 촉급하게 발음되고 끝나버립니다. 어디에 위치하느냐에 따라 달라집니다.

'ㅂ'도 역시 'ㄱ'과 똑같은 이치로 작동됩니다. 하여 달리 설명할 필요가 없습니다. 이 둘을 입성(入聲)이라고 합니다. 소리의 성질이 촉급하고, 또 폐쇄되는 점도 같습니다.

그런데 'ㄱ/ㅂ'과 함께 입성으로 구분되는 'ㄹ'은, 조금 다릅니다. 'ㄹ'이 초성으로 쓰일 때는, 혀끝을 여린입천장에 데었다가 떼며 발음되는 탄설음입니다. 이 탄설음은, 혀를 튕기며 내는 소리이기 때문에 그런 이름이 붙었습니다. 한편 'ㄹ'이 초성이 아니라, 종성 받침으로 쓰일 때는 또 다릅니다. 이때의 'ㄹ'은, 탄설음이 아니라 '설측음'입니다. 설측음은, 혀끝을 앞쪽의 딱딱한 입천장(=경구개)에 붙인 채 혀의 양쪽 옆으로 공기가 나오며 발음되는 소리입니다. 그러니까 'ㄱ/ㅂ'처럼 폐쇄되진 않지만, 입성으로 구분되는 소리입니다. 이 'ㄹ'이 참 특이한 소리입니다. 'ㄹ'을 흐르는 소리라고 해서 '유음(流音)'으로 불립니다. 자음인데도, 자음인 주제에 모음적 성향이 강한, 아주 특이한 소리입니다. 그러니까 "남자 같은 여자, 여자 같은 남자"가 있듯이 "모음 같은 자음"이 바로 저 'ㄹ'입니다. 이 셋은, 서로 같기도 하고 다른 면도 있지만, 모두 입성입니다.

입성인 'ㄱ/ㅂ/ㄹ' 뒤의 초성 자음은, 된소리(=경음화)가 된다는 점도 역시 같습니다. 그리고 입성은, 측성에 해당하고, 측성은 곧 장음이므로, 입성 뒤에 놓이는 음절은, 장음이더라도 단음화됩니다. 이 부분이 동일하며, 또 매우 중요합니다. 우리말은 고정되어 있지 않고, 그것이 어디에 배치되는지에 따라 소리의 길이가 달라지기 때문입니다. 또 우리말은 장단 중심의 언어인데, 저 장단이 위치에 따라 변화무쌍하게 바뀌기 때문입니다.

기호 [¯]은, 장음 뒤의 장음, 또는 장음 뒤의 단음이 제 음가보다 짧아지므로 짧게 발음하라는 표기입니다. 또한 입성 앞에 놓인 단음은 모두 극단음으로 변합니다. 단음은 장음 앞에서 돌연 더욱 짧아지며, 원래의 낮은 소리가 아연 높아지는 평고조 현상이 나타나는 것도 모두 같습니다. 단음이 더욱 짧아지는 극단음의 기호는 [´]로 삼습니다. 이는 손종섭의 평고조 기호[2]를 따른 것입니다. 이 장에서는 조사와 어미의 장단에도 장단의 기호를 넣었습니다. 이에 대한 설명은 조사와 조사의 장을 참고하시기 바랍니다.

1. 받침 'ㄱ'의 입성자 '장자음'

각고¹명 (刻苦) [각꼬 kaːkko] ¶"어떤 일을 이루기 위해 어려움을 견디며, 몸과 마음을 다해 무척 애를 씀."

☐ "오랜 추위와 **각꼬를**:[각고를] 끝낸 사나이가/ 집으로 돌아왔습니다"
　　(고정희, 「야훼님 전상서」).

---

2) 손종섭은 『우리말의 고저장단』(2016, 김영사)에서 평고조의 기호로 [´]를 사용합니다. 그리고 측고조, 즉 어휘적 장음의 기호로 [`]를 사용합니다. 그러나 이 책에서의 어휘적 장음은, 일반적 장음 기호로 쓰이는 [:]를 사용합니다.

각도¹명 (角度) [각ː또 kaːk͈to] ¶"㉠ 생각의 방향이나 관점. ㉡ 한 점에서 갈리어 나간 두 직선의 벌어진 정도."

☐ "정점을 가격해서 부수어야 한다/ <u>각ː또가ː</u>[각도가] 조금 기울면 튀어 나가버린다" (하종오, 「무엇보다 둥근 것」).

각본²명 (脚本) [각ː뽄 kaːk͈pon] ¶"㉠ 연극이나 영화를 만들기 위해 쓴 글. 배우의 동작이나 대사, 무대 장치 따위가 구체적으로 적혀 있다. ㉡ 대본을 각색함. 또는 그런 것. ㉢ '계획'을 비유적으로 이르는 말."

☐ "그녀도 세상은 이미 <u>각ː뽄</u>[각본]대로 연출되고 있다는 것을/ 어렴풋이 눈치채 가고 있는 중인 것이다" (이재무, 「삼류들」).

객관³명 (客觀) [객ː꽌 kɛːk͈kwan] ¶"㉠ 개인의 생각이나 감정에 치우치지 않고 있는 그대로 사물을 보거나 생각함. ㉡ 의지나 인식 등의 정신 작용이 향하는 대상. 또는 정신적, 육체적 자아와 독립하여 존재하는 외계(外界)의 사물."

☐ "당신의 아름다움은 <u>객ː꽌쩌ː기어야ː</u>[객관적이어야] 한다" (조용미, 「당신의 아름다움」).

객기명 (客氣) [객ː끼 kɛːk͈ki] ¶"공연히 부리는 호기."
☐ "<u>객ː끼</u>[객기]]" (안도현, 「객기」).

격동²명 (激動) [격ː똥 kyʌːk͈toŋ] ¶"㉠ 정세 따위가 급격하게 움직이거나 변함 ㉡ 몹시 흥분하여 걷잡을 수 없는 충동을 느낌"
☐ "아, 태일아/ 너와 나, 우리는/ 너무나 <u>격ː똥하는ː</u>[격동하는] 조국을 살았다" (조병화, 「조태일의 죽음」).

격식뗑 (格式) [**격：씩** kyʌ̟ːkɛ́ik] ¶"격에 맞는 일정한 방식."

　　▢ "내게는 사랑만 남게 하소서/ **격：씩기나：**[격식이나] 체면에는 덤덤하게
　　　하시고" (홍수희, 「새해 아침에는」).

곡선²뗑 (曲線) [**곡：썬** koːksʌn] ¶"㉠ 모나지 않고 부드럽게 굽은 선. ㉡
점이 평면 위나 공간 안을 연속적으로 움직일 때 생기는 선. 좁은 뜻으로는
그 가운데에서 직선이 아닌 것을 이른다."

　　▢ "그러나 저 유려한 **곡：써늬：**[곡선의] 집 한 채가/ 곧게 다듬은 나무들로
　　　이루어진 것을 본다" (도종환, 「부드러운 직선」).

곡식뗑 (穀食) [**곡：씩** koːkɛik] ¶"사람의 식량이 되는 '쌀/보리/콩/조/기장/
수수/밀/옥수수' 따위를 통틀어 이르는 말."

　　▢ "저 들판 **곡：씩처：럼**[곡식처럼] 무럭무럭 자라라/ 하심이더이까" (이돈
　　　권, 「복더위 생일에」).

곡절뗑 (曲折) [**곡：쩔** koːktsʌl] ¶"㉠ 순조롭지 아니하게 얽힌 이런저런
복잡한 사정이나 까닭. ㉡ 구불구불 꺾이어 있는 상태. ㉢ 글의 문맥 따위가
단조롭지 아니하고 변화가 많음."

　　▢ "필시 말로는 안되고 글로 적어야 하는 서러운 **곡：쩌리：**[곡절이] 있을
　　　것 같다" (안도현, 「나비의 문장」).

곡조뗑 (曲調) [**곡：쪼** koːktso] ¶"㉠ 음악적 통일을 이루는 음의 연속.
㉡ 음악적 통일을 이루는 음의 연속이나 노랫가락을 세는 단위."

　　▢ "새소린 청아한 **곡：쪼로：**[곡조로] 하늘 다시 펼치고" (권갑하, 「그대
　　　맨발로 오라」).

국가圈 (國家) [국ː까 kuːkka] ¶"일정한 영토와 거기에 사는 사람들로 구성되고, 주권에 의한 하나의 통치 조직을 지닌 사회 집단. 국민/영토/주권의 3요소를 필요로 함."

　　☐ "명절날 친척들 한자리에 둘러앉으니/ 그곳이 이제 갈등 들끓는 **국ː까다ː** [국가다]" (백무산, 「견디다」).

국경¹圈 (國境) [국ː꼉 kuːkkyʌŋ] ¶"나라와 나라의 영역을 가르는 경계."

　　☐ "번지는 초록들은 멧돼지의 숨결/ **국ː꼉도ː**[국경도] 혈연도 지연도 없다" (이주송, 「풀씨 창고 쉭쉭」).

국민圈 (國民) [궁ː민 kuːŋmin] ¶"국가를 구성하는 사람. 또는 그 나라의 국적을 가진 사람."

　　☐ "돈도 명예도 모르는/ 존경 받는 권위자/ 만인의 거울/ **궁ː미늬ː**[국민의] 사표/ 평교사는/ 성스러운 직업" (안도현, 「평교사」).

국립圈 (國立) [궁ː닙 kuːŋɲip] ¶"공공의 이익을 위하여 나라의 예산으로 세우고 관리함."

　　☐ "어찌 **궁ː닙묘ː지에ː**[국립묘지에] 그런 놈들이 있는가" (이동순, 「홍범도 장군의 절규」).

국화⁵圈 (菊花) [구ː콰 kuːkʰwa] ¶"국화과의 여러해살이풀. 높이는 1미터 정도이며, 주로 가을에 꽃이 피는데 꽃 모양이나 빛깔은 여러 가지임."

　　☐ "시집갈 나이의 처녀들에게는 쪽두리 모양의 노란 **구ː콰**[국화] 꽃물을 꿈을 나눠주듯이 물감봉지에 싸서 주었습니다" (강우식, 「어머니의 물감 상자」).

낙엽명 (落葉) [나ː겹 naːgyʌp] ¶"㉠ 나뭇잎이 떨어짐. 대개 고등 식물의 잎이 말라서 떨어지는 현상인데 한기나 건조기 등의 환경에 대한 적응으로 일어남. ㉡ 말라서 떨어진 나뭇잎."

☐ "잊혀진 일들은/ 한 잎 **나ː겨베ː**[낙엽에] 더 깊이 잊혀진다" (김대규, 「가을의 노래」).

막강명 (莫強) [막ː깡 maːkkaŋ] ¶"더할 수 없이 셈"

☐ "그러나 **막ː깡한ː**[막강한] 풍속을 거슬러 갈 줄 안다" (황지우, 「출가하는 새」).

목수¹명 (木手) [목ː쑤 moːksu] ¶"나무를 다루어 집을 짓거나 가구, 기구 따위를 만드는 일을 직업으로 하는 사람."

☐ "**목ː쑤엳떤ː**[목수였던] 아버지는 죽어서/ 밤하늘 가득/ 반짝이는 순금의 못을" (박완호, 「별」).

목욕명 (沐浴) [모ː곡 moːgyok] ¶"머리를 감으며 온몸을 씻음."

☐ "물 없는 계곡에 눈먼 선녀가 **모ː교글ː**[목욕을] 해도" (박남준, 「나비의 체중계」).

묵념명 (默念) [뭉ː념 muːŋnyʌm] ¶"㉠ 묵묵히 생각에 잠김. ㉡ 말없이 마음속으로 빎. 주로, 죽은 이가 평안히 잠들기를 기원하는 뜻으로 함."

☐ "내 무릎을 떠받치는 천체/ 모든 점멸에 대한 **뭉ː념**[묵념]/ 그러니까 너는 내 운명" (김산, 「은하야 사랑해」).

묵상²명 (默想) [묵ː쌍 muːksaŋ] ¶"㉠ 눈을 감고 말없이 마음속으로 생각함. ㉡ 말없이 마음속으로 기도를 드림."

□ "소통의 소란은 작은 묵<u>쌍</u>도:[묵상도] 헝클어놓는다" (고형렬, 「통화권 이탈 지역」).

묵화²명 (墨畫) [**무:콰** muːkʰwa] ¶"먹으로 짙고 엷음을 이용해 그린 그림."
□ "**무:콰**[묵화]" (김종삼, 「묵화(墨花)」).

벽보³명 (壁報) [**벽:뽀** pyʌkpó] ¶"벽이나 게시판에 붙여 널리 알리는 글."
□ "너덜대는 **벽:뽀**[벽보] 위에 가난한 이들의 두려움 위에" (신경림, 「산동 네에 들어서면」).

벽화명 (壁畫) [**벼:콰** pyʌkʰwa] ¶"건물이나 동굴, 무덤 따위의 벽에 그린 그림."
□ "비워도 돋는 슬픔은 **벼:콰**[벽화]로 그려낼 뿐" (권갑하, 「담쟁이」).

복통명 (腹痛) [**복:통** poːktʰoŋ] ¶"㉠ 복부에 일어나는 통증을 통틀어 이르 는 말. ㉡ 몹시 원통하고 답답하게 여김. 또는 그런 마음."
□ "내 **복:통**[복통]에 문병 가다" (장철문, 「내 복통에 문병 가다」).

삭풍명 (朔風) [**삭:풍** sʰaːkpʰuŋ] ¶"겨울철에 북쪽에서 불어오는 찬 바람."
□ "동풍으로 다가와 **삭:풍이**:[삭풍이]] 되는/ 파리하고 차가운 손" (이기철, 「슬픔이라는 흰 종이」).

색맹명 (色盲) [**색:맹** sʰɛːŋmɛŋ] ¶"색채를 식별하는 감각이 불완전하여 빛깔을 가리지 못하거나 다른 빛깔로 잘못 보는 상태. 또는 그런 증상의 사람."
□ "**색:맹으로**:[색맹으로] 스무 해를 살아온 청년에게/ 보정 안경을 씌워주 자 몇 번 어깨를 으쓱해 보이더니" (이병률, 「슬픔이란 구석」).

석가명 (釋迦) [석ː까 sʰʌːkka] ¶"㉠ 고대 인도의 크샤트리아 계급에 속하는 종족의 하나. 석가모니도 이에 속함. ㉡ 불교의 개조. 과거 칠불의 일곱째 부처로, 세계 4대 성인의 한 사람."

☐ "**석ː까도ː**[석가도] 자신의 자식이 수행에 장애가 된다며/ 아들 이름을 아예 '장애'라고 짓지 않았던가" (공광규, 「걸림돌」).

석방명 (釋放) [석ː빵 sʰʌːkpaŋ] ¶"법에 의해 구속했던 사람을 풀어 자유롭게 하는 일."

☐ "이렇게 하늘이 파란 날은/ 죄인들조차 **석ː빵되ː어**[석방되어] 감옥이 텅텅 빌 것 같은데" (김승희, 「파란 하늘 두부 두모」).

석별명 (惜別) [석ː뼐 sʰʌːkpyʌl] ¶"서로 애틋하게 이별함. 또는 그런 이별."

☐ "서글퍼 고인 **석ː뼈릐ː**[석별의] 눈물은/ 마를 수 없어" (김부조, 「단념」).

석양명 (夕陽) [서ː걍 sʰʌːgyaŋ] ¶"㉠ 저녁때의 햇빛. 또는 저녁때의 저무는 해. ㉡ 석양이 질 무렵. ㉢ '노년'을 비유적으로 이르는 말."

☐ "다시 만조(滿潮)에 붉디붉은 **서ː걍을ː**[석양을] 풀고" (권선희, 「춤추는 바다」).

석유¹명 (石油) [서ː규 sʰʌːgyu] ¶"땅속에서 천연으로 나는, 탄화수소를 주성분으로 하는 가연성 기름."

☐ "아직 안자냐 **서ː규**[석유] 닳아진다 어서 불끄고 잠자거라" (김남주, 「아버지」).

석탄명 (石炭) [석ː탄 sʰʌːktʰan] ¶"태고 때의 식물질이 땅속 깊이 묻히어 오랫동안 지압과 지열을 받아 차츰 분해하여 생긴, 타기 쉬운 퇴적암."

□ "우리나라 땅속에 아직 무진장 묻혀 있는 <u>석ː탄처ː럼</u>[석탄처럼]" (이상국, 「희망에 대하여−사북에 가서」).

속도¹명 (速度) [속ː또 sʰoːkto] ¶"㉠ 물체가 나아가거나 일이 진행되는 빠르기. ㉡ 물체의 단위 시간 내에서의 위치 변화. 크기와 방향이 있으며, 크기는 단위 시간에 지나간 거리와 같고, 방향은 경로의 접선과 일치함. ㉢ 악곡을 연주하는 빠르기."
　□ "아무래도/ 봄은 <u>속ː또저니다ː</u>[속도전이다]" (이원규, 「꽃의 속도」).

속세명 (俗世) [속ː쎄 sʰoːkˢe] ¶"불가에서 일반 사회를 이르는 말."
　□ "<u>속ː쎄</u>[속세] 떠난 절 있기나 한가" (박규리, 「산그늘」).

숙녀명 (淑女) [숭ː녀 sʰuːŋɲʌ] ¶"㉠ 교양과 예의와 품격을 갖춘 현숙한 여자. ㉡ 보통 여자를 대접하여 이르는 말. ㉢ 성년이 된 여자를 아름답게 이르는 말."
　□ "목마(木馬)를 타고 떠난 <u>숭ː녀의ː</u>[숙녀의] 옷자락을 이야기한다" (박인환, 「목마와 숙녀」).

숙명¹명 (宿命) [숭ː명 sʰuːŋmʌŋ] ¶"날 때부터 타고난 정해진 운명. 또는 피할 수 없는 운명."
　□ "당신이라는 <u>숭ː명을</u>[숙명을] 향해 고개를 들고 보니" (정귀매, 「광릉요강꽃」).

식량³명 (食糧) [싱ː냥 ɕiːŋɲyaŋ] ¶"생존을 위하여 필요한 사람의 먹을거리."
　□ "사랑은/ 늘 모자라는 <u>싱ː냥</u>[식량]/ 사랑은/ 늘 타는 목마름" (신달자, 「백치 슬픔」).

식탁囘 (食卓) [식ː탁 ɕiːktʰak] ¶"음식을 차려 놓고 둘러앉아 먹게 만든 탁자."

☐ "아이야! 우리 **식ː탁엔**ː[식탁엔] 은쟁반에/ 하이얀 모시 수건을 마련해 두렴" (이육사, 「청포도」).

식물²囘 (植物) [싱ː물 ɕiːŋmul] ¶"생물계의 두 갈래 가운데 하나. 대체로 이동력이 없고 체제가 비교적 간단하여 신경과 감각이 없고 셀룰로스를 포함한 세포벽과 세포막이 있음."

☐ "도마뱀의 꼬리처럼 **싱ː물드리**ː[식물들이] 뿌리만 남기고 사라졌다" (김산, 「사라지는 나무들」).

악보²囘 (樂譜) [악ː뽀 aːk͈po] ¶"음악의 곡조를 일정한 기호를 써서 기록한 것."

☐ "나는 얼마나 오래 **악ː뽀**[악보] 없는 노래로 불러 왔던가" (이기철, 「작은 이름 하나라도」).

약수⁴囘 (藥水) [약ː쑤 yaːk͈su] ¶"먹거나 몸을 담그거나 하면 약효가 있는 샘물."

☐ "**약ː쑤-꼴**ː[약수골] 신새벽 꿈길을 출렁이며" (곽재구, 「고향」).

약혼囘 (約婚) [야ː콘 yaːkʰon] ¶"혼인하기로 약속함."

☐ "다시 소문을 미래의 내 **야ː콘녀**ː[약혼녀] 귀에도 들어가" (장정일, 「충남 당진 여자」).

역사³囘 (歷史) [역ː싸 yʌːk͈sa] ¶"㉠ 인류 사회의 변천과 흥망의 과정. 또는 그 기록. ㉡ 어떠한 사물이나 사실이 존재해 온 연혁. ㉢ 자연 현상이 변하여

온 자취.”

☐ “어둠을 늘려 찢어진 **역ː싸를**:[역사를] 수선하고” (박은영, 「인디고」).

역전[11][명] (驛前) [**역ː쩐** yʌːktsʌn] ¶“역의 앞쪽.”

☐ “마침내 말 한 번 걸어보려/ 검은 교복 입고 뒤쫓던 **역ː쩐**[역전] 다리 위 백 미터” (전윤호, 「백 미터」).

옥야[명] (沃野) [**오ː갸** oːgya] ¶“기름진 들판.”

☐ “화전에 돌을 줍는 백성들도 **오ː갸철ː리를**:[옥야천리를] 차지하자” (이육사, 「한 개의 별을 노래하자」).

옥토[2][명] (沃土) [**옥ː토** oːktʰo] ¶“농작물이 잘 자랄 수 있는 영양분이 풍부한 좋은 땅.”

☐ “더러는/ **옥ː토에**:[옥토에] 떨어지는 작은 생명이고저…” (김현승, 「눈물」).

육아[2][명] (育兒) [**유ː가** yuːga] ¶“어린아이를 기름.”

☐ “대왕문어가 수시로 찾아와 **유ː가에**:[육아에] 바쁜 수컷을 끌어안고 가는 것이다” (이성복, 「뚝지」).

육체[3][명] (肉體) [**육ː체** yuːktsʰe] ¶“구체적인 물체로서 사람의 몸.”

☐ “어떤 망설임은 **육ː체를**:[육체를] 가지게 된다니” (박지웅, 「백년과 나비의 어디쯤에 당신이」).

육친[2][명] (肉親) [**육ː친** yuːktsʰin] ¶“‘조부모/부모/형제’와 같은 혈족 관계가 있는 사람.”

☐ “육필 **육ː친**[육친] 이런 말들을 떠올리면” (김경인, 「여름 아침」).

작정¹ 명 (作定) [작ː쩡 tsaːkt͡sʌŋ] ¶"일을 어떻게 하기로 결정함. 또는 그런 결정."

☐ "마실 밖에는 다른 **작ː쩡은**:[작정은] 없어라" (박재삼, 「아득하면 되리라」).

적중¹ 명 (的中) [적ː쭝 tsʌːkt͡suŋ] ¶"㉠ 화살 따위가 목표물에 맞음. ㉡ 예상이나 추측 또는 목표 따위에 꼭 들어맞음."

☐ "언젠가 불행해질 거라고 생각했다/ **적ː쭝핻따**:[적중했다]" (윤병무, 「예기」).

적색¹ 명 (赤色) [적ː쌕 tsʌ̈ks̈ɛk] ¶"㉠ 짙은 붉은색. ㉡ 공산주의나 사회주의를 상징하는 빛깔."

☐ "무료하게 누워 있는 두 줄의 **적ː쌕**[적색] 선로" (이재무, 「외지에서」).

적막¹ 명 (寂寞) [정ː막 tsʌːŋmak] ¶"㉠ 고요하고 쓸쓸함. ㉡ 의지할 데 없이 외로움."

☐ "물 먹는 소 목덜미에/ 할머니 손이 얹혀졌다/ 이 하루도/ 함께 지났다고,/ 서로 발잔등이 부었다고,/ 서로 **정ː마카다**:고[적막하다고]" (김종삼, 「묵화」).

적멸 명 (寂滅) [정ː멸 tsʌːŋmyʌl] ¶"㉠ 사라져 없어짐. 곧 죽음을 이르는 말이다. ㉡ 세계를 영원히 벗어남. 또는 그런 경지."

☐ "미루나무 우듬지 까치집 같은/ **정ː며릐**:[적멸의] 골방 하나 갖고 싶다" (허형만, 「내 마음속 風磬 하나 2」).

족보² 명 (族譜) [족ː뽀 tsoːkp͈o] ¶"㉠ 한 가문의 계통과 혈통 관계를 적어 기록한 책. ㉡ 한 가문의 계통과 혈통 관계."

□ “염소처럼 **족:뽀도:**[족보도] 지금 눈에 있는 어미나 새끼가 전부” (안상학,
「고비의 시간」).

죽순囘 (竹筍) [**죽:쑨** tsuːkˈsun] ¶“대의 땅속줄기에서 돋아나는 어린싹.
식용한다.”
□ “왕대 곁에 서서 꼿꼿이 휘지 않는 한줄기 **죽:쑤늘:**[죽순을] 뽑아올리자”
(문병란, 「죽순밭에서」).

직녀囘 (織女) [**징:녀** tsiːŋɲʌ] ¶“㉠ 피륙을 짜는 여자. ㉡ 견우직녀 설화에
나오는 여자 주인공. ㉢ 거문고자리에서 가장 밝은 별. 칠월 칠석날 밤에
견우성과 만난다는 전설이 있다.”
□ “**징:녀에:게**[직녀에게]” (문병란, 「직녀에게」).

적도²囘 (赤道) [**적:또** tsʌːkto] ¶“㉠ 위도의 기준이 되는 선. 지구의 남북
양극으로부터 같은 거리에 있는 지구 표면에서의 점을 이은 선.”
□ “**적:또**[적도] 스치나 싶더니 순식간에 담벼락 넘어와/ 거울에 박힌다,
나비도 무겁다” (박지웅, 「나비도 무겁다」).

착륙囘 (着陸) [**창:뉵** tsʰaːŋɲyuk] ¶“비행기 따위가 공중에서 활주로나
판판한 곳에 내림.”
□ “**창:뉵**[착륙] 직전에 내려다보이던 숲속의 무덤들, 그 둘레가/ 신(神)이
한입씩 깨물어놓은 둥근 이빨 자국 같았지” (안도현, 「복숭아」).

촉루³囘 (髑髏) [**총:누** tsʰoːŋɲu] ¶“살이 전부 썩은 죽은 사람의 머리뼈.”
□ “할아버지 할머니들이/ **총:누가:**[촉루가] 된 세월 잊어버리고/ 이승의
가마솥에서 피어나는/ 송편 찌는 솔잎 냄새에/ 입맛을 쩝쩝 다신다”

(오탁번, 「추석」).

축제¹명 (祝祭) [축:쩨 tsʰuːktśe] ¶"㉠ 축하하여 벌이는 큰 규모의 행사. ㉡ 축하와 제사를 통틀어 이르는 말."
　□ "**축:쩨도:**[축제도] 끝났다./ 가면무도회도 끝났다./ 인젠 모두 우리들의 때 묻은 검은 야회복을 벗어 던져도 좋다."(신석정, 「축제─산이여 통곡하라」).

축하명 (祝賀) [추:카 tsʰuːkʰa] ¶"남의 좋은 일을 기뻐하고 즐거워한다는 뜻으로 인사함. 또는 그런 인사."
　□ "사람에게 만일 선악의 눈이 없었던들/ 서로서로 절하고 **추:카하올:**[축하하올] 것을…"(조명희, 「인간초상찬(人間肖像讚)」).

측근¹명 (側近) [측:끈 tsʰwːkkɯn] ¶"㉠ 곁의 가까운 곳. ㉡ 곁에서 가까이 모시는 사람."
　□ "사랑은 옆걸음으로 다가서는 것, **측:끄니라:는**[측근이라는] 말이/ 집적 집적 치근거리는 몸짓이 이리 아름다울 때 있다"(이정록, 「옆걸음」).

탁구명 (卓球) [탁:꾸 tʰaːkku] ¶"나무로 만든 대(臺)의 가운데에 네트를 치고 라켓으로 공을 쳐 넘겨 승부를 겨루는 구기 경기."
　□ "**탁:꾸를:**[탁구를] 칠 때/ 공의 움직임을 눈으로 쫓으면서"(함확, 「고요한 몰입의 나라」).

탁류¹명 (濁流) [탕:뉴 tʰaːŋnyu] ¶"흘러가는 흐린 물. 또는 그런 흐름."
　□ "**탕:뉴에:**[탁류에] 휘말려 휘말려 뿌리 뽑힐라/ 교각의 풀꽃은 이제 필사적이다"(박용래, 「풀꽃」).

탁발[명] (托鉢) [탁ː빨 tʰaːkpal] ¶"도를 닦는 승려가 경문(經文)을 외면서 집집마다 다니며 동냥하는 일."

　☐ "부르튼 맨발로 양식을 <u>**탁ː빨하러ː**</u>[탁발하러] 거리로 나왔을 것이다" (문태준, 「맨발」).

탁자¹[명] (卓子) [탁ː짜 tʰaːktsa] ¶"㉠ 물건을 올려놓기 위하여 책상 모양으로 만든 가구를 통틀어 이르는 말. ㉡ 물건을 올려놓기 위하여 널조각으로 여러 층을 들여 만든 세간."

　☐ "<u>**탁ː짜**</u>[탁자] 하나를 마주한 채 끄덕이고 있는 것 같아" (류근, 「시인들」).

특급[명] (特級) [특ː끕 tʰɯːkkɯp] ¶"특별한 계급이나 등급."

　☐ "<u>**특ː끕**</u>[특급]열차를 타고 가다가" (신경림, 「특급열차를 타고 가다가」).

특별[명] (特別) [특ː뼐 tʰɯːkpyʌl] ¶"어떤 지역에서 특별히 남. 또는 그 산물."

　☐ "낮에는 해를 밤에는 달과 별들을/ <u>**특ː뼐한ː**</u>[특별한] 약력으로 기록한다" (오새미, 「명함」).

특산[명] (特産) [특ː싼 tʰɯːksan] ¶"어떤 지역에서 특별히 남. 또는 그 산물."

　☐ "금강초롱을 본다/ 조촐하고 담백하게/ 숲의 아름다움을 비추는/ 한국 <u>**특ː사늬ː**</u>[특산의] 꽃" (최두석, 「금강초롱」).

특선[명] (特選) [특ː썬 tʰɯːksʌn] ¶"특별히 골라 뽑음. 또는 그런 것."

　☐ "오늘의 <u>**특ː썬**</u>[특선] 요리" (김기택, 「오늘의 특선 요리」).

특성¹[명] (特性) [특ː썽 tʰɯːksʌŋ] ¶"일정한 사물에만 있는 특수한 성질."

　☐ "사람들의 마음과 마음으로 옮겨 가며 피어나는/ 불멸의 <u>**특ː썽도ː**</u>[특성

도] 함께 지녔다"(안상학,「촛불」).

특수²명 (特殊) [특:쑤 tʰɯːksu] ¶"㉠ 특별히 다름. ㉡ 어떤 종류 전체에 걸치지 아니하고 부분에 한정됨. 또는 그런 것. ㉢ 평균적인 것을 넘음."
　□ "나 혼자만의 **특:쑤썽이**:[특수성이]/ 보편성이 될까봐서"(유안진,「말하
　　지 않은 말」).

특제⁴명 (特製) [특:쩨 tʰɯːktse] ¶"특별하거나 특수하게 만듦. 또는 그런 제품."
　□ "아니면 **특:쩨**[특제] 실크덤핑넥타이./ 아아아 재밌어 이걸 사줄까?"
　　(황인숙,「시장에서」).

특혜명 (特惠) [트:케 tʰɯːkʰ(y)e] ¶"특별한 은혜나 혜택."
　□ "저들에 비하면 아무것도 아니지만/ 유일한 생존자/ 이것이 **트:케다**:[특
　　혜다]"(이생진,「생자─살아서 시를 쓴다는 거」).

특효명 (特效) [트:쿄 tʰɯːkʰyo] ¶"특별한 효험."
　□ "저 상황버섯 물 마시면/ 내 과체중 빼는데 **트:쿄일거야**:[특효일거야]"
　　(이돈권,「아내」).

특히부 (特히) [트:키 tʰɯːkʰi] ¶"보통과 다르게."
　□ "**트:키**[특히] 잠 안 오는 밤이면/ 돋보기 쓰고 바느질을 했다"(박경리,
　　「바느질」).

폭격명 (爆擊) [폭:껵 pʰoːkkyʌk] ¶"비행기에서 폭탄을 떨어뜨려 적의 군대나 시설물, 또는 국토를 파괴하는 일."

☐ "씨앗으로 **폭˸껴글˸**[폭격을] 하면 풍년이 될 수 있을까" (천양희, 「일흔살의 메모」).

폭력囲 (暴力) [**퐁˸력** pʰoːŋnyʌk] ¶"남을 거칠고 사납게 제압할 때에 쓰는, 주먹이나 발 또는 몽둥이 따위의 수단이나 힘. 넓은 뜻으로는 무기로 억누르는 힘을 이르기도 한다."
☐ "**퐁˸려기라˸는**[폭력이라는] 그늘을 되밟지 않으려 아버지라는 권위를 자진 철회하고 싶었네" (김선태, 「그늘」).

폭발²囲 (爆發) [**폭˸빨** pʰoːkp͈al] ¶"㉠ 불이 일어나며 갑작스럽게 터짐. ㉡ 물질이 급격한 화학 변화나 물리 변화를 일으켜 부피가 몹시 커져 폭발음이나 파괴 작용이 따름. 또는 그런 현상."
☐ "쏜살같이 날아가 박힌/ 화살을 삼킨 해가/ **폭˸빨하듣˸**[폭발하듯]/ 참 부시다" (유대준, 「과녁」).

폭소囲 (爆笑) [**폭˸쏘** pʰoːks͈o] ¶"웃음이 갑자기 세차게 터져 나옴. 또는 그 웃음."
☐ "시한부 목숨들. 나, 나 얼마나 살 수 있지? 물컹물컹 썩어 가는 발목을 담그고 일제히 **폭˸쏘를˸**[폭소를] 터트린다" (마경덕, 「꽃병」).

폭설²囲 (暴雪) [**폭˸썰** pʰoːks͈ʌl] ¶"갑자기 많이 내리는 눈."
☐ "한겨울 못 잊을 사람하고/ 한계령쯤을 넘다가/ 뜻밖의 **폭˸써를˸**[폭설을] 만나고 싶다" (문정희, 「한계령을 위한 연가」).

폭약囲 (爆藥) [**포˸갹** pʰoːgyak] ¶"센 압력이나 열을 받으면 폭발하는 물질."
☐ "허리에 **포˸갸글˸**[폭약을] 친친 감고도 나비는/ 세계의 근심 앞에서/

저리 가벼이 날고 있지 않은가"(송찬호, 「검은제비나비」).

폭염囘 (暴炎) [포ː겸 pʰoːkyʌm] ¶"매우 심한 더위."
□ "염도 2도의 바닷물을 **포ː겨메ː**[폭염에] 구워/ 25도의 해수에서 피는
하얀 소금꽃"(이생진, 「추포도 소금꽃」).

폭우囘 (暴雨) [포ː구 pʰoːgu] ¶"갑자기 세차게 쏟아지는 비."
□ "사랑과 용서는/ **포ː구처ː럼**[폭우처럼] 쏟아지게 하시고"(양광모, 「비
오는 날의 기도」).

폭죽囘 (爆竹) [폭ː쭉 pʰoːktʼsuk] ¶"가는 대통이나 종이로 만든 통에 화약을
재어 불을 지르고 화약을 공중에서 터트려서 소리가 나고 불꽃이 일어나게
하는 물건."
□ "**폭ː쭉처ː럼**[폭죽처럼] 터지는 카지노의 불빛도/ 골목을 밝혀주지 못한
다"(맹문재, 「사북 골목에서」).

폭탄囘 (爆彈) [폭ː탄 pʰoːktʰan] ¶"인명 살상이나 구조물 파괴를 위하여
금속 용기에 폭약을 채워서 던지거나 쏘거나 떨어뜨려서 터뜨리는 폭발물."
□ "**폭ː타늬ː**[폭탄의] 뇌관처럼 위협적으로"(이영광, 「숨박꼭질」).

폭포¹囘 (瀑布) [폭ː포 pʰoːkpʰo] ¶"㉠ 절벽에서 곧장 쏟아져 내리는 물줄기.
㉡ 물이 곧장 쏟아져 내리는 높은 절벽."
□ "**폭ː포는ː**[폭포는] 곧은 절벽을 무서운 기색도 없이 떨어진다"(김수영,
「폭포」).

폭풍¹囘 (暴風) [폭ː풍 pʰoːkpʰuŋ] ¶"㉠ 매우 세차게 부는 바람. ㉡ 풍력

계급 11의 몹시 강한 바람.”

☐ “한차례 **폭ː풍에도**ː[폭풍에도]/ 그 다음 **폭ː풍에도**[폭풍에도] 쓰러지지 않아
쏟아지는 우박처럼 붉은 꽃들을 매달았습니다” (이성복, 「그 여름의 끝」).

학급명 (學級) [**학ː급** haːk͈ɯp] ¶“한 교실에서 공부하는 학생의 단위 집단.”

☐ “**학ː급문ː고**[학급문고] 중에 가장 무거운 책을 다섯 권이나 들고 서
있다” (이정록, 「인간담배」).

학연명 (學緣) [**학ː연** haːgʌn] ¶“출신 학교에 따라 연결된 인연.”

☐ “손을 내밀 **학ː연도ː**[학연]도 선린(善隣)도 없었다” (정일근, 「시는 나다」).

핵심명 (核心) [**핵ː씸** hɛːk͈ɛim] ¶“사물의 가장 중심이 되는 부분.”

☐ “늘 취해 있어야 한다./ **핵ː씨믄ː**[핵심은] 오직 이것이다./ 이것만이
문제다” (샤를 피에르 보들레르, 「취하라」).

혁명명 (革命) [**형ː명** hyʌːŋmyʌn] ¶“㉠ 헌법의 범위를 벗어나 국가 기초,
사회 제도, 경제 제도, 조직을 근본적으로 고치는 일. ㉡ 이전의 왕통을 뒤집고,
다른 왕통이 대신해 통치하는 일. ㉢ 이전의 관습이나 제도, 방식을 단번에
깨뜨리고 질적으로 새로운 것을 급격하게 세우는 일.”

☐ “**형ː명은ː**[혁명은]/ 왜 고독한 것인가를// **형ː명은ː**[혁명은] 왜 고독해야
하는 것인가를” (김수영, 「푸른 하늘을」).

흑백명 (黑白) [**흑ː빽** hɯːk͈pɛk] ¶“㉠ 검은색과 흰색을 아울러 이르는 말.
㉡ 색조가 검은색의 짙고 옅음으로 이루어진 것. ㉢ 옳고 그름.”

☐ “낡은 **흑ː빽**[흑백]사진 속의 얼굴처럼 흐린 하늘 톱밥난로 속에서 의열의열
소리를 내며 바알갛게 타오르는 불꽃들” (박정대, 「의열하고 아름다운」).

2. 받침 'ㅂ'의 입성자 '장자음'

갑부²몡 (甲富) [갑ː뿌 kaːpp͈u] ¶"첫째가는 큰 부자."
 □"안 되겠다/ 로또를 포기하기로 했다/ 나는 <u>갑ː**뿌가**ː</u>[갑부가] 되지 말아
 야겠다" (복효근, 「따뜻한 외면」).

갑옷몡 (甲옷) [가ː볻 kaːbot] ¶"싸움할 때 적의 창검이나 화살을 막기
위해 입는 옷."
 □"녹슨 <u>가ː**보슬**ː</u>[갑옷을] 입고/ 먼지 속에 몸을 누인 프로펠러" (장철문,
 「기억의 프로펠러」).

갑판몡 (甲板) [갑ː판 kaːpp͈ʰan] ¶"큰 배 위에 나무나 철판으로 깔아 놓은
넓고 평평한 바닥."
 □"드센 파도가 아직 <u>갑ː**파늘**ː</u>[갑판을] 때려대고 있다는 듯" (손택수, 「장생
 포 우체국」).

급기야円 (及其也) [급ː끼야 kɯːpk͈iya] ¶"마지막에 가서는."
 □"<u>급ː**끼야**</u>[급기야] 제 가진 것 무엇인가 이땅에서" (고재종, 「초여름」).

급류¹몡 (急流) [금ː뉴 kɯːmɲyu] ¶"물이 빠른 속도로 흐름. 또는 그 물."
 □"멈추면 <u>금ː**뉴에**ː</u>[급류에] 떠내려가 하류에 닿는다" (마경덕, 「밑장」).

급소¹몡 (急所) [급ː쏘 kɯːp͈so] ¶"조금만 다쳐도 생명에 지장을 주는 몸의
중요한 부분."
 □"나는 <u>급ː**쏘가**ː</u>[급소가] 너무 많다" (박완호, 「급소」).

급행뗑 (急行) [그ː팽 kɯːpʰɛŋ] ¶"큰 역에만 정차하는, 운행 속도가 빠른 열차."

☐ "공고를 자퇴하고 광부가 되었다는/ **그ː팽열차**[급행열차]로는 갈 수 없는 곳/ 그렇게 때로 간이역을 생각했다"(김선우, 「간이역」).

법당뗑 (法堂) [법ː땅 pʌːptaŋ] ¶"불상을 안치하고 설법도 하는 절의 정당 (正堂)."

☐ "**법ː땅은ː**[법당은] 꽃들의 백팔배로 난분분하다"(이수진, 「청벚 보살」).

십자가뗑 (十字架) [십ː짜가 ɕiːptsaga] ¶"기독교도를 상징하는 '十'자 모양의 표. 예수가 모든 사람의 죄를 대속하기 위하여 십자가에 못 박혀 죽은 데서 유래."

☐ "쫓아오던 햇빛인데,/ 지금 교회당 꼭대기/ **십ː짜가에ː**[십자가에] 걸리었습니다"(윤동주, 「십자가」).

압력뗑 (壓力) [암ː녁 aːmɲyʌk] ¶"두 물체가 접촉면을 경계로 하여 서로 그 면에 수직으로 누르는 단위 면적에서의 힘의 단위."

☐ "고온의 열과 **암ː녀그로ː**[압력으로] 다림질한다"(정끝별, 「추억의 다림질」).

압록강뗑 (鴨綠-江) [암ː녹-깡 aːmnokkaŋ] ¶"우리나라와 중국의 경계를 이루는 강. 우리나라에서 제일 긴 강으로 백두산에서 시작하여 황해로 흘러든다."

☐ "**암ː녹-깡**[압록강] 얼음 위에 은빛 달 뜰 때마다"(도종환, 「다시 부르는 기전사가」).

압정¹뗑 (押釘) [압ː쩡 aːptsʌŋ] ¶"대가리가 크고 촉이 짧아서 흔히 손가락으로 눌러박는 쇠못."

☐ "누가 꼽았을까/ **압ː쩡처ː럼**[압정처럼] 박힌/ 흰 꽃" (서안나, 「슬픔의 좌표」).

압제몡 (壓制) [**압ː쩨** aːptɕ́e] ¶"권력이나 폭력으로 남을 꼼짝 못 하게 강제로 누름."
☐ "죽어서도 풀지 못할 원한 원한/ **압ː쩨의ː**[압제의] 하늘을 가리키고 있지 않는가" (김남주, 「황토현에 부치는 노래」).

업적몡 (業績) [**업ː쩍** ʌptɕ́ʌk] ¶"어떤 사업이나 연구 따위에서 세운 공적."
☐ "강물 위에 떨어진 불빛처럼/ 혁혁한 **업ː쩌글ː**[업적을] 바라지 말라" (김수영, 「봄밤」).

엽록소몡 (葉綠素) [**염ː녹쏘** yʌːmnoksó] ¶"빛 에너지를 유기 화합물 합성을 통하여 화학 에너지로 전환시키는 녹색 색소."
☐ "새로 핀 우듬지 **염ː녹쏘**[엽록소] 안창/ 먹고 죽을 비상처럼 숨겨 두었습니다" (이향아, 「안부만 묻습니다 나는 여기 없습니다」).

엽록체몡 (葉綠體) [**염ː녹체** yʌːmnoktɕʰe] ¶"식물잎의 세포 안에 함유된 둥근 모양 또는 타원형의 작은 구조물."
☐ "푸르렀던 오동잎/ **엽ː록체의ː**[엽록체의] 반란으로/ 자분자분 색깔을 달리하고" (반기룡, 「8월」).

엽서²몡 (葉書) [**엽ː써** yʌːpsʌ] ¶"규격을 한정하고 우편요금을 냈다는 표시로 증표(證標)를 인쇄한 편지 용지."
☐ "선량한 등불에 기대어 **엽ː써**[엽서] 한 장 쓰고 싶으다" (류근, 「그리운 우체국」).

읍내囻 (邑內) [**읍⸴내** ɯmnɛ] ¶"읍의 구역 안."

☐ "할머니와 서양 아저씨가/ **읍⸴내로:**[읍내로] 가는 버스를 기다리고 있다"
(오탁번, 「해피버스 데이」).

입동囻 (立冬) [**입⸴똥** iːptoŋ] ¶"이십사절기의 하나. 상강(霜降)과 소설(小
雪) 사이에 들며, 이때부터 겨울이 시작된다고 한다."

☐ "**입⸴똥**[입동] 하늘의 별이 묵어갔을까" (이상국, 「집은 아직 따뜻하다」).

잡년囻 (雜년) [**잠⸴년** tsaːmɲʌn] ¶"행실이 나쁜 여자를 욕하여 이르는 말."

☐ "아 글쎄 탱탱한 알몸의 그 **잠⸴녀니요:**[잡년이요]" (이덕규, 「어처구니」).

잡동사니囻 (雜동사니) [**잡⸴똥사니** tsaːptoŋsʰaɲi] ¶"잡다한 것이 한데 뒤섞
인 것. 또는 그런 물건."

☐ "마른자리 바닥에는/ 미움의 **잡⸴똥사니**[잡동사니] 수북이 쌓여 있다"
(이재무, 「우는 사람」).

잡초²囻 (雜草) [**잡⸴초** tsaːptsʰo] ¶"가꾸지 않아도 저절로 나서 자라는
여러 가지 풀."

☐ "그건 **잡⸴초야:**[잡초야], 라고 말하려던 내 입이 다물어졌다" (정희성,
「민지의 꽃」).

집배원囻 (集配員) [**집⸴빼원** tsiːppʷɛwʌn] ¶"여러 가지를 모아서 배달하는
사람."

☐ "강변에 오토바이를 세워놓고 **집⸴빼워니:**[집배원이]/ 소변을 보고 있다"
(오규원, 「여름」).

업보명 (業報) [업ː뽀 ʌːppo] ¶"선악의 행업으로 말미암은 과보(果報)."

☐ "흘린 땀이 제 **업ː뽀를ː**[업보를] 조이고 있다" (이인철, 「소금꽃」).

첩첩산중명 (疊疊山中) [첩ː첩싼중 tshʌːptshʌːpsandzuŋ] ¶"여러 산이 겹치고 겹친 산속."

☐ "**첩ː첩싼중에도**[첩첩산중에도] 없는 마을이 여긴 있습니다" (박용래, 「월훈」).

탑골공원명 (塔골-公園) [탑ː꼴-공원 taːpk͈ol-koŋwʌn] ¶"서울특별시 종로 2가에 있는 공원. 원래 조선 세조 때에 세워진 원각사가 있던 곳으로 광무 원년(1897)에 영국인 고문 브라운이 설계하여 우리나라 최초의 공원으로 건립되었다. 3·1운동 때 독립선언문을 낭독한 곳."

☐ "**탑ː꼴-공워네서**[탑골공원에서]" (함민복, 「탑골공원에서」 제목).

합장명 (合掌) [합ː짱 haːptʂaŋ] ¶"두 손바닥을 합하여 마음이 한결같음을 나타냄. 또는 그런 예법. 본디 인도의 예법으로, 보통 두 손바닥과 열 손가락을 합함."

☐ "여승은 **합ː짱하ː고**[합장하고] 절을 했다" (백석, 「여승」).

협력명 (協力) [혐ː녁 hyʌːmɲyʌk] ¶"힘을 합하여 서로 도움."

☐ "슬픔의 **혐ː녁짜들**[협력자들]" (마경덕, 「슬픔의 협력자들」).

협동명 (協同) [협ː똥 hyʌːptoŋ] ¶"서로 마음과 힘을 하나로 합함."

☐ "소주병과 오징어가 놓인/ **협ː똥조합**[협동조합] 구판장 마루/ 살구꽃 그늘" (신경림, 「꽃그늘」).

협박²몡 (脅迫) [**혭:빡** hyʌːppák] ¶"겁을 주며 압력을 가해 남에게 억지로 어떤 일을 하도록 함."

□ "너덜대는 벽보 위에 가난한 이들의 두려움 위에/ 고달픈 이들의 뒤채는 잠속에 꿈속에/ 방범대원의 호루루기 소리로/ 쫓겨갔던 원수들의 **혭:빡 꽈:**[협박과] 공갈 되살아나는데" (신경림, 「산동네에 들어서면」).

제4장
표현적 장음

표현적 장음은, 의사소통 과정에서 화자가 강조하거나, 뉘앙스를 드러내고, 감정 표현을 나타내려고 의도적으로 발음되는 장음입니다. 어휘적 장음이 '**의미**를 **구분**'하는 장음이라면, 표현적 장음은, '**의미**를 **강조**'하는 역할과 기능을 합니다.

"표현적 장음"이라는 용어가 처음으로 문헌에 등장한 것은, 1991년의 일입니다. 김창섭은, "정도의 높임"과 "지시영역의 넓힘"이라는 기능으로서의 장음을 표현적 장음이라 했습니다.

그러나 실은, 표현적 장음이라는 개념이 정립되기 전에도 이러한 현상은, 이미 연구되기 시작했습니다. 1972년 '국어조사연구위원회'에서는, "주어진 상황에 따라 표현상의 강조를 달리할 필요를 느꼈을 때 쓰는 긴소리, 표현 자질로서의 긴소리"를 모색한 바 있습니다. 그 후 1986년, 이병근은 또 "'이/그/저'라든가 '아주/잘' 등이 뉘앙스의 변이를 나타내는 표현적 기능을 지닌 것"이라고 했습니다.

1996년 배주채는, 표현적 장음을 "기저에서는 단음이지만, 화자의 감정표현 때문에 장음으로 나타나는 것"이라며 "어감의 차이를 나타내는 기능, 즉 표현적 기능으로 보았습니다.

김선철은 2011년, 김창섭이 제시한 표현적 장음에 대한 관점을 계승하며, 그를 토대로 『연세 한국어사전』에서 표현적 장음이 가능한 형용사와 부사의 목록을 정리분석하여 표현적 장음의 규칙을 귀납하고자 힘썼습니다.

그러던 중, 2019년 황은하는, 「세종 구어 말뭉치에 기반한 한국어 표현적 장음 연구」에서 '『연세 한국어사전』에 등재되지 않은 의미강조 표현적 장음화 실현 형용사 84개'와 '『연세 한국어사전』에 등재되지 않은 의미강조 표현적 장음 실현 부사 212개'를 발표했습니다. 소중한 성과들입니다.

오늘날의 한국어는, 표현적 장음이 활성화된다는 보고서 나왔습니다. 한국어의 언중이 표현적 장음 사용과 빈도가 높아지고 있다는 것입니다. 그런 와중에 나온 표현적 장음에 관한 연구 결과물은, 가뭄의 단비입니다. 특별히 뉘앙스와 감정, 어감의 차이를 표현하는 데 어려움을 겪던 '배우/성우/시낭송가'에게 참으로 반가운 소식이 아닐 수 없습니다. 한국어 발음사전에 표현적 장음이 표기되기는 하세월일듯합니다. 그 이전이라도 한국어다운 한국어와 더 아름다운 한국어를 구사하기 위해선, 그간의 연구 성과를 정리·구현할 필요가 있겠습니다.

이 책에서 '표현적 장음의 기호'를 [:]로 삼습니다. 〈세종 구어 말뭉치〉에서 '21세기 세종 계획 사업' 2단계 1차 연도 2001년부터 '표현적 장음'을 [:]로 전사(轉寫)'[1]했습니다. 2001년부터 2003년까지의 보고서에 표현적 장음을 [:]로 표기하겠다는 지침을 정한 바 있습니다.[2] 이 책의 표현적 장음의 기호는, 이에 따릅니다. 이는, 또한 어휘적 장음과 구별하기 위함이기도 합니다.

이 책의 기호 중에는, 이렇게 낯선 기호가 나옵니다. 표현적 장음의 기호 [:]뿐 아니라, 중첩되는 장음의 기호 [ː], [ːː], [ːe]과 같은 '전사'도 나옵니다. 장음이 중첩되는 음절에는, 두 가지 장음 기호를 표기할 수밖에 없기 때문입니다. 놀랄 수도 있습니다만, 걱정할 필요 없습니다. 이는 우리말을 더욱 우리말답

---

1) '전사(轉寫)'는, "말소리를 음성 문자로 옮겨 적는 것"을 뜻합니다.
2) 국립국어원, 2001·2002·2003, 『21세기 국어 특수자료 구축 연구보고서』.

고, 아름다워지게 하는 기슭에 당도하게 되는 것이니까요.

첫째, **어휘적 장음의 음절에 표현적 장음이 더해지는 경우**가 있습니다. 예를 들어 "아무리"는, 첫음절 '아'가 '어휘적 장음'[3]입니다. 그런데 또 "아무리"는, '아'에 표현적 장음을 놓을 수 있는 부사[4]이기도 합니다. '아'에 어휘적 장음과 표현적 장음이 중첩되어 [아ː::무리]처럼 어휘적 장음 기호 [ː]와 표현적 장음 기호 [::] 두 가지를 모두 표기합니다. 여기서 장음 뒤의 음절은, [아ː::무리]처럼 둘째 음절 '무'가 짧아집니다. 그래서 '무'에 제 음가보다 짧아진다는 기호 [ˉ]를 표기합니다. 마지막 음절은 단음의 제 음가 그대로 발음합니다.

둘째, **장차음의 음절에 표현적 장음이 놓이는 경우**가 있습니다. 예컨대 "까마득히"는, 셋째 음절 '득'의 받침 'ㄱ'이 연음법칙에 따라 뒤 음절 '히'의 초성 'ㅎ' 자리로 옮겨가서 'ㅎ'과 결합해 'ㅋ'으로 발음됩니다. 'ㄱ'과 'ㅎ'이 합친 음이 [ㅋ]이기 때문입니다. 그러므로 [까마드::키]처럼 발음됩니다. 여기까지가 사전에서 제시한 것입니다. 그러나 세계의 어느 나라 언어라도 현실의 음을 문자로 온전히 표기할 수 있는 언어는, 존재하지 않습니다. "까마득히"는, [까마드::키]와 [까마득ㅎ히] 그 사이의 소리라고 할 수 있습니다. 이 책에서도 역시 현실의 발음을 있는 그대로 표기할 순 없습니다. 다만 그 대안으로 [까마드::ㅎ키]로 표기합니다. 먼저, 표현적 장음으로 모음의 길이를 길게 발음[::]한 뒤, '득'의 받침 'ㄱ'을 약하게나마 폐쇄음으로 발음[ㅎ]되기 때문입니다. 이것이 현실의 실제적 한국어 발음에 가까운 발음이라 할 수 있습니다. 하지만 여전히 구음(口音)으로 전달해야 할 부분은, 남습니다. 문자의 한계입니다.

셋째, **단음 뒤의 장음이 놓인 음장 구조에선**, 사전에서 제시하는 것처럼 '단+단'으로 발음되지 않습니다. 그와는 달리 '극단+장'의 구조로 변하여 발음됩니다. 그러니까 앞의 단음이 더욱 짧아지며, 단음의 성질인 낮은음이

---

3) 이주행·이규항·김상준, 2008, 『표준 한국어 발음 사전』, 지구문화사, 471쪽.

4) 황은하, 2019, 「세종 구어 말뭉치에 기반한 한국어 표현적 장음 연구」, 『어문론총』 제82호, 한국문학언어학회, 265쪽.

별안간 높아집니다. 그리고 뒤 음절의 장음은, 제 음가 그대로 길게 발음됩니다. 이를 두고 '평고조(平高調)'라고 합니다. 예를 들면 "고매(高邁)하다"가 그러합니다. '높을 고(高)'는 평성으로 단음이고, '뛰어날 매(邁)'는 거성으로 장음입니다. [고매:하다]처럼 첫음절 '고'는 극단음으로 짧고 높게 발음되고, 둘째 음절 '매'는 장음의 제 음가 그대로 길게 발음됩니다. 그리고 '~하다' 형용사는, 대부분 '하' 앞의 음절이 표현적 장음이 됩니다. 따라서 "고매하다"는, 평고조 현상에 따라 '매'에 장음[:]이 놓이는 동시에 표현적 장음[::]도 가능해져 중첩적 장음이 된 것입니다. 따라서 단일한 장음보다는 조금 더 길게 발음됩니다. 따라서 [고매:::하다]처럼 중첩 장음으로 표기합니다. 고매하다는 최종적으로 [고매:::하다:]로 표기합니다. "하다"에서 '하'가 단음이고, '다'가 장음이기 때문에 '하'가 평고조되고, '다'가 장음을 유지하기 때문입니다. 사전에서는 [고매하다]라고 네 음절의 길이와 높이를 모두 동일하게 읽으라 합니다. 오류라는 말은 그만두더라고, 우리말다울 수 없는 발음입니다.

이렇게 장음이 중첩되는 음절은, 단일한 장음보다 조금 길어지게 됩니다. 현실의 실제 발음에서도 길어지는 걸 느낄 수 있습니다.

1. 표현적 장음—'부사'

겨우뷔 [겨::우 kyʌ::u] ¶"㉠ 어렵게 힘들여. ㉡ 기껏해야 고작."
□ "백발이 되어/ 이제 **겨::우**[겨우] **겨::우**[겨우] 당도하니" (박경리, 「우주 만상 속의 당신」).

경건히뷔 (敬虔히) [경:건::히 kyʌ:ngʌ::nhi] ¶"공경하며 삼가고 엄숙하게."
□ "소주잔에 낀 기름때 **경:건::히**[경건히] 닦고 있는 내게" (류근, 「너무 아픈 사랑」).

까마득히[부] [까마드::키 kamadɯː:kʰi] ¶"거리가 매우 멀어 보이는 것이나 들리는 것이 희미하게. '가마득히'보다 센 느낌을 준다."

　□ "**까마드::칸**[까마득한] 날에/ 하늘이 처음 열리고/ 어데 닭 우는 소리 들렸으랴" (이육사, 「광야(曠野)」).

꼭³[부] [꼭:: koː:k]⁵⁾ ¶"㉠ 어떤 일이 있어도 틀림없이, ㉡ 조금도 어김없이, ㉢ 아주 잘."

　□ "백마를 탄 기사가 **꼭::**[꼭] 오리라/ 여자들은 사시사철 창문을 열어놓고/ 남몰래 긴 강물을 흘려보낸다" (문정희, 「가을 우화」).

꼭²[부] [꼭:: koː:k] ¶"㉠ 야무지게 힘을 주어 누르거나 죄는 모양. ㉡ 힘들여 참거나 견디는 모양. ㉢ 드러나지 않게 단단히 숨거나 들어박히는 모양."

　□ "갈색으로 말라가는 옥수수 수염을 타고 들어간 바람이/ 이빨을 **꼭::**[꼭] 깨물고 빠져나온다" (문태준, 「처서(處暑)」).

꾸준히[부] [꾸준::히 kuʣuː:nhi] ¶"한결같이 부지런하고 끈기가 있는 태도로."

　□ "우리 삶의 허상이/ 차곡차곡 **꾸준::히**[꾸준히]/ 불어나 온 것이겠지요만" (정현종, 「모든 말은요」).

나란히[부] [나란::히 naraː:nhi] ¶"㉠ 여럿이 줄지어 늘어선 모양이 가지런한 상태로. ㉡ 여러 줄이 평행한 상태로. ㉢ 둘 이상이 함께."

　□ "오직 심장으로/ **나란::히**[나란히] 당도한/ 신의 방" (문정희, 「응」).

넌지시[부] [넌지::시 nʌnʣiː:ɕi] ¶"드러나지 않게 가만히."

---

5) 황은하, 앞의 글, 255쪽.

□ "주인 아저씨는 **넌지::시**[넌지시] 우리 모자의 행동을 보고 애써 시선을 외면해주는 게 역력했습니다" (함민복, 「눈물은 왜 짠가」).

담담히㊌ (淡淡히) [**담담::히** tamda::mhi] ¶"㉠ 차분하고 평온하게. ㉡ 사사롭지 않고 객관적으로. ㉢ 물의 흐름 따위가 그윽하고 평온하게. ㉣ 어떤 느낌이나 무엇에 마음을 두지 않고 무관심하게."
　□ "조금씩 잎을 떨구는 감나무들처럼 **담담::히**[담담히]/ 나란히 빈 몸으로 겨울을 맞고 싶었네" (이대흠, 「광양 여자·2」).

부디㊌ [**부::디** pu::di] ¶"'바라건대/꼭/아무쪼록'이라는 뜻으로, 남에게 청하거나 부탁할 때 바라는 마음이 간절함을 나타내는 말."
　□ "그 나라에 가실 때에는 **부::디**[부디] 잊지 마셔요/ 나와 같이 그 나라에 가서 비둘기를 키웁시다" (신석정, 「그 먼 나라를 알으시니까」).

수북이㊌ [**수부::기** sʰubu::gi] ¶"㉠ 쌓이거나 담긴 물건 따위가 불룩하게 많이. ㉡ 식물이나 털 따위가 촘촘하고 길게 나 있는 상태로. ㉢ 살이 찌거나 부어 불룩하게 도드라져 있는 상태로."
　□ "보름을 앓아 눕다/ 일어나 창을 여니// 마당에는 흰눈이/ **수부::기**[수북이] 쌓여 있고" (구상, 「병후」).

아무리㊌ [**아::무리** a::muri] ¶"㉠ 정도가 매우 심함을 뜻하는 말. ㉡ 비록 그렇다 하더라도."
　□ "**아::무리**[아무리] 사는 게 더럽더라도/ 연꽃 같은 마음으로 살아보자고" (정호승, 「연꽃 구경」).

애지중지㊌ (愛之重之) [**애::지중지** ɛ::dzidzuŋdzi] ¶"매우 사랑하고 소중히 여기는 모양."

□ "외할매가 **애::지중지**[애지중지] 키웠던 누에" (박기준, 「외갓집」).

이래저래땅 [이래::저래 ˈiɾɛ::dzʌɾɛ] ¶"이러하고 저러한 모양으로. 또는 이런저런 이유로."
□ "**이래::저래**[이래저래] 한 오마년은/ 더 있어야 쓰겠는 밤이다" (김사인, 「봄밤」).

점점땅 (漸漸) [점::점 tsʌ::mdzʌm] ¶"조금씩 더하거나 덜하여지는 모양."
□ "**점::점**[점점] 더 멀어져 간다. 머물러 있는 청춘인 줄" (김광석, 「서른 즈음에」).

점차땅 (漸次) [점::차 tsʌ::mtsʰa] ¶"차례를 따라 진행됨."
□ "벼 이삭이 여물어가면 무논은 **점::차**[점차] 마른논이 되지" (이재무, 「만추(晚秋)」).

포근히땅 [포근::히 pʰoɡɯ::nhi] ¶"㉠ 도톰한 물건이나 자리 따위가 보드랍고 따뜻하게. ㉡ 감정이나 분위기 따위가 보드랍고 따뜻하여 편안한 느낌이 있게. ㉢ 겨울 날씨가 바람이 없고 따뜻하게."
□ "열두 겹 **포근::히**[포근히] 즈려밟고 오세요" (김남주, 「지는 잎새 쌓이거든」).

벌벌¹땅 [벌::벌 bʌ::lbʌl] ¶"㉠ 추위, 두려움, 흥분 따위로 몸이나 몸의 일부분을 크게 자꾸 떠는 모양. ㉡ 재물 따위를 몹시 아끼거나 매우 중요하게 생각하는 모양."
□ "**벌::벌**[벌벌]/ 차들이 기어갑니다" (함확, 「대설주의보」).

가끔땅 [가::끔 ka::kɯm] ¶"시간적/공간적 간격이 얼마쯤씩 있게."

□ "**가ː꯭끄믄ː**[가끔은] 비 내리는 거리에서/ **가ː꯭끄믄ː**[가끔은] 함박눈 내리
는 골목길에서" (김태경, 「저녁이 오면」).

가만히㊢ [**가ː만히/가만ː히** kaːmanhi/kamaːnhi] ¶"㉠ 움직이지 않거나
아무 말 없이. ㉡ 어떤 대책을 세우거나 손을 쓰지 않고 그냥 그대로. ㉢
마음을 가다듬어 곰곰이."
　□ "늙은 어머니의 발톱을 깎아드린다/ **가만ː히**[가만히] 계셔요 어머니/
　　잘못하면 다쳐요" (이승하, 「늙은 어머니의 발톱을 깎아드리며」).

가장㊢ [**가ː장/가장ː** kaːdzaŋ/kadzːŋ] ¶"여럿 가운데서 으뜸으로."
　□ "내 몸에서 **가장ː**[가장] 강한 것은 혀/ 한 잎의 혀로/ 참, 좋은 말을
　　쓴다 " (천양희, 「참 좋은 말」).

간신히㊢ (艱辛히) [**간ː신ː히** kaːnɕiːnhi] ¶"겨우 또는 가까스로."
　□ "어미는 둥지를 날개로 덮은 채 **간ː신ː히**[간신히] 잠들었습니다" (나희
　　덕, 「못 위의 잠」).

┌───┐
│　'어려울 간(艱)'과 '매울 신'은 모두 평성으로 단음입니다. 〈세종 말뭉치〉에서
│[간ː신히]처럼 첫음절에 표현적 장음을 주었으나, "간신히"의 경우는 현실적
│발음에선 두 음절 모두 조금씩 길게 발음하는 것으로 보입니다. 그럴 때 겨우,
│가까스로 해낸 듯한 뉘앙스가 더 잘 전달됩니다.
└───┘

갑자기㊢ [**갑ː짜기** kaːʔptsagi] ¶"미처 생각할 겨를 없이 급히."
　□ "어느날/ 혼자 가만히 있다가/ **갑ː짜기**[갑자기] 허무해지고" (이해인,
　　「어느 날의 커피」).

거의㊢ [**거ː의** kʌːɰi] ¶"어느 한도에 매우 가까운 정도로."

□ "요즘은 연애편지를 보내는 이가 **거::의**[거의] 없어" (정호승, 「장승포 우체국」).

계속㊌ (繼續) [**계::속** k(y)e:::sʰok] ¶"끊이지 않고 잇따라."

□ "심장이/ 하늘에서 땅까지/ 아찔한 진자운동을 **계::속카연따:**[계속하였 다]/ 첫사랑이었다." (김인육, 「사랑의 물리학」).

□ "먼 곳의 불빛은/ 나그네를 쉬게 하는 것이 아니라/ **계::속**[계속] 걸어갈 수 있게 해 준다는 것을" (나희덕, 「산속에서」).

> '이을 계(繼)'는 거성으로 장음이고, '이을 속(續)'은 입성입니다. 입성은 측성에 속하기는 하나 촉급한 소리입니다. '측+측(장+장)'의 음장 구조이지만, 둘째 음절이 단음화되어 [**계::속**]으로 첫음절만 장음이 실현됩니다.
>
> 황은하는, "계속"의 표현적 장음이 [계::속]과 [계속::] 둘 다 가능하다고 합니다. 그러나 둘째 음절에 표현적 장음은 어울리지 않습니다. 그리하면 계속해서 이어지는 뉘앙스가 잘 전해지지 않습니다. "계속"은 첫음절의 어휘적 장음에 표현적 장음을 더한 형태라야 제맛입니다. 둘째 음절 '속'은 입성이며, 입성은 촉급한 소리랬습니다. 촉급한 소리에 표현적 장음을 위치하게 하여 길게 발음하는 것은, 제 몸에 맞는 옷이 아닙니다. 외려 반대로 더욱 짧고 촉급하게 발음되어야 합니다. 왜냐하면 장음 뒤의 음절은 제 음절보다 짧아지기 때문이다. 만일 둘째 음절에 표현적 장음을 위치해 발음한다면, 계속이라는 말 이어지는 느낌과 뉘앙스를 주기는커녕 그저 어색해질 뿐일 것입니다. 우리말의 장단 조화에 맞지 않습니다.

괜히㊌ [**괜::히/괜히::** kwɛ:::nhi/kwɛ́nhi:::] ¶"아무 까닭이나 실속이 없 게."

□ "**괜::히**[괜히] 적적한 척/ 서울에 있을 선배에게 전화해/ 그날 저녁 만나기로 했다" (전윤호, 「내가 고향이다」).

□ "우적우적 혼자 밥을 먹을 때에도/ 식어버린 커피를 **괜::히**[괜히] 홀짝거 릴 때에도/ 목구멍으로 오롯이 넘어가는 쓸쓸!" (문정희, 「쓸쓸」).

굳이⊞ [**구지**:: kúdzi::] ¶"㉠ 단단한 마음으로 굳게. ㉡ 고집을 부려 구태여."

☐ "나는 늘 떠나면서 살지/ **구지**::[굳이] 이름을 불러주지 않아도 좋아"
   (이해인, 「나는 늘 떠나면서 살지」).

☐ "가도 아주 가지는/ 않노라심은/ **구지**::[굳이] 잊지 말라는 부탁인지요"
   (김소월, 「개여울」).

그냥⊞ [**그**::**냥**/**그냥**:: kɯ::ɲaŋ/ kɯ́ɲya::ŋ] ¶"㉠ 더 이상의 변화 없이
그 상태 그대로. ㉡ 그런 모양으로 줄곧. ㉢ 아무런 대가나 조건 또는 의미
따위가 없이."

☐ "**그냥**::[그냥] 바라만 보아도/ 한없는 사랑의 실오리가/ 이어질 듯하여
   라" (김태경, 「분꽃」).

☐ "내가 속으로 그리는 그 사람마냥/ 산이 어디 안 가고/ **그냥**::[그냥]
   거기 있어 마음이 놓인다" (정희성, 「산」).

그러면⊞ [**그**::**러면** kɯ::rʌmyʌn] ¶"㉠ 앞의 내용이 뒤의 내용의 조건이
될 때 쓰는 접속 부사. ㉡ 앞의 내용을 받아들이거나 그것을 전제로 새로운
주장을 할 때 쓰는 접속 부사. ㉢'그리하면'이 줄어든 말. ㉣ '그러하면'이
줄어든 말."

☐ "**그**::**러면**[그러면], 정말 **그**::**러면**[그러면]/ 버려진 이 땅도 짊어지고
   날아갈 수 있을까요?" (김창완, 「풍뎅이의 기도」).

☐ "평안도 정주라는 곳이라 한즉/ **그**::**러면**[그러면] 아무개 씨 고향이란다./
   그::**러면**[그러면] 아무개 씰 아느냐 한즉" (백석, 「고향」).

일부러⊞ [**일**::**부러** i::lburʌ] ¶"㉠ 어떤 목적이나 생각을 가지고. 또는 마음
을 내어 굳이. ㉡ 알면서도 마음을 숨기고."

☐ "늘 조마조마하던/ 빨리 지나치려 뛰어가던/ **일**::**부러**[일부러] 멀리
   돌아서 가기도 하던/ 그 집 앞" (고영민, 「목단」).

☐ "언제나 쫓기며 살아온 우리 가족/ 무엇이 그리 바쁘냐며/ **일::부러**[일부러] 늑장을 부리시는/ 아버지의 그을린 얼굴 위로/ 플래시가 터진다" (이창수, 「가족사진」).

☐ "사람을 좋아하는 일이/ 꼭 울음처럼 여겨질 때가 많았다// **일::부러**[일부러] 시작할 수도 없고/ 그치려 해도 잘 그쳐지지 않는// 흐르고 흘러가다/ 툭툭 떨어지기도 하며" (박준, 「울음」).

처음凰 [**처::음** tsʰʌ::ɯm] ¶"시간적으로나 순서상으로 맨 앞."

☐ "사랑은 늘 **처::음처:럼**[처음처럼]/ 사랑은 언제나 시작만 있는 것" (박노해, 「사랑은 끝이 없다네」).

☐ "아름다운 한계령에 기꺼이 묶여/ 난생 **처::음**[처음] 짧은 축복에/ 몸둘 바를 모르리" (문정희, 「한계령을 위한 연가」).

☐ "**처::음**[처음]보다 더 **처::음**[처음인] 순정과 진실을/ 이 거짓말에다 담을 수밖에 없다니요" (유안진, 「황홀한 거짓말」).

천천히凰 [**찬:천::히** tsʰʌ̆ntsʰʌ::nhi] ¶"동작이나 태도가 급하지 아니하고 느리게."

☐ "동네 한 바퀴, 부지런히 도는 트럭 한 대. 꽁무니 따라가며 동네 한 바퀴 **찬:천::히**[천천히] 도는 내 발걸음" (하재일, 「동네 한 바퀴」).

☐ "살 속에 스며드는 것을/ 한때의 어스름을/ 꽃게는 **찬:천::히**[천천히] 받아들였으리라" (안도현, 「스며드는 것」).

☐ "나비를 **찬천::히**[천천히] 펴서 읽고 접을 때/ 수줍게 돋는 푸른 동사들/ 나비는 꽃이 읽는 글씨" (박지웅, 「나비를 읽는 법」).

> "천천히"는 첫음절이 어휘적 장음이어서 [찬:천히]로 발음됩니다. 표현적 장음을 둘째 음절에 두면, [찬:천::히]가 됩니다. 어휘적 장음에는 강세를 두고, 표현적 장음에는 강세가 들어가지 않습니다. 낮은 저주파가 드러납니다. 따라서 서서히

서서히 움직이는 느낌이 살아납니다. 그런데 세종 말뭉치 연구에서처럼 [천천::히]
로 발음하게 되면 그 느낌과 강조가 온전하게 드러나지 않습니다. 따라서 "천천히"
의 표현적 장음은, [천천::히]로 발음하는 편이 더욱 효과적으로 보입니다. 셋째
음절 '히'는 단음인 제 음가보다 조금 짧게 발음됩니다.

푹튀 [푹:: pʰuːk] ¶"㉠ 잠이 푸근하게 깊이 들거나 곤한 몸을 매우 흡족하게
쉬는 모양. ㉡ 힘 있게 깊이 찌르거나 쑤시는 모양. ㉢ 안의 것이 드러나지
아니하도록 빈틈없이 아주 잘 덮거나 싸는 모양."

☐ "가난한 내가/ 아름다운 나타샤를 사랑해서/ 오늘밤은 **푹::푹**[푹푹]
눈이 나린다" (백석, 「나와 나타샤와 흰 당나귀」).

☐ "봄날이었구만요/ 산이 무너지고/ 디딘 땅이 캄캄하게 **푹::**[푹] 꺼지는
줄만 알았지요" (김용택, 「그래요」).

한참튀 [한::참/한참:: haːntsʰam/ hantsʰaːm] ¶"㉠ 어떤 일이 상당히
오래 일어나는 모양. ㉡ 수효나 분량정도 따위가 일정한 기준보다 훨씬 넘게."

☐ "**한::참**[한참] 울다 보니/ 그것은 장발이 그려놓고 간 그녀의 스무 살
때 치마였다" (이생진, 「내가 백석이 되어)」).

☐ "새끼손톱 길게 돋은 손을 내어/ 묵묵하니 **한참::**[한참] 맥을 짚더니/
문득 물어 고향이 어데냐 한다" (백석, 「고향」).

함께튀 [함::께 haːmk͈e] ¶"한꺼번에 같이. 또는 서로 더불어."

☐ "**함::께**[함께] 가자 우리 이 길을/ 셋이라면 더욱 좋고 둘이라도 함께
가자" (김남주, 「함께 가자 우리 이 길을」).

☐ "**함::께**[함께] 답새라./ 아 끝없이 새하얀 사슬 소리여 새여/ 죽어 너
되는 날의 길고 아득함이여" (김지하, 「새」).

항상㊌ (恒常) [**항::상** ha::ŋsʰaŋ] ¶"언제나 변함없이."

▢ "그리고 **항::상**[항상] 내가 꼬옥 쥘 수 있는 그 뜨거운 핏줄이 나무가지처럼 타고 오는 뱅어같이 예쁘디 예쁜 손과," (신석정, 「역사」).

▢ "내 그대를 생각함은 **항::상**[항상] 그대가 앉아 있는 배경에서 해가 지고 바람이 부는 일처럼 사소한 일일 것이나" (황동규, 「즐거운 편지」).

확㊌ [**확::** hwa::k] ¶"㉠ 바람·냄새 또는 어떤 기운 따위가 갑자기 세게 끼치는 모양. ㉡ 불길이 갑자기 세게 일어나는 모양. ㉢ 갑자기 달아오르는 모양."

▢ "그만 **확::**[확] **확::**[확] 달맞이꽃으로/ 피어나고 싶다" (문정희, 「달맞이꽃」).

▢ "그마 마 **확::**[확] 죽어뿌며 내 인끼가 최골낀데" (이종문, 「내 인끼가 최골낀데」).

훨씬㊌ [**훨::씬** hwʌ::lɕ͈in] ¶"㉠ 정도 이상으로 차이가 나게. ㉡ 정도 이상으로 넓게 벌어지거나 열린 모양."

▢ "제 몸보다 **훨::씬**[훨씬] 더 큰 것들을 담고는/ 평상심으로 제 갈 길 가고 있었다" (이재무, 「가을 계곡」).

▢ "크고 윤나는 도토리가 되는 것은/ 청설모나 멧돼지에게나 중요한 일/ 삶에서 **훨::씬**[훨씬] 더 중요한 건 참나무가 되는 것" (박노해, 「도토리 두 알」).

2. 형용사의 표현적 장음

표현적 장음은, 과연 어디에 위치하는 걸까요?! 만일 우리가 이것을 이해한다면, 참 편리할 수 있겠습니다. 표현적 장음 중에서 규칙성이 가장 명징한 건, 형용사 중에서도 ⟨'~하다' 형용사⟩입니다. ⟨'~하다' 형용사⟩에서 **표현적 장음**은, 파생접사 "하다"의 '**하**' 바로 **앞 음절**에 주로 위치합니다.6) 그러니까

'**어간의 끝음절**'에 놓인다는 것인데, 예를 들면 "딴딴하다"에서 [딴딴::하다]처럼 '하' 바로 앞 음절에 위치합니다. 이럴 때, "딴딴하다"라는 의미가 강조됩니다.[7] "딴딴하다"의 뜻은, "어떤 힘을 받아도 쉽게 그 모양이 변하거나 부서지지 않는 상태"를 가리키는데, 표현적 장음으로 "딴딴하다"라는 의미가 강조돼 "**더욱 딴딴하게**" 된다는 것입니다. 이것이 표현적 장음의 역할과 기능입니다. 표현적 장음은, '**의미의 강조**'에 있다는 걸 다시 한번 강조합니다.

그렇다면 표현적 장음은, 어째서 어휘의 의미가 강조되는 걸까요. 그 근거는 무엇일까요. 이에 대해선, 김창섭의 말에 귀를 기울여야 합니다. 그는, 우리에게 다음과 같은 예를 들어 설명해줍니다. 어간 끝음절, 그러니까 '하' 앞 음절에 장음이 위치한 표현적 장음 [**쓸쓸::하다**]는, 표현적 장음이 없는 [쓸쓸하다]와 함께 첫음절에 장음이 놓인 [쓸::쓸하다]와는, 그 느낌과 뉘앙스가 다릅니다. 달라도 팔팔결 다릅니다. [쓸쓸하다]는 쓸쓸함의 정도가 전혀 강조되지 않은 발화고, [쓸::쓸하다]는, '정도의 높임' 또는 '지시영역의 넓힘' 정도만 표현됩니다. 그러나 [**쓸쓸::하다**]는, '화자의 처연한 감정의 표현'이 더욱 짙게 배어 나옵니다. [쓸::쓸하다]의 첫음절에서는, 무성음으로 높은 주파수가 나오는 반면, [**쓸쓸::하다**]의 둘째 음절에서는, 유성음과 낮은 주파수가 나오기 때문으로 보입니다. 그러므로 대부분의 표현적 장음의 위치는 '하' 앞, 즉 어간말(=어간 경계)에 놓이는 것입니다. 그럴 때 표현적 장음이 상황의 분위기와 정도의 강조 효과 더욱 살아납니다.

1) 한자어 '하다' 형용사의 표현적 장음

경건하다〔형〕(敬虔하다) [**경:건::하다:** kyʌːŋɡʌːnhadaː] ¶"공경하며 삼가고 엄숙하다."

---

6) 황은하, 앞의 글, 243쪽.
7) 황은하, 위의 글, 243쪽.

□ "시장 한복판이 **경:건::해지도록:**[경건해지도록]" (김기택, 「절하다」).

□ "어둠을 건너는 외등의 **경:건::한**[경건한] 고독이여" (권갑하, 「외등의 시간」).

□ "아버지의 표정이 가장 **경:건::하고:**[경건하고] 고요한 순간이었다" (이산하, 「푸른빛」).

□ "무릎과 무릎 사이/ 치욕과 **경:건::이**[경건이] 있다" (이인원, 「나무는 무릎이 없다」).

□ "후생을 미리 살아 보는 것같이 **경:건::했고:**[경건했다]" (이잠, 「날마다 여기」).

고결하다[형] (高潔하다) [고결::하다: kógyʌ::ɂlhada] ¶"성품이 고상하고 순결하다."

□ "수선화여/ **고결::한**[고결한] 그대의 자태/ 신비한 그대의 향기/ 청초하고도 그윽하여라" (주응규, 「수선화」).

□ "오랜 세월 파랑은 **고결::하미얻꼬:**[고결함이었고]" (채윤희, 「경유지에서」).

> '높을 고(高)'는 평성으로 단음이고, '깨끗할 결(潔)'은 입성으로 측성(=장음)에 속하는 소리입니다. 평성(=단음)은, 측성(=장음) 앞에서 평고조되어 더 짧아지며 높아집니다. 그러므로 [고결ː하다]로 발음됩니다. 단음인 첫음절 '고'가 길어질 수 없습니다. 외려 더욱 짧아집니다. 게다가 '~하다' 형용사는, 주로 '하' 앞의 음절이 장음화되는 규칙성이 있습니다. 그리고 '하다'의 '하는 평성성 어미로 단음이고, '다'는 측성성 어미로 장음에 속합니다. 따라서 "고결(高潔)하다"는, [고결::하다:]와 같이 발음해야 합니다. 더구나 첫음절이 아니라, 둘째 음절에 표현적 장음을 넣었을 때, 주파수가 낮아지므로 고결한 느낌을 더욱 살려주기 때문입니다.

고고하다[형] (孤高하다) [고고::하다: kógo:háda:] ¶"세상일에 초연하여 홀로 고상하다."

□ "하늘만 바라보면서 **고고::했떤:**[고고했던] 의지를 꺾은 것은 내 잘못이

아니다” (나호열, 「후생(後生)」).

- □ “<u>고고::한</u>[고고한] 순수를 꿈꾼/ 몽상의 시인처럼” (권갑하, 「책탑」).
- □ “<u>고고::하고:</u>[고고하고] 청아하기만 하다” (심현철, 「사랑하는 수련(垂蓮)에게」).

> ‘홀로 고(孤)’와 ‘높을 고(高)’는 둘 다 평성으로 단음입니다. ‘~하다’ 형용사는, 주로 ‘하’ 앞의 음절이 장음화되는 규칙성이 있습니다. 따라서 [고::고하다]처럼 첫음절이 아니라, [고고::하다:]처럼 둘째 음절에 표현적 장음이 위치되어야 합니다. 첫음절에 표현적 장음이 놓인다면, 외려 콧대 높은 도도한 뉘앙스가 스며들 우려가 있습니다. 둘째 음절에 장음이 놓이면 낮은 주파수가 발생해 ‘홀로 고고한 느낌’을 더욱 살려주게 됩니다.

고귀하다톙 (高貴하다) [**고귀:::하다:** kogwi:::hada:] ¶“㉠ 훌륭하고 귀중하다. ㉡ 지체가 높고 귀하다. ㉢ 물건 따위가 귀하고 값이 비싸다.”

- □ “거둘 수 없는 <u>고귀:::한</u>[고귀한] 열매여” (신점식, 「이 환장할 봄날에」).
- □ “어느 인생인들 너만큼/ 화려하고 <u>고귀:::할까:</u>[고귀할까]” (심재철, 「홀로 핀 꽃」).

고매하다톙 (高邁하다) [**고매:::하다:** komɛ:::hada:] ¶“인격이나 품성, 학식, 재질 따위가 높고 빼어나다.”

- □ “내릴 수도 다시 매달 수도 없는 <u>고매:::한</u>[고매한] 정신” (이기철, 「시」).

> ‘높을 고(高)’는 평성으로 단음이고, ‘뛰어날 매(邁)’는 거성으로 장음입니다. 단음은, 장음 앞에서 더 짧아지며 높아집니다. 그리고 둘째 음절의 장음은 제 음가대로 길게 발음됩니다. 『연세 한국어사전』에서는 [고::매하다]로 표기했으나, 오류로 보입니다. 단음, 그것도 극단음에 표현적 장음을 놓으면 어울리지 않기 때문입니다. 게다가 ‘~하다’ 형용사는 대부분 앞의 음절에 표현적 장음을 둡니다. 따라서 [**고매:::하다:**]로 발음하는 편이 훨씬 분위기와 뉘앙스가 살아납니다. 그러니까 이는 어휘적 장음의 음절에 표현적 장음이 포개진 경우가 되겠습니다.

기고만장하다[형] (氣高萬丈하다) [기ː고만장ː:하다 kiːgomaːndzaː::ɲʰadaː]
¶"㉠ 펄펄 뛸 만큼 대단히 성이 나다. ㉡ 일이 뜻대로 잘될 때, 우쭐하여 뽐내는 기세가 대단하다."

　　☐ "아버지는 이런 아들이 오히려 장하다 했고/ 나는 **기ː고만장ː:했따ː**[기고
　　만장했다], 그리고 나도 이제" (신경림, 「아버지의 그늘」).

　　☐ "승기를 잡은 이가 **기ː고만장ː:**[기고만장] 재촉하는 법이 없다" (박동주,
　　「탑골공원」).

　　일반적 국어사전에는 [기고만장]으로 장음을 표기하지 않았습니다. 모두 단음 발화하라는 뜻입니다. 그리고 『표준한국어발음사전』에는, [기고만ː장]으로 표기 됐습니다. 셋째 음절 '만'을 반(半)장음으로 발음하라는 것입니다.

　　"기고만장"은 '기운이 높고, 충만하다'는 의미입니다. '기고(氣高)'의 첫음절 '기운 기(氣)'는 거성으로 장음이고, '높을 고(高)'는 평성으로 단음입니다. 따라서 기고는 [기ː고]처럼 첫음절이 장음, 둘째 음절을 단음으로 발음해야 합니다. [기고]처럼 둘 다 단음으로 발음하는 것은 오류입니다. 대부분의 국어사전과 『표준한국어발음사전』까지 오류입니다. 왜냐하면 '상성/거성'이 장음이고, 평성 이 단음이기 때문입니다. '기운 기(氣)'는 거성입니다.

　　'만장(萬丈)'의 첫음절 '일만 만(萬)'과 둘째 음절 '어른 장(丈)' 둘 다 상성으로 장음입니다. 그런데 우리말은, 두 음절 모두 장음일 경우, 첫음절의 장음만 실현되 고, 둘째 음절의 장음은 단음화되므로 [만ː장]으로 발음됩니다. 따라서 "기고만장" 은 [기ː고만ː장]으로 발음됩니다. 여기에 '~하다' 형용사는 대부분 '하' 앞의 음절에 표현적 장음이 주로 옵니다. 따라서 [기ː고만ː장ː:하다]로 발음됩니다. 여기서 하나 더. '하다'의 첫음절 '하'는 단음이고, '다'는 장음입니다. 단음은, 장음 앞에서 극단음화되어 더욱 짧아지므로 둘째 음절 '고'와 다섯째 음절 '하'는 아주 짧게 발음됩니다. 따라서 최종적으로는, [기ː고만ː장ː:하다ː]와 같이 발음됩니다.

　　『연세 한국어사전』에서는, [기고만ː:장하다]라고 발음하도록 지시합니다. '셋 째 음절 '만(萬)'에만 표현적 장음으로 발음하라는 의미입니다. 그러나 이는 어휘적 장음과 표현적 장음의 원리에 맞는 말이라고 할 수 없습니다.

나약하다혱 (懦弱/愞弱하다) [나ː약ː:카다ː naːyaː:ːkkʰadaː] ¶"㉠ 의지가 굳세지 못하다. ㉡ 몸이 가냘프고 약하다."

　□ "뉘 꽃을 **나ː약ː:카다ː**[나약하다] 하였나" (구광렬, 「들꽃」).

　□ "나대지 않는다고 **나ː약ː:칸**[나약한] 건 아니야" (박영애, 「구멍」).

　□ "정말로 **나ː약ː:캐서ː**[나약해서] 바라보고 있음" (황지우, 「서풍 앞에 서」).

난처하다혱 (難處하다) [난처ː::하다ː nantsʰʌ::ːhadaː] ¶"이럴 수도 없고 저럴 수도 없어 처신하기 곤란하다."

　□ "진흙에 범벅되는 하얀 인조 깃털/ 그 **난처ː::한**[난처한] 아름다움" (허연, 「내가 원하는 천사」).

　□ "버스에 오르자마자 우산은 갑자기 **난처ː::해젇따ː**[난처해졌다]" (김기택, 「우산을 잃어버리다」).

　□ "마음만으로 사랑했던 사람에게/ 전화를 걸어 **난처ː::할**[난처할] 때" (조동례, 「그냥이라는 말」).

　□ "옷이 젖을까봐 한껏 상자에서 떨어져 상자를 들고 가는 당신 상자는 **난처ː:::함니다ː**[난처합니다]" (조말선, 「생각보다 가벼운 상자」).

　□ "**난처ː::하다ː**[난처하게] 그걸 잠시/ 들여다보고 있노라니" (손택수, 「가슴에 묻은 김칫국물」).

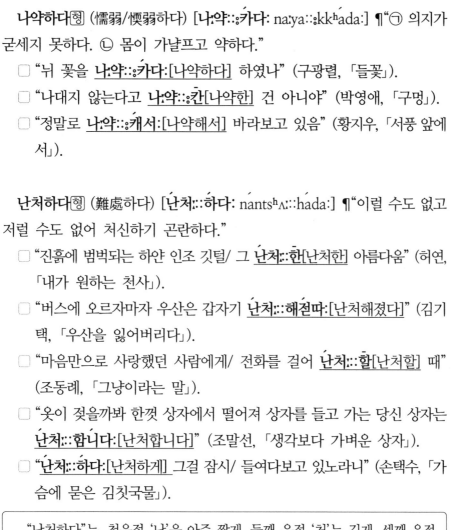

> 　"난처하다"는, 첫음절 '난'을 아주 짧게, 둘째 음절 '처'는 길게, 셋째 음절 '하'는 다소 짧게 읽습니다. '어려울 난(難)'은, 평성으로 단음입니다. 그리고 '처(處)'는 '곳 처(處)'로 쓸 때 거성으로 장음이고, '머무를 처(處)'로 쓰일 때 상성으로 장음입니다. 어찌 쓰이든 '처'는 단음이 아니라 장음입니다. 따라서 "난처"는, '단+장(短長)'의 음장(音長) 구조'입니다. 그런데 단음은 장음 앞에서 더욱 짧아지며 높아집니다. 이를 '평고조' 현상이라고 합니다. 따라서 [난처ː]와 같이 '난'을 아주 짧게, '처'는 다소 길게 발음되는 것입니다. "난처"의 음장의

구조가 '단+장'에서 '극단+장'으로 바뀌기 때문이죠. 이렇게 소리의 길이는, 그 위치에 따라 달라집니다. 고정된 게 아닙니다. '난'이라는 글 위에 표시한 ['́]는, 단음보다 더 짧은소리(=극단음)를 가리키는 기호입니다.

그런데 여기서 잠깐, 잠깐만. 국어사전에는 평성으로서 단음인 '난(難)'을 길게 발음하라고 지시합니다. 심지어는 『표준한국어발음사전』에서까지, "난처(難處)"의 '난'을 장음으로 표시해놓았습니다. 이는, 단음을 장음으로 발음하라는 오류입니다. 표현적 장음을 표기한 『연세 한국어사전』에서도 표현적 장음을 '난'에 두었습니다. 이 역시 오류입니다. "난처(難處)하다"는, [난처:::하́다]처럼 발음해야 합니다. '난'이 극단음으로 바뀌기 때문입니다. 그리고 장음 음절 뒤의 음절은 짧아지므로 '하' 역시 다소 짧게 발음되어야 합니다.

'~하다 형용사'는 대체로 거의 '하' 음절의 앞 음절에 표현적 장음이 놓입니다. 그렇다면 '난'이 아니라, '처'에 표현적 장음이 놓여야 합니다. 그리고 대부분의 연구자가 '어휘적(=기저) 장음'에 표현적 장음을 둡니다. 따라서 "난처(難處)하다"는 [난처:::하́다]처럼 발음해야 합니다. 그것이 현실의 한국어 발음입니다. 한국어를 모국어로 쓰는 한국인의 발음이 그러합니다.

장음이라고 해서 너무 길게 발음하면 차라리 안 하느니만 못합니다. 우리말의 장음이 그리 길지 않습니다. 만일 그렇게 두드러지게 길다면, 사전 편찬자나 음운론 및 음성학 연구자들의 오류가 그리 흔히 나타나지 않았을 것입니다.

다양하다¹〔형〕(多樣하다) [**다양**:::**하́다**: táyaː:ːŋháda] ¶"모양/빛깔/형태/양식이 여러 가지로 많다."

☐ "발음은 **다양**:::**해́도**[다양해도]/ 부르는 이름은 하나" (박창민, 「재채기」).

☐ "파프리카는 표정이 **다양**:::**해́서**[다양해서]" (홍계숙, 「머나먼 파프리카」).

☐ "그들의 직업은 아주 **다양**:::**하́고**[다양하고]" (이갑수, 「시간에 대한 명상」).

☐ "병원 안내판에 적힌 병명만큼이나 **다양**:::**한́**[다양한] " (고재종, 「생의 처방을 묻다」).

'많을 다(多)'는 평성으로 단음이고, '모양 양(樣)'은 거성입니다.

담대하다[혱] (膽大하다) [담:대::하다: taːmdɛ::hádaː] ¶"겁이 없고 배짱이 두둑하다."

☐ "**담:대::한**[담대한] 꽃 냄새/ 방금 꽃핀 저 꽃 아직 뜨겁다/ 피는 꽃이다!" (정끝별, 「꽃이 피는 시간」).

기백과 용기라는 의미를 품은 '쓸개 담(膽)'은, 상성으로 장음입니다. '클 대(大)' 는 거성으로 장음입니다. 두 음절 모두 장음입니다. 이렇게 '장+장'의 음장 구조에 서는 첫음절만 장음이 실현되고, 둘째 음절은 단음화되기 때문에 [담:대하다]로 발음됩니다. 그리고 '하다' 형용사에선 '하'의 앞 음절, 즉 어간말음(=어간경계음) 에 표현적 장음이 놓이므로 [담:대::하다]가 됩니다. 이에 더해 '하다'의 '하'는 단음(=평성성 조사)이고, '다'는 장음(=측성성 조사)입니다. 단음은 장음 앞에서 더욱 짧아져 극단음이 되고, 둘째 음절의 장음은 원래의 제 음가 그대로 길게 발음됩니다. 따라서 "담대하다"는 [담:대::하다:]와 같이 발음됩니다.

둔감하다[혱] (鈍感하다) [둔:감::하다: tuːngaɛ::mhádaː] ¶"감정이나 감각이 무디다."

☐ "나의 못 보는 눈을 나의 **둔:감::한**[둔감한] 영혼을/ 나의 애인 없는 더러운 고독을/ 나의 대대로 물려받은 음탕한 전통을" (김수영, 「꽃잎·3」).

☐ "혓끝이 **둔:감::해지면:**[둔감해지면] 입안 가득 맥주를 머금고" (구현우, 「선유도」).

미묘하다[혱] (美妙하다) [미:묘::하다: miːmyo::hádaː] ¶"㉠ 아름답고 묘하 다."

☐ "빛깔도 **미:묘::핻꼬**[미묘했고]/ 그 형태도 하나하나가 완벽이었다" (성 찬경, 「보석밭」).

번잡하다형 (煩雜하다) [**번잡**::**파다**: pʌndzaː:pʰadaː] ¶"번거롭게 뒤섞여 어수선하다."

　　□ "겨우 내 **번잡**::**스런**[번잡스런] 마음 하나 비우고자" (김진옥, 「대청소」).

　　□ "알려질수록 **번잡**::**패지고**:[번잡해지고] 손님이 늘면/ 요리보다 신경 쓸 잡일도 늘어 질색이라는데" (함확, 「픽 미」).

> '번거로울 번(煩)'은 평성으로 단음. '복잡할 잡(雜)'은 입성으로 장음입니다.

비범하다형 (非凡하다) [**비범**::**하다**: pibʌː:mʰadaː] ¶"보통 수준보다 훨씬 뛰어나다."

　　□ "몸부림 던지듯 문득 몸을 던지며/ **비**::**범한**[비범한] 웃음을 익히는 아이들" (황동규, 「브라질 행로」).

> '아닐 비(非)'와 평범한 속인을 뜻한 '범인 범(凡)'은 둘 다 평성으로 단음입니다. '비(非)'가 평성으로 단음인데도 국어사전에는 [비:범]처럼 '비'를 장음으로 표기됐습니다. 하지만 '비(非)'는 평성으로 단음입니다. [비범]처럼 발음되는 음절입니다. 이에 표현적 장음은 '하' 앞의 음절에 놓이므로 [**비범**::**하다**:]로 발음됩니다. 그런데도 『연세 한국어사전』과 김선철, 황은하, 국립국어원 등은 첫음절에 어휘적 장음이 놓였다고 하여 [비::범하다:]로 발음하라고 합니다. 오류입니다. [**비범**::**하다**:]와 [비::범하다:]를 견줘 읽어보면 금방 느낄 수 있습니다. [비범하다]는 오류 위에 지어진 집입니다.

소중하다형 (所重하다) [**소중**::**하다**: sʰoːdzuː:ŋʰadaː] ¶"매우 귀중하다."
　　□ "사랑보다 **소중**::**한**[소중한] 슬픔을 주겠다" (정호승, 「슬픔이 기쁨에게」).

심오하다형 (深奧하다) [**심**::**오하다**: ɕiː:moʰadaː] ¶"사상이나 이론 따위가 깊이가 있고 오묘하다."

□ "이제 이들은 까닭 없이 **심∷오해젿씀니다**[심오해졌습니다]/ 그들의 말은 난해하여 알아들을 수 없습니다" (백무산, 「나도 그들처럼」).

심원하다휑 (深遠하다) [**시뭔∷하다**: ɕimwʌ∷nháda:] ¶"헤아리기 어려울 만큼 깊다."

□ "시간의 그늘의/ **시뭔∷한**[심원한] 협곡./ 살고 죽는 움직임들의/ 그림자,/ 끝없이 다시 태어나는(!)/ 화석 그림자" (정현종, 「시간의 그늘」).

> '깊을 심(深)'은 평성으로 단음, '멀 원(遠)'은 상성으로 장음입니다. 따라서 심원의 음장은, '단+장' 구조입니다. 첫음절 '심'은 짧게, 둘째 음절 '원'은 길게 발음됩니다. 그런데 단음은 장음 앞에서 더욱 짧아지며 높아지므로 '극단+장'의 구조로 바뀌어 [심원:]처럼 발음됩니다. '하다'의 첫음절 '하'는 단음, 둘째 음절 '다'는 장음입니다. 따라서 심원하다는, [심원:하다:]로 발음됩니다.
>
> 그러나 한국어사전에는 거꾸로 [심:원하다]로 표기해놓았습니다. 평성으로서 단음인 '심(深)'을 외려 장음으로 읽으라 합니다. 오류가 아닐 수 없습니다. 『연세 한국어사전』의 표현적 장음도 첫음절 '심'에 놓았습니다. 하다 형용사는 '하' 앞에 장음이 놓이는 것이 일반적입니다. 따라서 심원하다는 [시뭔:∷하다:]로 발음해야 합니다.

안녕하다휑 (安寧하다) [**안녕∷하다**: anɲyʌ∷ŋháda] ¶"㉠ 아무 탈 없이 편안하다. ㉡ 몸이 건강하고 마음이 편안하다. 안부를 전하거나 물을 때에 쓴다."

□ "**안녕∷하심니까:**[안녕하십니까]/ 누가 물으면/ 나는 언제나 그렇다고 대답한다/ 이것은 **안녕∷인가:**[안녕]/ 그래 그냥 **안녕∷이라고:**[안녕이라고] 치자" (이향아, 「그래, 안녕이라고 하자」).

□ "이것은 **안녕∷일까:**[안녕일까]/ 정답이 무엇인가 캐묻지 말자" (이향아, 「그래, 안녕이라고 하자」).

□ "아, 어머님 **안녕∷하셷씀니까:**[안녕하셨습니까]" (조병화, 「고요한 귀향」).

> '편안할 안(安)'과 '편안할 녕(寧)'은, 둘 다 평성으로 단음입니다.

아담하다형 (雅淡/雅澹하다) [아ː담ː:하다ː aːdaː:mhádaː] ¶"㉠ 고상하면서 담백하다. ㉡ 적당히 자그마하다."

　□ "쨍쨍한 칠월 햇발은 고요히도/ **아ː담ː:한**[아담한] 빨래에만 달린다"
　　(윤동주, 「빨래」).

> '우아할 아(雅)'와 '담박할 담(淡)'은, 둘 다 상성으로 장음입니다. 장음 뒤의 장음은, 단음화되므로 [아담하다]로 발음됩니다. 여기에 둘째 '하다'의 '하' 앞 음절 '담'에 표현적 장음을 주면 [아ː담ː:하다ː]가 됩니다. 『연세 한국어사전』에는, [아ː담하다]로 표기됐습니다. 어휘적 장음의 자리에 표현적 장음을 주었습니다. 그러나 '하'의 앞음절 '담'에 [아ː담ː:하다ː]로 발음하는 편이 "아담하다"의 분위기와 뉘앙스를 좀 더 효과적으로 전달해주는 것으로 보입니다.

암담하다형 (暗澹하다) [암ː담ː:하다ː aːmdaː:mhádaː] ¶"㉠ 어두컴컴하고 쓸쓸하다. ㉡ 희망이 없고 절망적이다."

　□ "신이란 이름으로서/ 우리는 저 달 속에/ **암ː담ː:한**[암담한] 검은 강이
　　흐르는 것을 보았다" (박인환, 「검은 강」).

애매하다형 (曖昧하다) [애ː매ː:하다ː ɛːmɛː:hádaː] ¶"㉠ 희미해 분명치 않다. ㉡ 이것인지 저것인지 명확하지 못해 한 개념이 다른 개념과 충분히 구별되지 못하는 일을 이른다."

　□ "펑펑 울기도 **애ː매ː:한**[애매한]/ 메마른 중년의 가을 문턱에서는" (오광
　　수, 「가을의 눈썹」).

애석하다형 (哀惜하다) [애ː석ː:카다ː/애서ː:ㅓ카다ː ɛːshʌː:kkhádaː/ ɛːshʌː:

kʰada:] ¶"슬프고 아깝다."

- ☐ "**애석::칸**[애석한] 손목처럼 놓아버리리/ 지는 해 아래/ 소리 없이 여의 어가는/ 담쟁이를 보리" (문정희, 「담쟁이」).
- ☐ "어쩐 일인지 **애석::카게도**[애석하게도] 홍매화의/ 매실만은 먹을 수가 없다네" (심재철, 「홍매화」).
- ☐ "**애석::카게**[애석하게] 버린 것에서/ 조용히 살아나고," (심재철, 「홍매화」).

'슬퍼할 애(哀)'는, 평성으로 단음. '아낄 석(惜)'은 입성으로 '장자음'되는 소리입니다.

왕성하다[형] (旺盛하다) [**왕:성::하다**: waːŋsʰʌ::ŋʰada)] ¶"한창 성하다."

- ☐ "아버지는 자식 욕심이 많다네/ **혈기왕:성::하다**[혈기왕성하다네]/ 어머니의 배는 비닐하우스처럼 불룩하였네" (조말선, 「아버지는 종묘상에 가셨네」).
- ☐ "버드나무 **왕:성::한**[왕성한] 여름 즐기기, 녹색 잎들을 물 아래 내리고 빠르게 쏟아지는 햇빛 사이로 오늘이 눈부시게 떠오른다" (김주비, 「하늘을 바라보는 아침」).
- ☐ "**왕:성::하게**[왕성하게] 숨막히게 숨가쁘게/ 그러나 갈수록 쎅시하게" (유하, 「바람부는 날이면 압구정동에 가야 한다·2」).

'성할 성(旺)'은, 거성으로 장음이고, '성할 성(盛)'은 평성으로 단음입니다. [왕:성하다]처럼 첫음절에 어휘적 장음이 놓입니다. 이에 표현적 장음은 '하' 음절 앞의 음절에 놓이면, [왕:성::하다]가 됩니다. 그리고 "하다"의 첫음절 '하'가 단음이고, 둘째 음절 '다'가 장음입니다. 단음은 장음 앞에서 더 짧아지며 높아집니다. 그리고 둘째 음절의 장음은 제 음가 그대로 길게 발음됩니다. 따라서 최종적으로 [왕:성::하다:]가 됩니다. 이렇게 발음하는 것이 적확한, 리드미컬한 한국어다운 발음입니다.

유구하다[형] (悠久하다) [유구:::하다: yuguːːhada:] ¶"아득하게 오래다."

☐ "옹졸한 나의 전통은 **유구:::하고**[유구하고] 이제 내 앞에 정서로" (김수영, 「어느 날 고궁(古宮)을 나오면서」).

☐ "쑥, 대웅의 꿈을 열었네/ 갓, **유구:::한**[유구한] 역사의 머리에 쓴 멋/ 꽃의 이름으로 바라보네, 눈부신 그대를" (김태경, 「쑥갓꽃」).

> '멀 유(悠)'는, 평성으로 단음이고, '오랠 구(久)'는 상성으로 장음입니다.

의기양양하다[형] (意氣揚揚하다) [의::기양양하다: yuːːgiyaŋyaŋhada:] ¶"뜻한 바를 이루어 만족한 마음이 얼굴에 나타난 상태이다."

☐ "함부로 오지 말라고,/ **의::기양양해진**[의기양양해진] 양양은 더 아득해 서" (김밝음, 「바다, 에돌아다가」).

일정하다[형] (一定하다) [일ː정::하다: iˑltsʌːːŋhada] ¶"㉠ 어떤 것의 크기, 모양, 범위, 시간 따위가 하나로 정하여져 있다. ㉡ 어떤 것의 양, 성질, 상태, 계획 따위가 달라지지 아니하고 한결같다. ㉢ 전체적으로 흐름이나 절차가 규칙적이다."

☐ "허공을 물들이는 잎사귀의 춤 또한/ **일ː정::할**[일정할] 것이다" (박형준, 「이 봄의 평안함」).

자상하다[형] (仔詳하다) [자상::하다: tsasʰaːːŋhada:] ¶"㉠ 찬찬하고 자세하다. ㉡ 인정이 넘치고 정성이 지극하다."

☐ "컴퓨터와 펼친 책을 **자상::하게**[자상하게] 훑어보시고는" (공광규, 「햇살의 말씀」).

잠잠하다[형] (潛潛하다) [잠잠::하다: tsamdzaːːmhada:] ¶"㉠ 분위기나 활동 따위가 소란하지 않고 조용하다. ㉡ 말없이 가만히 있다."

☐ "아끼듯 조용히 나누는 말소리, 한참 **잠잠::하다:**[잠잠하다]" (황동규, 「네가 없는 삶」).

절묘하다[형] (絶妙하다) [**절ː묘::하다:** tsʌːlmyo::háda:] ¶"비할 데가 없을 만큼 아주 묘하다."

☐ "오오 저 염화시중 그 **절ː묘::한**[절묘한] 미소 짓고, 자네 열반이란 게 무언지 아느냐며" (이종문, 「열반」).

정연하다[형] (整然하다) [**정::연하다:** tsʌː::ŋyʌnháda:] ¶"가지런하고 질서가 있다."

☐ "한 개 돌 속에/ 하루가 소리 없이 저물어 가듯이/ 그렇게 옮기어 가는/ **정::연한**[정연한] 움직임 속에서" (정한모, 「멸입(滅入)」).

평평하다[형] (平平하다) [**평평::하다:** pʰyʌ́npʰyʌː::ŋháda:] ¶"㉠ 바닥이 고르고 판판하다. ㉡ 예사롭고 평범하다."

☐ "공이를 직각으로 내리쳐야 **평평::하게**[평평하게] 다져진다" (하종오, 「무엇보다 둥근 것」).

활발하다[형] (活潑하다) [**활ː발::하다:** hwaːlbaː::lháda:] ¶"생기 있고 힘차며 시원스럽다."

☐ "그들은 모두 부엌에선 익숙하고 시장에선 **활ː발::하다:**[활발하다]" (이기철, 「아름다운 여자」).

희미하다[형] (稀微하다) [**히미::하다:** himiː::háda:] ¶"분명치 못하고 어렴풋하다."

☐ "**희미::한**[희미한] 십오촉 전등이 지치운 불빛을 내어던지고" (백석, 「흰 바람벽이 있어」).

2) 고유어 '~하다' 형용사

가득하다[형] [가드∷카다: kaduɯ∷kʰada:] ¶"㉠ 분량이나 수효 따위가 어떤 범위나 한도에 꽉 찬 상태에 있다. ㉡ 빈 데가 없을 만큼 사람이나 물건 따위가 많다. ㉢ 냄새나 빛이 공간에 널리 퍼져 있다. ㉣ 감정이나 정서·생각 따위가 많거나 강하다."

☐ "햇살 **가드∷칸**[가득한] 대낮/ 지금 나하고 하고 싶어?/ 네가 물었을 때/ 꽃처럼 피어난/ 나의 문자/ '응'" (문정희, 「"응"」).

개운하다[형] [개운∷하다: kɛun∷hada:] ¶"㉠ 기분이나 몸이 상쾌하고 가뜬 하다. ㉡ 음식의 맛이 산뜻하고 시원하다. ㉢ 바람 따위가 깨끗하고 맑은 느낌이 있어 상쾌하다."

☐ "사랑은 쳇기 같은 것이어서/ 어깨 두드려주고 팔 쓰다듬고/ 손 주물러줘야 **개운∷해지나**[개운해지나] 봅니다" (육근상, 「개운한 사랑」).

거나하다[형] [거나∷하다: kʌna∷hada:] ¶"술 따위에 취한 정도가 어지간하다."

☐ "**거나∷하게**[거나하게] 취해 홀로 비틀거리며 집으로 돌아가는/ 당신 마음속 그 추운 협곡의 어둠 속에/ 나 이끼처럼 당신을 덮고 있어요" (신달자, 「당신의 협곡」).

거무스레하다[형] [거무스레∷하다: kʌmusʰɯre∷hada:] ¶"빛깔이 조금 검은 듯하다."

☐ "이제 **거무스레∷**[거무스레] 늙었으니/ 슬픔만 한 두릅 꿰어 있는 껍데기의/ 마지막 잔을 마셔다오" (나희덕, 「뿌리에게」).

거무스름하다[형] [거무스름∷하다: kʌmusʰɯrɯ∷mhada:] ¶"빛깔이 조금 검은 듯하다.”

　　☐ **“거무스름::한**[거무스름한] 깃털 하나 땅에 떨어져 있기에/ 주워 들으니
　　　너무나 가볍다/ 들비둘기가 떨어뜨리고 간 것이라 한다” (안도현, 「깃털
　　　하나」).

　걸걸하다형 [**걸걸::하다:** kʌlgʌ::lhada:] ¶“㉠ 목소리가 좀 쉰 듯하면서
우렁차고 힘이 있다. ㉡ 성질이나 행동이 조심스럽지 못하고 거칠다.”

　　☐ “이모는 말이 별로 없는 대신 소리 없이 크게 웃는/ **걸걸::한**[걸걸한]
　　　우리 엄마보다는 아주 조금 이뻐 보이는 여자였다” (한옥순, 「그게 동백꽃
　　　이더라」).

　게슴츠레하다형 [**게슴츠레::하다:** kesʰɯmtsʰɯre::hada:] ¶“㉠ 졸리거나
술에 취해서 눈이 흐리멍덩하며 거의 감길 듯하다.”

　　☐ “만화 주인공 구영탄의 눈은, 언제나 **게슴츠레::하다:**[게슴츠레하다].”

　고소하다형 [**고소::하다:** kosʰo::hada:] ¶“㉠ 볶은 깨, 참기름 따위에서
나는 맛이나 냄새와 같다. ㉡ 기분이 유쾌하고 재미있다. ㉢ 미운 사람이
잘못되는 것을 보고 속이 시원하고 재미있다.”

　　☐ “얼마나 달고 **고소::했**길래[고소했길래] 이파리의/ 뼈대만 남기고 갉아
　　　먹었을까” (김남권, 「나비가 남긴 밥을 먹다」).

　고요하다형 [**고요::하다:** koyo::hada:] ¶“㉠ 조용하고 잠잠하다. ㉡ 움직임이
나 흔들림이 없이 잔잔하다. ㉢ 형용사 모습이나 마음 따위가 조용하고 평화롭다.”

　　☐ “마당을 쓸고 있는 저 소리/ **고요::하고**[고요하고] **고요::하여라:**[고요하
　　　여라]/ 봄밤” (권대웅, 「비로자나불(毗盧遮那佛)」).

　그러하다형 [**그러::하다:** kɯrʌ::hada:] ¶“‘그렇다’의 본말.”

☐ "밤새 난간을 타고 흘러내리던/ 빗방울들이 또한 **그러∷하여**[그러하여]/ 마지막 한 방울이 차마 떨어지지 못하고/ 공중에 매달려 있습니다" (나희덕, 「편지·1」).

까마득하다휑 [**까마드∷카다**: kamadɯːkʰadaː] ¶"㉠ ('가마득하다'보다 센 느낌으로) 거리가 매우 멀어 보이는 것이나 들리는 것이 희미하다. ㉡ 시간이 아주 오래되어 기억이 희미하다. ㉢ 앞으로 어떻게 해야 할지 막막하다."

☐ "**까마드∷칸**[까마득한] 밤길을 혼자 걸어갈 때에도" (나희덕, 「푸른 밤」).

껄렁하다휑 [**껄렁∷하다**: kʌllʌːŋhadaː] ¶"㉠ 말이나 행동이 들떠 미덥지 아니하고 허황되다. ㉡ 사물이 꼴사납고 너절하다."

☐ "**껄렁∷한**[껄렁한] 남자와 걸으면/ 덩달아 **껄렁∷한**[껄렁한] 여자가 된다" (박미경, 「껄렁한 연애」).

꼼꼼하다휑 [**꼼꼼∷하다**: komkoːmhadaː] ¶"빈틈이 없이 차분하고 조심스럽다."

☐ "연지처럼 붉은 실로 **꼼꼼∷하게**[꼼꼼하게] 바느질해놓은 백년(百年)이라는 글씨" (문태준, 「백년(百年)」).

나른하다휑 [**나른∷하다**: narɯːnhadaː] ¶"㉠ 맥이 풀리거나 고단하여 기운이 없다. ㉡ 힘이 없이 보드랍다."

☐ "그 **나른∷한**[나른한] 고요의 봄볕 속에서 나는" (김사인, 「풍경의 깊이」).

너절하다휑 [**너절∷하다**: nʌdzʌːlhadaː] ¶"㉠ 허름하고 지저분하다. ㉡ 하찮고 시시하다."

☐ "**너절∷한**[너절한] 욕지거리와 싸움질만이 아니다" (신경림, 「우리가 부끄러워 해야 할 것은」).

느끼하다혱 [느끼ː하다ː nɯkiːhadaː] ¶"㉠ 비위에 맞지 아니할 만큼 음식에 기름기가 많다. ㉡ 기름기 많은 음식을 많이 먹어서 비위에 거슬리는 느낌이 있다. ㉢ 맛이나 냄새 따위가 비위에 맞지 아니하다."

  ☐ "이제 죽음이나 사랑이나 다 <u>**느끼ː하다ː**[느끼하다]</u>" (박철, 「산촌」).

덥수룩하다혱 [덥쑤루ː카다ː tʌpsʼuruːkʰadaː] ¶"더부룩하게 많이 난 수염이나 머리털이 어수선하게 덮여 있다."

  ☐ "수염 **덥쑤루ː칸**[덥수룩한] 사내한테 열여섯에 시집보냈다" (김지현, 「엄마라는 이름」).

둥굴둥굴하다혱 [둥굴둥굴ː하다ː tuŋɡɯlduŋɡɯːlhadaː] ¶"'둥글둥글하다'의 경남 방언으로 ㉠ 여럿이 다 또는 매우 둥글다. ㉡ 성격이 모가 나지 않고 매우 원만하다."

  ☐ "<u>**둥굴둥굴ː한**[둥글둥글한]</u> 항아리 같은 친구와 밤새도록 걸으며" (김해자, 「빈 항아리」).

딴딴하다혱 [딴딴ː하다ː tantanːhadaː] ¶"('단단하다'보다 센 느낌을 주며) ㉠ 어떤 힘을 받아도 쉽게 그 모양이 변하거나 부서지지 않는 상태에 있다. ㉡ 연하거나 무르지 않고 야무지고 튼튼하다.㉢ 속이 꽉 차서 실속이 있다."

  ☐ "<u>**딴딴ː한**[딴딴한]</u> 흙을 뚫고 여린 꽃대 피워내던/ 얼레지꽃 생각이 났습니다" (김선우, 「엘레지」).

멍하다혱 [멍ː하다ː mʌːŋhadaː] ¶"㉠ 정신이 나간 것처럼 자극에 대한 반응이 없다. ㉡ 몹시 놀라거나 갑작스러운 일을 당하여 정신을 차리지 못하게 얼떨떨하다."

  ☐ "늦은 밤 <u>**멍ː한**[멍한]</u> 눈길로 티브이 화면이나 쫓는" (이재무, 「아버지」).

멍청하다[형] [멍청::하다: mʌntsʰʌ::nʰada:] ¶"㉠ 자극에 대한 반응이 무디고 어리벙벙하다. ㉡ 어리석고 정신이 흐릿하여, 일을 제대로 판단하고 처리하는 능력이 없다."

☐ "내가 얼마나 **멍청::한고**[멍청한고]?/ 아내 음식 간 맞추는데 평생이 걸렸으니" (임보, 「마누라 음식 간보기」).

무연하다[형] [무연::하다: muyʌ::nʰada:] ¶"아득하게 너르다."

☐ "피워보지 못한 것들의 **무연::한**[무연한] 숨결" (정끝별, 「장미차를 마시며」).

반반하다[형] [반반::하다: panba::nʰada:] ¶"㉠ 구김살이나 울퉁불퉁한 데가 없이 고르고 반듯하다. ㉡ 생김새가 얌전하고 예쁘장하다. ㉢ 물건 따위가 말끔하여 보기도 괜찮고 쓸 만하다."

☐ "**반반::하게**[반반하게] 낡아가는 심장들" (김경인, 「반반」).

벙벙하다[형] [벙벙::하다: pʌŋbʌ::nʰada:] ¶"어리둥절하여 얼빠진 사람처럼 멍하다."

☐ "어떤 날은 어안이 **벙벙::한**[벙벙한] 어처구니가 되고" (천양희, 「놓았거나 놓쳤거나」).

부시시하다[형] [부시시::하다: pusʰiʃi::hada:] ¶"'부스스하다'의 경남 방언으로 머리카락이나 털이 몹시 어지럽게 일어나거나 흐트러져 있다."

☐ "소년은 **부시시::한**[부시시한] 얼굴로/ 개울가에서 개구리를 잡거나" (류희국, 「고향 아침」).

불그스름하다[형] [불그스름::하다: pulgɯsʰɯrɯ::mʰada:] ¶"조금 붉다."

☐ "저어 **불그스름::한**[불그스름한] 햇무리 황홀히 얼비치어" (김관식, 「동

양의 산맥」).

비딱하다🄗 [비따::<u>카</u>다: p̓ita::kʰada:] ¶"㉠ 물체가 한쪽으로 비스듬하게 기울어져 있다. ㉡ 마음이나 생각·행동 따위가 바르지 못하고 조금 비뚤어져 있다."

☐ "**비따::<u>칸</u>**[비딱한] 걸음걸이로 공중을 떼 지어 돌아다닌다" (박완호, 「잠자리 방식」).

비릿하다🄗 [비리::<u>타</u>다: piri::tʰada:] ¶"냄새나 맛이 조금 비린 듯하다."

☐ "젓가락이 놓아버린 껍데기 한 점 **비리::<u>타다</u>**[비릿하다]" (마경덕, 「쬐깐 것」).

빠끔하다🄗 [빠끔::<u>하</u>다: p̓akɯ::mhada:] ¶"㉠ 작은 구멍이나 틈 따위가 깊고 또렷하게 나 있다. ㉡ 문 따위가 조금 열려 있다."

☐ "물 머금은 구름이/ **빠끔::<u>거리고</u>**[빠끔거리고]" (김정수, 「하루의 감정」).

빠듯하다🄗 [빠드::<u>타</u>다: p̓adɯ::tʰada:] ¶"㉠ 어떤 한도에 차거나 꼭 맞아서 빈틈이 없다. ㉡ 어떤 정도에 겨우 미칠 만하다. '바듯하다'보다 센 느낌을 준다."

☐ "**빠드::<u>탄</u>**[빠듯한] 시간,/ 단락도 쉼표도 생략한 채 달아오른 철길을 읽는다" (최연수, 「문득, 나비」).

뻣뻣하다🄗 [뻗뻐::<u>타</u>다: p̓ʌtp̓ʌ::tʰada:] ¶"㉠ 물체가 굳고 꼿꼿하다. ㉡ 풀기가 아주 세거나 팽팽하다. ㉢ 태도나 성격이 아주 억세다."

☐ "**뻗뻐::<u>탄</u>**[뻣뻣한] 오만의 무릎 앞에 무조건 무릎 꿇기 전에는" (이인원, 「나무는 무릎이 없다」).

뾰족하다형 [뾰조::카다: p̕yodzo::kʰadaː] ¶"㉠ 물체의 끝이 점차 가늘어져서 날카롭다. ㉡ 계책이나 생각, 성능 따위가 신통하다."

　□ "슬픔은 <u>뾰조::카다:[뾰족하다]</u>" (서안나, 「슬픔의 좌표」).

뾰죽하다형 [뾰주::카다: p̕yodzu::kʰadaː] ¶"㉠ 물체의 끝이 점차 가늘어져서 날카롭다. ㉡ 계책이나 생각, 성능 따위가 신통하다."

　□ "날개는 퇴화되고 부리만 <u>뾰주::카다:[뾰죽하다]</u>" (천양희, 「새에 대한 생각」).

뿌듯하다형 [뿌드::타다: p̕udɯː::tʰadaː] ¶"㉠ 집어넣거나 채우는 것이 한도보다 조금 더하여 불룩하다. '부듯하다'보다 센 느낌을 준다. ㉡ 기쁨이나 감격이 마음에 가득 차서 벅차다. '부듯하다'보다 센 느낌을 준다."

　□ "우리 한글의 자긍심도 <u>뿌듣::[뿌듯]</u>" (이제민, 「한글이 좋아요」).

수북하다형 [수부::카다: sʰubuː::kʰadaː] ¶"㉠ 쌓이거나 담긴 물건 따위가 불룩하게 많다. ㉡ 식물이나 털 따위가 촘촘하고 길게 나 있다. ㉢ 살이 찌거나 부어 불룩하게 도드라져 있다."

　□ "늙수그레한 주인이 한 그릇 국수를 내왔는데/ 넘칠 듯 <u>수부::카다:[수북하다]</u>" (배한봉, 「포장마차 국숫집 주인의 셈법」).

시원하다형 [시원::하다: ɕiwʌː::nhadaː] ¶"㉠ 덥거나 춥지 아니하고 알맞게 서늘하다. ㉡ 음식이 차고 산뜻하거나, 뜨거우면서 속을 후련하게 하는 점이 있다. ㉢ 막힌 데가 없이 활짝 트이어 마음이 후련하다."

　□ "<u>시원::하고:[시원하고]</u> 고운 사람을 친하고 싶다" (마종기, 「우화의 강」).

아련하다형 [아련::하다: aryʌː::nhadaː] ¶"똑똑히 분간하기 힘들게 아렴풋하다."

□ "베갯모를 베고 누운/ 베틀 소리가 **아련::하다:**[아련하다]" (노정숙, 「베틀 소리」).

야릇하다휑 [야르::타다: yarɯ::tʰada:] ¶"무엇이라 표현할 수 없이 묘하고 이상하다."

□ "촉촉한 초경 햇살에/ 유두꽃 수줍은 누이처럼/ 저고리 벗기는 발정 난 바람에/ 달싹이는 **야르::탄**[야릇한] 내음이여" (이정록, 「홍매화 연정」).

□ "산사에 딸기밭이 있는 것은/ 좀 **야르::타다:**[야릇하다]" (강우식, 「백운 사(白雲寺) 딸기밭」).

□ "마음에 수박씨 박히는 듯 기분이 **야르::타다는데**[야릇하다는데]," (안도 현, 「중요한 곳」).

얼근하다휑 [얼근::하다: ʌlgɯ::nhada:] ¶"무엇이라 표현할 수 없이 묘하고 이상하다."

□ "**얼근::한**[얼근한] 비릿한 구릿한 이 맛 속에선/ 까마득히 신라(新羅) 백성의 향수(鄕愁)도 맛본다" (백석, 「북관(北關)―함주시초(咸州詩 抄)·1」).

□ "노을같이 **얼근::한**[얼근한] 시래기국물 훌훌 마시면," (황송문, 「시래기 국」).

으슥하다휑 [으스::카다: ɯsʰɯ::kʰada:] ¶"무서움을 느낄 만큼 깊숙하고 후미지다."

□ "**으스::칸**[으슥한] 평면에/ 가늘고 차운 것이 비처럼 내린다" (이형기, 「비」).

□ "가능한 **으스::칸**[으슥한] 곳을 찾아 재깍 넘어지는거야" (손택수, 「자전 거의 연애학」).

이만하다⟨형⟩ [이만ː：하ː다ː: iman：：háda：] ¶"상태/모양/성질 따위의 정도가 이러하다."

☐ "**이만ː：하면**：[이만하면] 세상을 채울 만하다 싶은/ 꼭 그런 때가 초록에게는 있다" (나희덕, 「소만」).

☐ "초가을 저녁 **이만ː：한**[이만한] 향기는 드물어서/ 말없이 무화과를 받아 들었다" (나희덕, 「한 손에 무화과를 들고」).

☐ "초록이 찰랑찰랑 차오르고 나면/ 내 마음의 그늘도/ 꼭 **이만ː：하게는**：[이만하게는] 드리워지는 때" (나희덕, 「소만」).

조용하다⟨형⟩ [조용ː：하ː다ː: tsoyo：：ɲháda：] ¶"㉠ 아무런 소리도 들리지 않고 고요하다. ㉡ 말이나 행동/성격 따위가 수선스럽지 않고 매우 얌전하다. ㉢ 말썽이 없이 평온하다."

☐ "발걸음도 **조용ː：했던**：[조용했던] 주름진 미소" (이길원, 「구름에 대한 명상」).

☐ "노래를 하는 **조용ː：한**[조용한] 숲이 놀랄 지경이다" (이형기, 「나무」).

☐ "나무는/ 실로 운명처럼/ **조용ː：하고**：[조용하고] 슬픈 자세를 가졌다" (이형기, 「나무」).

☐ "그의 목소리는 나직나직하고 **조용ː：했다**：[조용했다]" (이시영, 「상(床)밥집에서」).

☐ "바위구절초나 금강초롱꽃도 푸른 물감을 한 자락 끌어덮고 **조용ː：하다**：[조용하다]" (유수연, 「깊은 밤 이팝나무 숲은 등을 켜 든다」).

펑퍼짐하다⟨형⟩ [펑퍼짐ː：하ː다ː: pʰʌŋpʰʌdzi：：mháda：] ¶"둥그스름하고 펀펀하게 옆으로 퍼져 있다."

☐ "**펑퍼짐ː：한**[펑퍼짐한] 엉덩이처럼 풀린 하늘로" (김경주, 「어머니는 아직도 꽃무늬 팬티를 입는다」).

훌렁하다ㆅ [훌렁::하다: hullʌ::ŋhada:] ¶"㉠ 구멍이 넓어서 아주 헐겁게 빠지거나 들어가다. ㉡ 아주 쉽게 뛰어넘거나 들어 올리다. ㉢ 단번에 쉽게 들어갈 정도로 구멍이나 자리가 아주 헐겁다."

　□ "생전에 영감도 못 본 엉덩이를 **훌렁::[훌렁]** 까고 앉아/ 밭고랑에 쫄쫄쫄 오줌을 눈다" (마경덕, 「염천(炎天)」).

환하다ㆅ [환::하다: hwa::ŋhada:] ¶"㉠ 빛이 비치어 맑고 밝다. ㉡ 앞이 탁 트여 넓고 시원스럽다. ㉢ 무슨 일의 조리나 속내가 또렷하다."

　□ "봄비 그치자 햇살이 더 **환::하다:[환하다]**" (배한봉, 「아름다운 수작」).

휑하다ㆅ [휑::하다: hwe::ŋhada:] ¶"㉠ 무슨 일에나 막힘이 없이 다 잘 알아 매우 환하다. ㉡ 구멍 따위가 막힌 데 없이 매우 시원스럽게 뚫려 있다. ㉢ 속이 비고 넓기만 하여 매우 허전하다."

　□ "곳곳이 길이 막혀서였는데 어디로 몽땅 수거시켜 가 버렸나 **휑::하다:[휑하다]**" (정진규, 「별 없는 하늘」).

흔하다ㆅ [흔::하다: hɯ::ŋhada:] ¶"보통보다 자주 있어 쉽게 접할 수 있다."

　□ "대구에 가면 이런 거 **흔::하고:[흔하고]** **흔::합니다:[흔합니다]** 헐하고 헐합니다 하고 말렸으나 어머니는," (문인수, 「젖」).

[부록]

『연세 한국어사전』의 '표현적 장음화 가능 형용사' 목록(85개)[8]

1. 개운하다 [개운:하다]
2. 거나하다 [거나:하다]
3. 거무스레하다 [거무스레:하다]
4. 거무스름하다 [거무스름:하다]
5. 거추장스럽다 [거:추장스럽다]
6. 걸걸하다1 [걸걸:하다]
7. 게슴츠레하다 [게슴츠레:하다]
8. 경건(敬虔)하다 [경:건하다]
9. 고결하다¹ [고결:하다]
10. 고고(孤高)하다 [고:고하다]
11. 고귀(高貴)하다 [고:귀하다]
12. 고급(高級)스럽다 [고급쓰럽다]
13. 고매(高邁)하다 [고:매하다]
14. 고명(高名)하다 [고:명하다]
15. 고소하다³ [고소:하다]
16. 괴상망측(怪常罔測)하다 [괴:상망측하다]
17. 괴상(怪常)하다³ [괴:상하다]
18. 기고만장(氣高萬丈)하다 [기:고만장하다]
19. 까마득하다 [까마득:하다]
20. 꺼림직하다 [꺼림직:하다]
21. 꺼림칙하다 [꺼림칙:하다]
22. 꺼멓다 [꺼:머다]
23. 꺼벙하다 [꺼:벙하다]
24. 껄렁하다 [껄렁:하다]
25. 꼼꼼하다 [꼼꼼:하다]
26. 꽁하다 [꽁:하다]
27. 꾸부정하다 [꾸부정:하다]
28. 꾸준하다 [꾸준:하다]
29. 나른하다 [나른:하다]
30. 나약(懦弱)하다 [나:약하다]
31. 난처(難處)하다 [난:처하다]
32. 난해(難解)하다 [난:해하다]
33. 너절하다 [너절:하다]
34. 느끼하다 [느끼:하다]
35. 늘비하다 [늘비:하다]
36. 담담(淡淡)하다 [담:담하다]

---

8) 김선철, 2011, 「국어 형용사와 부사의 표현적 장음화—'연세 한국어사전'을 중심으로」, 『언어학』 제59권, 한국언어학회, 66쪽.

37. 덥수룩하다[4] [덥쑤룩ː하다]

38. 띵하다 [띵ː하다]

39. 무연하다[1] [무연ː하다]

40. 반하다 [반반ː하다]

41. 벙벙하다[1] [벙벙ː하다]

42. 비딱하다 [비따ː카다]

43. 비뚜름하다 [비뚜름ː하다]

44. 비릿하다 [비리ː하다]

45. 비범(非凡)하다 [비ː범하다]

46. 비상(非常)하다 [비ː상하다]

47. 빠끔하다 [빠끔ː하다]

48. 빠듯하다 [빠듯ː하다]

49. 뾰로통하다 [뾰로통ː하다]

50. 뾰루퉁하다 [뾰루퉁ː하다]

51. 뾰족하다 [뾰족ː하다]

52. 뾰죽하다 [뾰죽ː하다]

53. 뾰쭉하다 [뾰쭉ː하다]

54. 뿌듯하다 [뿌듯ː하다]

55. 삐딱하다 [삐딱ː하다]

56. 삐뚜름하다 [삐뚜름ː하다]

57. 수북하다 [수북ː하다]

58. 신실(信實)하다 [신ː실하다]

59. 신중(愼重)하다 [신ː중하다]

60. 심오(深奧)하다 [심ː오하다]

61. 심원(深遠)하다 [심ː원하다]

62. 심장(深長)하다 [심ː장하다]

63. 아담(雅淡)하다 [아담ː하다]

64. 아련하다 [아련ː하다]

65. 암담(暗澹)하다 [암ː담하다]

66. 애석(哀惜)하다 [애ː석하다]

67. 야릇하다 [야ː릇하다]

68. 엔간하다 [엔간ː하다]

69. 예쁘다 [예ː쁘다]

70. 왕성(旺盛)하다 [왕ː성하다]

71. 외람(猥濫)되다 [외ː람되다]

72. 으슥하다 [으스ː하다]

73. 의기소침하다(意氣銷沈) [의기소침하다]

74. 의기양양(意氣揚揚)하다 [의ː기양양하다]

75. 자상(仔詳)하다 [자상ː하다]

76. 정연(整然)하다 [정ː연하다]

77. 통절(痛切)하다 [통ː절하다]

78. 파랗다 [파ː랗다]

79. 파렴치(破廉恥)하다 [파ː렴치하다]

80. 펑퍼짐하다 [펑퍼짐ː하다]

81. 호사(豪奢)스럽다 [호ː사스럽다]

82. 화급(火急)하다 [화ː급하다]

83. 훌렁하다 [훌렁ː하다]

84. 흥미(興味)롭다 [흥ː미롭다]

85. 흥미진진(興味津津)하다 [흥ː미진진하다]

『연세 한국어사전』의 '표현적 장음화 가능 부사' 목록(42개)⁹⁾

1. 게슴츠레 [게슴츠레:]
2. 겨우 [겨:우]
3. 경건(敬虔)히 [경:건히]
4. 까마득히 [까마득:히]
5. 꼭¹ [꼭:]
6. 꼭 [꼭:]
7. 꾸준히 [꾸준:히]
8. 나란히 [나란:히]
9. 넌지시 [넌지:시]
10. 단연(斷然) [단:연]
11. 단연(斷然)코 [단:연코]
12. 단연(斷然)히 [단:연히]
13. 담담(淡淡)히 [담:담히]
14. 대강대강(大綱大綱) [대:강대:강]
15. 무지⁴ [무:지]
16. 발발³ [발:발]
17. 벌벌¹ [벌:벌]
18. 벌벌² [벌:벌]
19. 부디 [부:디]
20. 비비 [비:비]
21. 빠꼼히 [빠꼼:히]
22. 빠끔히 [빠끔:히]
23. 사사건건(事事件件) [사:사껀껀]
24. 수북이 [수부:기]
25. 신중(愼重)히 [신:중히]
26. 심히(深) [심:히]
27. 아무리¹ [아:무리]
28. 아무쪼록 [아:무쪼록]
29. 애석(愛惜)히1 [애:석히]
30. 애석(哀惜)히² [애:석히]
31. 애지중지(愛之重之) [애:지중지]
32. 이래저래 [이래:저래]
33. 자상(仔詳)히 [자상:히]
34. 점점(漸漸) [점:점]
35. 점차(漸次) [점:차]
36. 점차(漸次)로 [점:차로]
37. 정연(整然)히 [정:연히]
38. 쿨쿨 [쿨:쿨]
39. 통절(痛切)히 [통:절히]
40. 티격태격 [티 : 격태·격]
41. 포근히 [포근:히]
42. 푼푼이 [푼:푼이]

---

9) 김선철, 앞의 글, 67쪽.

『연세 한국어사전』 사전 미등재 표현적 장음화 실현 '형용사'(82)[10]

1. 가깝다 [**가깝**::다]
2. 가득하다 [**가득**::하다]
3. 같다 [**같**::다]
4. 고요하다 [**고요**::하다]
5. 굉장하다 [**굉장**::하다]
6. 그러하다 [**그러**::하다]
7. 그렇다 [**그렇**::다]
8. 길다 [**길**::다]
9. 깊다 [**깊**::다]
10. 깔끔하다 [**깔끔**::하다]
11. 꾸질꾸질하다 [**꾸질꾸질**::하다]
12. 낄따랗다(=길다랗다) [**낄**::**따랗다**]
13. 낫다 [**낫**::다]
14. 넓다 [**넓**::다]
15. 노랗다 [**노**::**랗다**]
16. 높다 [**높**::다]
17. 다양하다 [**다**::**양하다/다양**::하다]
18. 단일하다 [**단일**::하다]
19. 담대하다 [**담**::**대하다**]
20. 둔감하다 [**둔**::**감하다**]
21. 둥글다 [**둥**::**글다**]
22. 둥굴둥굴하다 [**둥굴둥굴**::하다]
23. 딴딴하다 [**딴딴**::하다]
24. 똑같다 [**똑**::**같다**]
25. 많다 [**많**::다]
26. 맵싸하다 [**맵싸**::하다]
27. 멍하다 [**멍**::하다]
28. 멍청하다 [**멍청**::하다]
29. 무덥다 [**무덥**::다]
30. 무지하다 [**무지**::하다]
31. 미묘하다 [**미묘**::하다]
32. 번잡하다 [**번잡**::하다]
33. 부시시하다 [**부시시**::하다]
34. 불그스름하다 [**불그스름**::하다]
35. 비슷하다 [**비슷**::하다]
36. 빠르다 [**빠**::**르다**]
37. 빨갛다 [**빨**::**갛다**]
38. 뻣뻣하다 [**뻣뻣**::하다]
39. 소중하다 [**소중**::하다]
40. 수많다 [**수**::**많다**]
41. 시원하다 [**시원**::하다]
42. 씁쓸하다 [**씁쓸**::하다]
43. 씨꺼멓다 [**씨꺼**::**멓다**]
44. 아무렇다 [**아무**::**렇다**]

---

10) 황은하(2019), 「세종 구어 말뭉치에 기반한 한국어 표현적 장음 연구」, 『어문론총』
제82호, 한국문학언어학회, 265쪽.

45. 아쉽다 [**아**::쉽다]   46. 안녕하다 [**안녕**::하다]

47. 애매하다 [**애매**::하다]   48. 어렵다 [**어렵**::다]

49. 엄청나다 [**엄**::청나다]   50. 없다 [**없**::다]

51. 유구하다 [**유**::구하다]   52. 유의미하다 [**유**::의미하다]

53. 이만하다 [**이**::만하다/이만::하다]   54. 일정하다 [**일정**::하다]

55. 있다 [**있**::다]   56. 작다 [**작**::다]

57. 잘다 [**잘**::다]   58. 재미있다 [**재미**::있다]

59. 적다 [**적**::다]   60. 적절하다 [**적절**::하다]

61. 절묘하다 [**절**::묘하다]   62. 조그맣다 [**조**::그맣다]

63. 조용하다 [**조**::용하다/조용::하다]   64. 좋다 [**좋**::다]

65. 중요하다 [**중**::요하다]   66. *쪼그맣다(=조그맣다)* [**쪼**::**그맣다**]

67. 쪼끄맣다(=조그맣다) [**쪼**::**끄**맣다]   68. 커다랗다 [**커**::다랗다]

69. 크다 [**크**::다]   70. 편안하다 [**편안**::하다]

71. 평평하다 [**평평**::하다]   72. 하얗다 [**하**::얗다]

73. 허옇다 [**허**::옇다]   74. 혼란하다 [**혼란**::하다]

75. 환하다 [**환**::하다]   76. 활발하다 [**활**::발하다]

78. 휑하다 [**휑**::하다]   79. 흐리흐리하다 [흐리::흐리하다]

80. 흔하다 [**흔**::하다]   81. 희미하다[희미::하다]

82. 힘들다 [**힘**::들다]

『연세 한국어사전』 미등재 표현적 장음화 실현 '부사'(212)[11]

가끔 [가::끔]

가장 [가::장/가장::]

감히 [감::히]

거의 [거::의]

고대로 [고대::로]

굉장히 [굉::장히]

그냥 [그::냥/그냥::]

그렇게 [그::렇게/그렇::게]

그대로 [그대::로]

근데 [근::데]

기껏 [기껏::]

깜짝 [깜::짝]

꼬질꼬질 [꼬질꼬질::]

꽁꽁 [꽁::꽁]

나란히 [나란::히]

내동 [내::동]

너무나 [너::무나]

너무나도 [너무::나도]

늘 [늘::]

다만 [다::만]

당연히 [당연::히]

더덕더덕 [더덕::더덕]

동동똥 [동동::똥]

가만히 [가::만히/가만::히]

간신히 [간::신히]

갑자기 [갑::자기]

계속 [계::속/계속::]

괜히 [괜::히/괜히::]

굳이 [구::지]

그러면 [그::러면]

그리구 [그::리구]

그만 [그만::]

금방 [금::방]

깊이 [깊이::]

깨끗이 [깨끗::이]

꼭 [꼭::]

꽤 [꽤::]

내내 [내::내]

너무 [너::무/너무::]

너무너무 [너::무너무/너무::너무]

넉넉히 [넉넉::히]

다 [다::]

다시 [다시::]

더 [더::]

도저히 [도::저히]

되게 [되::게/되게::]

---

11) 황은하, 앞의 글, 265~266쪽.

딱 [딱::]

또 [또::]

똑같이 [똑::같이]

마구 [마::구]

많이 [마::니]

매일 [매::일]

멀리 [멀::리]

몰래 [몰::래]

무지 [무::지]

반드시 [반::드시]

보통 [보통::]

빙 [빙::]

빠득빠득 [빠득::빠득]

빨리 [빨::리]

빵빵 [빵빵::]

삐리리 [삐리리::]

샥 [샥::]

설마 [설::마]

슬금 [슬::금]

실제로 [실제::로]

썩 [쓱::]

쓱 [쓱::]

아마 [아마::]

아무 [아::무]

아주 [아::주]

아예 [아예::]

명 [명::]

또는 [또::는]

띄엄 [띄엄::]

막 [막::]

매우 [매우::]

맨날 [맨::날]

모두 [모::두]

못 [못::]

바로 [바::로/바로::]

별로 [별::로]

빌빌 [빌::빌]

빙글빙글 [빙::글빙글]

빤짝빤작 [빤짝::빤짝]

빵 [빵::]

뺑 [뺑::]

삭 [삭::]

서서히 [서::서히]

슥 [슥::]

실컷 [실::컷]

싹 [싹::]

슉 [슉::]

아까 [아::까]

아마도 [아마::도]

아무리 [아::무리/아무리::]

아까 [아까::]

아주 [아주::]

안 [안::]
약간 [약::간/약간::]
어찌나 [어::찌나]
얼마나 [얼::마나]
여러 [여러::]
열라 [열::라]
영 [영::]
옛날 [옛::날]
오랫동안 [오::랫동안]
옹 [옹::]
왕창 [왕::창]
왠지 [왠지::]
요롱게(=요렇게) [요롱::게]
요즘 [요즘::]
워낙 [워낙::]
원래 [원래::]
응애 [응애::]
이릏게(=이렇게) [이르::케]
이제 [이제::]
인자 [인자::]
일단 [일::단]
일찍 [일::찍/일찍::]
자꾸 [자::꾸/자꾸::]
잘 [잘::]
잠시 [잠::시/잠시::]
적어도 [적::어도]

암만 [암::만]
어느 [어::느]
얼른 [얼::른]
엄청 [엄::청]
역시 [역시::]
열심히 [열::심히]
영원히 [영::원히]
오래 [오::래/오래::]
오히려 [오히::려]
완전히 [완::전히]
왜 [왜::]
요렇게 [요렇::게]
요새 [요새::]
우선 [우선::]
워낙이 [워::낙이]
원만히 [원만::히]
이렇게 [이::렇게/이렇::게]
이만큼 [이만::큼]
이케(=이렇게) [이케::]
인제 [인제::]
일부러 [일::부러]
일단 [일::단]
잔뜩 [잔::뜩]
잘못 [잘::몯]
잠깐 [감깐::]
적절히 [적절::히]

전부 [전::부]　　　　　　　　　전혀 [전::혀/전혀::]

절대 [절::대]　　　　　　　　　절대로 [절::대로/절대::로]

점점 [점점::]　　　　　　　　　정 [정::]

정말 [정::말]　　　　　　　　　정말로 [정::말로]

제발 [제::발/제발::]　　　　　　제일 [제::일/제일::]

젤(=제일) [젤::]　　　　　　　조금 [조::금/조금::]

조용조용히 [조용::조용히]　　　조용히 [조용::히]

존나 [존::나]　　　　　　　　　졸라 [졸::라]

좀 [좀::]　　　　　　　　　　　좍 [좍::]

주로 [주::로]　　　　　　　　　죽 [죽::]

지금 [지::금/지금::]　　　　　　진짜 [진::짜]

짜알(=잘) [짜::알]　　　　　　　쪼금 [쪼::금/쪼금::]

좍 [좍::]　　　　　　　　　　　쫙쫙 [쫙::쫙]

쬐끔 [쬐::끔]　　　　　　　　　쭈욱 [쭈욱::]

쭉 [쭉::]　　　　　　　　　　　쫌(=좀) [쫌::]

찌징 [찌징::]　　　　　　　　　찡 [찡::]

착 [착::]　　　　　　　　　　　참 [참::]

참으로 [차::므로]　　　　　　　처음 [처::음]

천천히 [천천::히]　　　　　　　충분히 [충::분히]

치이익 [치이익::]　　　　　　　콱 [콱::]

탁 [탁::]　　　　　　　　　　　푹 [푹::]

픽 [픽::]　　　　　　　　　　　하도 [하::도]

한참 [한::참/한참::]　　　　　　한번 [한::번]

함께 [함::께]　　　　　　　　　항상 [항::상]

확 [확::]　　　　　　　　　　　후 [후::]

훨씬 [훨::씬]

제5장

중첩 자음의 장음화

"굴래[ㄱㅜㄹㄹㅐ]나 "언니[ㅇㅓㄴㄴ l]" 또 "엄마[ㅇㅓㅁㅁㅏ]"와 같이 앞 음절의 받침과 동일한 자음이 뒤 음절의 초성에 이어질 때, 앞 자음의 길이가 길어집니다. 이를 두고 '중첩자음의 장음화'1)라고 합니다. 여기서는 ① 'ㄹ중첩 자음의 장음화', ② 'ㄴ중첩자음의 장음화', ③ 'ㅁ중첩자음의 장음화'에 대해 살핍니다.

1. 유음 중첩자음 'ㄹ'의 장음화

갈래⟨명⟩ [갈ː래=ㄱㅏㄹː래 kaːʎʎɛ] ¶"㉠ 하나에서 둘 이상으로 갈라져 나간 낱낱의 부분이나 계통. ㉡ 갈라진 낱낱을 세는 단위."

  ☐ "**갈ː래갈ː래**[갈래갈래] 갈라진 길이라도 좋다" (김수복, 「길」).
  ☐ "그러나 매양 퍼올린 것은/ 수만 **갈ː래**[갈래]의 길이었을 따름이다"
     (나희덕, 「푸른 밤」).

---

1) 양순임, 2011, 「한국어 중첩 비음의 길이에 대한 고찰」, 『한국어학』, 제51권, 한국어학회.

갈림길명 [갈:림낄=ㄱㅏ:ㄹㅣㅁㄲㅣㄹ ka:ʎʎimk̚il] ¶"㉠ 여러 갈래로 갈린 길. ㉡ 어느 한쪽을 선택해야 할 상황을 비유적으로 이르는 말."

  ☐ "**갈:림끼레서**[갈림길에서] 길을 물었다/ 지나온 길이 길을 열어주었다" (함민복, 「환향」).

걸레명 [걸:레=ㄱㅓ:ㄹㅔ= kʌ:ʎʎe] ¶"㉠ 더러운 곳을 닦거나 훔쳐 내는 데 쓰는 헝겊. ㉡ 걸레처럼 너절하고 허름한 물건이나 사람을 비유적으로 이르는 말".

  ☐ "엄마는/ 와 이카노/ 너무 째마 **걸:레도**[걸레도] 못 한다 한다/ 엄마는 새 걸로 갈아입고/ 째진 런닝구를 보시더니/ 두 번 더 입을 수 있을 낀데 한다" (배한권, 「엄마의 런닝구」).

걸리다명 [걸:리다:=ㄱㅓ:ㄹㅣㄷㅏ kʌ:ʎʎida:] ¶"('걸다'의 피동사로) ㉠ 어떤 물체가 떨어지지 않고 벽이나 못 따위에 매달리다. ㉡ 자물쇠·문고리가 채워지거나 빗장이 질리다."

  ☐ "싱그러운 이마와 검은 속눈썹에 **걸:린**[걸린] 눈을 털며" (김용택, 「그 여자네 집」).

  ☐ "쫓아오던 햇빛인데/ 지금 교회당 꼭대기/ 십자가에 **걸:리얻씀니다:**[걸 리었습니다]" (윤동주, 「십자가」).

걸림돌명 [걸:림똘=ㄱㅓ:ㄹㅣㅁㄸㅗㄹ kʌ:ʎʎimt̚ol] ¶"㉠ 길을 걸을 때 걸려 방해가 되는 돌. ㉡ 일을 해 나가는 데에 걸리거나 막히는 장애물을 비유적으로 이르는 말."

  ☐ "**걸:림또른**[걸림돌은] 세상에 걸쳐 사는 좋은 핑계거리일 것이다" (공광 규, 「걸림돌」).

결론명 [결:론=ㄱㅓ:ㄹㅗㄴㄴ kyʌ:ʎʎon] ¶"㉠ 말이나 글의 끝을 맺는 부분.

ⓛ 최종적으로 판단을 내림. 또는 그 판단. ⓒ 추론에서 일정한 명제를 전제로 하여 이끌어 낸 판단."

☐ "**결:론**[결론] 없는 모임을 끝낸 밤" (김광규, 「희미한 옛사랑의 그림자」).

굴레⟨명⟩ [굴:레=ㄱㅜㄹ:ㅔ kuːʎʎe] ¶"ⓐ 말이나 소를 부리려고 머리와 목에서 고삐에 걸쳐 얽어매는 줄. ⓛ 베틀에서 바디집비녀 옆에 바디집을 걸쳐 매는 끈. ⓒ 부자연스럽게 얽매이는 일을 비유적으로 이르는 말."

☐ "우리는 저마다 스스로의/ **굴:레에서:**[굴레에서] 벗어났을 때/ 그제사 세상이 바로 보이고" (구상, 「꽃자리」).

굴리다⟨동⟩ [굴:리다:=ㄱㅜㄹ:ㄹㅣ다 kuːʎʎida:] ¶"'구르다'의 사동사로 ⓐ 바퀴처럼 돌면서 옮겨 가게 하다. ⓛ 물건을 잘 간수하지 아니하고 아무렇게나 함부로 내버려 두다. ⓒ 차를 가지고 부리어 쓰다."

☐ "순간, 나는/ 뉴턴의 사과처럼/ 사정없이 그녀에게로 **굴:러**[굴러] 떨어졌다/ 쿵 소리를 내며, 쿵쿵 소리를 내며" (김인육, 「사랑의 물리학」).

☐ "이것들보다 더 큰고, 높은 것이 있어서, 나를 마음대로 **굴:려**[굴려] 가는 것을 생각하는 것인데," (백석, 「남신의주 유동 박시봉방」).

글렀다⟨형⟩ [글:럳따ː=ㄱㅡㄹ:ㄹㅓ ㄷㄸ kɯːʎʎʌtta:] ¶"ⓐ 어떤 일이 사리에 맞지 아니한 면이 있다. ⓛ 어떤 일이나 형편이 잘못되다. ⓒ 어떤 상태나 조건이 좋지 아니하게 되다."

☐ "**글:럳따ː**[글렀다], 오른손이 한 짓 왼손도 알아버렸을게다" (김해자, 「왼손」).

끌려가다⟨동⟩ [끌:려가다:=ㄲㅡㄹ:ㄹㅕ ㄱ다 kɯːʎʎʌgada:] ¶"남이 시키는 대로 억지로 딸려 가다."

☐ "**끌:려가다:**[끌려가다] 피를 토하고 풀려난 어린 어머니의 핏빛" (조은길, 「성냥과 피임약」).

날라리¹몐 [**날:라리**=ㄴㅏ:ㄹㅏㄹㅣ | naːʎʎari] ¶"㉠ 언행이 어설프고 들떠서 미덥지 못한 사람을 낮잡아 이르는 말. ㉡ 아무렇게나 날림으로 하는 일. ㉢ '기둥서방'을 낮잡아 이르는 말."
　☐ "저도 **날:라리**[날라리]가 아니에요" (이정록, 「아빠」).

날라리²몐 [**날:라리**=ㄴㅏ:ㄹㅏㄹㅣ | naːʎʎari] ¶"'태평소'를 달리 이르는 말."
　☐ "한 다리를 들고 **날:라리**[날라리] 불거나" (신경림, 「농무(農舞)」).

날리다동 [**날:리다:**=ㄴㅏ:ㄹㅣㄷㅏ | naːʎʎidaː] ¶"('날다'의 사동사로) ㉠ 공중에 띄워서 어떤 위치에서 다른 위치로 움직이게 하다. ㉡ 어떤 물체가 바람에 나부끼어 움직이게 하다. ㉢ 명성을 떨치다."
　☐ "나타샤는 사랑은 하고/ 눈은 푹푹 **날:리고:**[날리고]/ 나는 혼자 쓸쓸히 앉어 소주를 마신다" (백석, 「나와 나타샤와 흰 당나귀」).
　☐ "낙엽이 펄펄 **날:리다:**[날리다] 사라져도" (조병화, 「나의 마지막 꿈은」).

날렵하다동 [**날::려파다:**=ㄴㅏ:ㄹㅕㄹㅕㅍㅏㄷㅏ | naːːʎʎyʌpʰadaː] ¶"㉠ 재빠르고 날래다. ㉡ 매끈하게 맵시가 있다."
　☐ "강나루 분교에서, 아이들 앞에서 **날::려파게:**[날렵하게] 몸을 날리는 그애가 보였다" (신경림, 「찔레꽃은 피고」).

날로¹뷘 [**날:로**=ㄴㅏ:ㄹㄹㅗ | naːllo] ¶"날이 갈수록."
　☐ "그 기다림 **날:로**[날로] 익으니" (고재종, 「감나무 그늘 아래」).

날름閉 [날:름=ㄴㅏㄹ:ㄹ—ㅁ na:llɯm] ¶"㉠ 혀, 손 따위를 날쌔게 내밀었다 들이는 모양. ㉡ 무엇을 날쌔게 받아 가지는 모양. ㉢ 불길이 밖으로 날쌔게 나왔다 들어가는 모양."

□ "그 말을 **날:름**[날름] 주워 들고서는" (안상학, 「법주사」).

널리다동 [널:리다:=ㄴㅓㄹ:ㄹㅣㄷㅏ nʌ:ʎʎida:] ¶"('누르다'의 피동사로) ㉠ 물체의 전체 면이나 부분에 힘이나 무게가 가해지다. ㉡ 마음대로 행동하지 못하도록 힘이나 규제가 가해지다. ㉢ 자신의 감정이나 생각이 밖으로 드러나지 않게 억제되다."

□ "다시 세례 받고/ 햇빛 속에 **널:리고**[널리고] 싶은" (이해인, 「빨래」).

놀라다동 [놀::라다:=ㄴㅗㄹ:ㄹㅏㄷㅏ no::ʎʎada:] ¶"㉠ 뜻밖의 일이나 무서움으로 가슴이 두근거리다. ㉡ 뛰어나거나 신기한 것을 보고 매우 감동하다. ㉢ 어처구니가 없거나 기가 막히다."

□ "밤에는 먼 개소리에 **놀::라나고**[놀라나고]" (백석, 「북방에서−정현웅에게」).

놀랍다동 [놀::랍따:=ㄴㅗㄹ:ㄹㅏㅂㄸㅏ no::llapˈtaː] ¶"㉠ 감동을 일으킬 만큼 훌륭하거나 굉장하다. ㉡ 갑작스러워 두렵거나 흥분 상태에 있다. ㉢ 어처구니 없을 만큼 괴이하다."

□ "새롭고 **놀::랍꼬**[놀랍고] 아름답지 않느냐" (김광규, 「오래된 물음」).

놀러가다동 [놀:러가다:=ㄴㅗㄹ:ㄹㅓㄱㅏㄷㅏ no:llʌkada:] ¶"㉠ 재미있게 즐기기 위하여 가다."

□ "시계탑 밑에서 기다렸지/ 강촌을 지나 춘천을 **놀:러가자는**[놀러가자는] 약속" (임재춘, 「깜박거리는 청량리 시계탑」).

놀리다툥 [놀:리다:=ㄴㅗㄹ:ㅣㄹ:ㅣ다 no:ʎʎida:] ¶"㉠ 짓궂게 굴거나 흉을 보거나 웃음거리로 만들다. ㉡ 어떤 약점을 잡아 흉을 보다."

　□ "친구는 너 울지 너 울지 하면서 **놀:리다:**[놀리다]/ 저도 울고 말았습니다" (정일근, 「사월에 걸려 온 전화」).

눌리다툥 [눌:리다:=ㄴㅜㄹ:ㅣㄹ:ㅣ다:= nu:ʎʎida:] ¶"('누르다'의 피동사로) ㉠ 물체에 힘이나 무게가 가해지다. ㉡ 마음대로 행동하지 못하도록 힘이나 규제가 가해지다. ㉢ 자신의 감정이나 생각이 밖으로 드러나지 않게 억제되다."

　□ "나는 내 슬픔과 어리석음에 **눌:리어:**[눌리어] 죽을 수밖에 없는 것을 느끼는 것이었다" (백석, 「남신의주 유동 박시봉방」).

늘리다툥 [늘:리다:=ㄴㅡㄹ:ㅣㄹ:ㅣ다 nɯ:ʎʎida:] ¶"(이전보다) ㉠ 많아지게 하다. ㉡ 더 나아지게 하다. ㉢ 많아지게 하다.㉣ 커지게 하다.㉤ 길어지게 하다."

　□ "민들레 씨앗이 날아와 해마다 식구를 **늘:리고:**[늘리고]" (공광규, 「본적 (本籍)」).

달라지다툥 [달:라지다:=ㄷㅏㄹ:ㄹ:ㅏㅈ:ㅣ다 ta:lladzida:] ¶"변하여 전과는 다르게 되다."

　□ "세상이 **달:라졌따:**[달라졌다]/ 저항은 영원히 우리들의 몫인 줄 알았는 데/ 이제는 가진 자들이 저항을 하고 있다" (정희성, 「세상이 달라졌다」).

달래다툥 [달:래다:=ㄷㅏㄹ:ㄹ:ㅐ다 ta:llɛda:] ¶"㉠ 슬퍼하거나 고통스러워 하거나 흥분한 사람을 어르거나 타일러 기분을 가라앉히다. ㉡ 슬프거나 고통스럽거나 흥분한 감정 따위를 가라앉게 하다. ㉢ 좋고 옳은 말로 잘 이끌어 꾀다."

□ "우는 아이 어르고 **달:래**[달래] 기둥에 꽁꽁 묶어둔 뒤 울음소리 들리기 전 밖으로 달음박질" (이대흠, 「아우」).

달래꽃廖 [**달:래꽃**=ㄷㅏㄹ:래ㄲㄷ ta:lĺekot] ¶"백합과 속한 여러해살이 풀인 달래의 꽃."
　□ "저 하잘것없는 한 송이의 **달:래꼬츨**[달래꽃을] 두고 보드래도" (신석정, 「역사」).

달려가다廖 [**달:려가다:**=ㄷㅓㄹ:ㄹㅕㄱㅏㄷㅏ ta:ʎʎʌɡada:] ¶"달음질하여 빨리 가다."
　□ "방아쇠를 당기며 **달:려가고:**[달려가고] 싶구나" (도종환, 「다시 부르는 기전사가(祈戰死歌)」).

달려오다廖 [**달:려오다:**=ㄷㅓㄹ:ㄹㅕㅇㄷㄷㅏ ta:ʎʎʌʌoda:] ¶"달음질하여 빨리 오다."
　□ "벗꽃보다 지름길을 알고 먼저 왔네. 목련보다 먼저 **달:려완네:**[달려왔네]" (하재일, 「동네 한 바퀴」).

달리다廖 [**달:리다:**=ㄷㅓㄹ:ㄹㅣㄷㅏ ta:ʎʎida:] ¶"('닫다'의 사동사로) ㉠ 빨리 뛰어가게 하다. ㉡ 달음질쳐 빨리 가거나 오다. ㉢ 차나 배 따위가 빨리 움직이다."
　□ "인생 뭐 있슈?/ 다 짝 찾는 일이쥬./ **달:리다:**[달리다] 보면 금방 종점이유" (이정록, 「팔순」).

돌려놓다廖 [**돌:려노타:**=ㄷㄷㄹ:ㄹㅕㄴㄷㅌㅏ to:ʎʎʌnotʰa:] ¶"㉠ 방향을 바꾸어 놓다. ㉡ 생각이나 일의 상태를 바꾸어 놓다. ㉢ 따돌려 제외하다."

□ "날카로운 첫 키스의 추억은 나의 운명의 지침을 **돌:려노코:**[돌려놓고] 뒷걸음쳐서 사라졌습니다" (한용운, 「님의 침묵」).

들리다동 [들:리다=ㄷ—ㄹ:ㄹㅣㅓㄷㅏ tɯːʎʎida:] ¶"('듣다'의 피동사로) 사람이나 동물의 감각 기관을 통해 소리가 알아차려지다."
□ "가만가만 내리는 눈송이들도 **들:리지:**[들리지] 않는 목소리로" (김용택, 「그 여자네 집」).
□ "한 자 세 치 눈 쌓이는 소리까지 **들:려오나니:**[들려오나니]" (안도현, 「서울로 가는 전봉준」).
□ "또 그 짚등색이에 서서 자채기를 하면 산 넘엣 마을까지 **들:련다는**[들렸다는]" (백석, 「국수」).

떨리다¹동 [떨:리다=ㄸㅓㄹ:ㄹㅣㅓㄷㅏ t̚ʌːʎʎida:] ¶"('떨다''의 피동사로) ㉠ 몹시 추워지거나 두려워지다. ㉡ 목청 따위의 울림이 심해지다."
□ "내가 덮어주지 못한 곳을/ 당신은 어떻게 탄탄히 메워/ **떨:리는:**[떨리는] 오한을 이겨내는가" (마종기, 「꿈꾸는 당신」).

떨리다²동 [떨:리다=ㄸㅓㄹ:ㄹㅣㅓㄷㅏ t̚ʌːʎʎida] ¶"㉠ (붙어 있는 물건이) 분리되어 떨어져나오다. ㉡ (사람이) 조직이나 직업 따위에서 일을 그만두게 되거나 쫓겨나다."
□ "그날 하르빈 역두의/ 추상같은 소식/ 나뭇잎도 우수수/ 한때에 다 **떨:련써라:**[떨렸어라]" (조지훈, 「안중근 의사 찬」).

명절날명 (名節날) [명절:랄=ㅁㅕㅇㅈㅓㄹ:ㄹㅏㄹ myʌɲdzʌːllal] ¶"해마다 일정하게 지키어 즐기거나 기념하는 때. 우리나라에는 설날, 대보름날, 단오, 추석, 동짓날 따위가 있다."

□ **"명절:랄**[명절날] 나는 엄매 아배 따라 우리집 개는 나를 따라 진할머니 진할아버지가 있는 큰집으로 가면" (백석, 「여우난곬족(族)」).

몰랐다동 [**몰::랃따**:=ㅁㄴㄹ::ㅏㄷㄸㅏ moːllattaː] ¶"'르 불규칙 동사 '모르다'의 활용형. 어간 '모르~'에 선어말 어미 '~았~'이 붙어 '모르~'가 '몰르~'로 바뀐 뒤, 종결 어미 '~다'가 붙어서 이루어진 말."
   □ "봄맞이하러 온 당신은 **몰::랃께쓰나**:[몰랐겠으나]/ 돌담 아래/ 제 몸의 피 다 쏟은 채/ 모가지 뚝뚝 부러진" (이종형, 「바람의 집」).
   □ "밤마다 별들이 우릴 찾아와 속삭이지 않느냐/ **몰::랃떠냐고:**[몰랐더냐고] 진실로 **몰::랃떠냐고:**[몰랐더냐고]" (신경림, 「언제까지고 우리는 너희를 멀리 보낼 수가 없다」).

만리명 (萬里) [**말::리**=ㅁㄴ::ㄹㅣ maːʎʎiːmaː] ¶"천 리의 열 배라는 뜻으로, 아주 먼 거리를 이르는 말."
   □ "**말::리**[만리] 길 나서는 길/ 처자를 내맡기며/ 맘 놓고 갈 만한 사람" (함석헌, 「그 사람을 가졌는가」).

말라동 [**말:라**=ㅁㅏㄹ:ㄹㅏ maːlla] ¶"동사 '말다'의 명령형인 '말아라'의 준말."
   □ "애타도록 마음에 서둘지 **말:라**[말라]" (김수영, 「봄밤」).

말리다동 [**말:리다**:=ㅁㅏㄹ:ㄹㅣㄷㅏ maːʎʎidaː] ¶"㉠ 다른 사람이 하고자 하는 어떤 행동을 못 하게 방해하다. ㉡ 산의 나무나 풀 따위를 베지 못하도록 단속하여 가꾸다."
   □ "선생들이 그토록 **말:려도:**[말려도] 둥치를 기어올라/ 가지 사이의 까치 집을 더듬는 아이" (고재종, 「담양 한재초등학교의 느티나무」).

말리다³동 [말:리다=ㅁ ㅏ ㄹ:ㄹ ㅣ ㄷ ㅏ maːʎʎida:] ¶“(‘마르다’의 사동사로) ㉠ 물기를 다 날려서 없애다. ㉡ 입이나 목구멍에 물기를 적게 하여 갈증이 나게 하다. ㉢ 살이 빠져 야위게 하다.”

　□ “내 몸속의 피와 눈물을 **말:련꼬:**[말렸고]” (박제천, 「비천(飛天)」).

　□ “할머니는 겨울이면 무를 썰어 **말:리션따:**[말리셨다]” (조향미, 「온돌방」).

매달리다동 [매:달:리다=ㅁ ㅐ:ㄷ ㅏ ㄹ:ㄹ ㅣ ㄷ ㅏ mɛdaːʎʎida] ¶“㉠ (‘매달다’의 피동사로) 줄이나 끈, 실 따위에 잡아 매여서 달리다. ㉡ 어떤 것을 붙잡고 늘어지다. ㉢ 주가 되는 것에 딸리어 붙다.”

　□ “나 여기 바람 부는 문밖 **매달:려**[매달려] 있다고/ 징징거린다” (박남준, 「겨울 풍경」).

멀리부 [멀::리=ㅁ ㅓ ㄹ::ㄹ ㅣ mʌːʎʎi] ¶“㉠ 한 시점이나 지점에서 시간이나 거리가 몹시 떨어져 있는 상태로.”

　□ “**멀::리서:**[멀리서] 웃는 그대여/ 산 넘어 가는 그대여” (최영미, 「선운사에서」).

　□ “그리고 살뜰한 부모며 동생들과도 **멀::리**[멀리] 떨어져서” (백석, 「남신의주 유동 박시봉방」).

몰라동 [몰:라=ㅁ ㅗ ㄹ:ㄹ ㅏ moːlla] ¶“~르 불규칙 동사 ‘모르다’의 활용형. 어간 ‘모르~’에 종결 어미 ‘~아’가 붙어 ‘모르~’가 ‘몰르~’로 바뀌어 이루어진 말이다. ‘해라체’의 평서형, 의문형 등으로 쓰임.”

　□ “숨어 타는 숯이야 내일은 아무도/ 불꽃일 줄도 **몰:라라:**[몰라라]” (김지하, 「빈산」).

몰래²부 [몰:래=ㅁ ㅗ ㄹ:ㄹ ㅐ moːllɛ] ¶“남이 모르게 살짝. 또는 가만히.”

□ "**몰:래한:**[몰래한] 사랑"

> "몰래²[**몰:래**]"는, 어휘적 장음이자 'ㄹ 중첩 자음의 장음'입니다. 그러나 이와는 달리 '머루'의 경남 방언인 "몰래¹[몰래]"는, 어휘적 장음이 아니어서 'ㄹ 중첩 자음의 장음화'만 실현됩니다.

몰려오다图 [**몰:려오다**:=ㅁㅗㄹ:ㄹㅕㅗㄴㄷㅏ mo:ʎʌʎʌ̆ʌoda:] ¶"㉠ 여럿이 떼를 지어 한쪽으로 밀려오다. ㉡ 구름 따위가 한꺼번에 밀려오다. ㉢ 잠이나 피로 따위가 한꺼번에 밀려오다."

　□ "시월 삭풍에 우우우 북간도의 겨울은 **몰:려오는데:**[몰려오는데]" (도종환, 「다시 부르는 기전사가(祈戰死歌)」).

물러서다图 [**물:러서다**:=ㅁㅜㄹ:ㄹㅓㅅㅓㄷㅏ mu:llʌsʰʌda:] ¶"㉠ 있던 자리에서 뒷걸음으로 피하여 옮겨 서다. ㉡ 지위나 하던 일을 내놓다. ㉢ 맞서서 버티던 일을 그만두다."

　□ "우리는 한 발짝도 **물:러설**[물러설] 수 없었지" (도종환, 「다시 부르는 기전사가(祈戰死歌)」).

물려주다图 [**물:려주다**:=ㅁㅜㄹ:ㄹㅕㅈㅜㄷㅏ mu:ʎʌʎʌ̆ʌdzuda:] ¶"'윗니와 아랫니 사이에 끼인 상태로 상처가 날 만큼 세게 눌리다'라는 '물다'의 피동사 '물리다'에 '~주다'가 붙는 형식."

　□ "작은 새의 부리에 손마디 하나쯤 **물:려주고:**[물려주고] 싶은 것이다" (김선우, 「입설단비(立雪斷臂)」).

물리치다图 [**물:리치다**:=ㅁㅜㄹ:ㄹㅣㅊㅣㄷㅏ mu:ʎ̆ʎitsʰida:] ¶"㉠ 적(敵)이나 잡귀 따위를 쳐서 물러가게 하다. ㉡ 극복하거나 치워 없애 버리다. ㉢ 거절하여 받아들이지 아니하다. ㉣ 옆에 있는 사람을 멀리 있게 하거나 다른 곳으로 물러나게 하다.”

☐ “죽음으로써 죽음을 **물:리치고:**[물리치고]/ 죽음으로써 삶을 찾으려 했던/ 아아 통곡뿐인 남도의” (김준태, 「아아 광주여, 우리나라의 십자가여!」).

☐ “그 한 얼굴 생각에/ 알뜰한 유혹을 **물:리치게:**[물리치게] 되는” (함석헌, 「그 사람을 가졌는가」).

민들레图 [민들:레=ㅁ│ㄴㄷ—:ㄹㅐ minدّɯːlle] ¶“국화과의 여러해살이풀.”

☐ “나비의 밥그릇 같은 **민들:레**[민들레]를 만날 수 있고” (이준관, 「구부러진 길」).

밀리다图 [밀:리다:=ㅁ│ㄹㄹ│ㄷㅏ miːʎʎida:] ¶“(‘밀다’의 피동사로) ㉠ 일정한 방향으로 움직이도록 반대쪽에서 힘이 가해지다. ㉡ 바닥이나 거죽의 지저분한 것이 문질러 깎이거나 닦이다. ㉢ 허물려 옮겨지거나 깎여 없어지다.”

☐ “**밀:린**[밀린] 빨래를 한다 금세 날이 꾸무럭거린다/ 내미는 해 노루꽁지만하다” (송경동, 「사소한 물음들에 답함」).

☐ “저 바다 물결에 **밀:리고:**[밀리고] 있고/ 저 꽃잎 앞에서 날마다 흔들리고/ 이 푸르른 나무에 물들어 있으며” (송경동, 「사소한 물음들에 답함」).

밀려오다图 [밀:려오다:=ㅁ│ㄹㄹㅕㅇㅗㄷㅏ miːʎʎovʌodaː] ¶“㉠ 미는 힘에 밀려서 오다. ㉡ 파도가 옆으로 길게 일직선을 그리면서 오다. ㉢ 한꺼번에 여럿이 몰려서 오다.”

☐ “끊임없이 이 땅에 **밀:려오는:**[밀려오는] 저 적들의 가운데로” (도종환, 「다시 부르는 기전사가(祈戰死歌)」).

벌레명 [벌:레=ㅂㅓ:ㄹㅔ pʌ:lle] ¶"㉠ 곤충을 비롯하여 기생충과 같은 하등 동물을 통틀어 이르는 말. ㉡ 어떤 일에 열중하는 사람을 비유적으로 이르는 말."

☐ "딴은 밤을 새워 우는 **벌:레**[벌레]는/ 부끄러운 이름을 슬퍼하는 까닭입니다" (윤동주, 「별 헤는 밤」).

부풀리다동 [부풀:리다:=ㅂㅜㅍㅜ:ㄹㅣ다: pupʰu:ʎʎida:] ¶"('부풀다'의 사동사로) ㉠ 희망이나 기대 따위를 마음에 가득하게 하다. ㉡ 물체를 늘이면서 부피를 커지게 하다. ㉢ 어떤 일을 실제보다 과장되게 하다."

☐ "다만 거품을 넣을 때 잔뜩 **부풀:린**[부풀린] 머리끝까지/ 하루의 피곤이 빼곡이 들어찼는지" (김명인, 「조이미용실」).

불량하다명 (不良하다) [불:량하다:=ㅂㅜ:ㄹㅑ아하다: pu:ʎʎyaŋhada:] ¶"㉠ 행실이나 성품이 나쁘다. ㉡ 성적이 나쁘다. ㉢ 물건 따위의 품질이나 상태가 나쁘다."

☐ "오늘 입에 넣은 건 어느 **불:량한**[불량한] 길손이 던져준, 피다 버린 꽁초 한 대뿐" (하재일, 「동네 한 바퀴」).

불러동 [불:러=ㅂㅜ:ㄹㅓ pu:llʌ] ¶"'~르 불규칙 동사인 '부르다'의 활용형. 어간 '부르~'에 연결어미 '~어'가 붙어서 '부르~'가 '불르~'로 바뀌어 이루어진 말."

☐ "내가 그의 이름을 **불:러**[불러] 주기 전에는/ 그는/ 다만 하나의 몸짓에 지나지 않았다" (김춘수, 「꽃」).

☐ "어머님, 나는 별 하나에 아름다운 말 한마디씩 **불:러**[불러] 봅니다" (윤동주, 「별 헤는 밤」).

보일락말락동 [보일:락말:락=ㅂㅗ이:ㄹㅏㄱ마:ㄹㅏㄱ poi:lrakma:lrak]

¶"거의 그렇게 되려는 모양."

　□ "이 길의 첫 무늬가 **보일:락말:락칸**[보일락말락한]/ 그렇게 아득한 끄트
　　머리쯤의 집을 세내어 살고 싶네" (박라연, 「너에게 세들어 사는 동안」).

빨래圏 [**빨:래**=ㅃㅏㄹㄹㅐ‖ ɜ:l|pa:lle] ¶"㉠ 더러운 옷이나 피륙 따위를 물에
빠는 일. ㉡ 더러운 옷이나 피륙 따위. 또는 빨아진 옷이나 피륙 따위."

　□ "**빨:래드:리**:[빨래들이] 깔깔 웃겠네요/ 햇볕 한 번 받지 못하고/ 칭얼칭얼
　　보채던 **빨:래**[빨래]가/ 자늑자늑 흔들리는 **빨:랟쭐**[빨랫줄] 위에서" (오
　　탁번, 「하일서정(夏日抒情)」).

　□ "얼었다 녹았다 겨울 **빨:래**[빨래]는 말라간다" (마종기, 「별, 아직 끝나지
　　않은 기쁨」).

빨리튀 [**빨:리**=ㅃㅏㄹㄹㅣ‖ 'lYY|pa:ʎʎi] ¶"㉠ 걸리는 시간이 짧게. ㉡ 어떤 기준이
나 비교 대상보다 이르게."

　□ "그러나 시간이 **빨:리**[빨리] 지나가는 요즈음, 사람들은 더 이상 별
　　을 믿지 않고" (마종기, 「별, 아직 끝나지 않은 기쁨」).

삼천리圏 (三千里) [**삼철:리**=ㅅㅏㅁㅊㅓㄹㄹㅣ‖ sʰamtsʰʌ:ʎʎi] ¶"함경북도의
북쪽 끝에서 제주도의 남쪽 끝까지 삼천 리 정도 된다고 하여, 우리나라
전체를 비유적으로 이르는 말."

　□ "늦가을달 높이 뜬 **삼철:리**[삼천리] 반도를 오가며/ 그때 부르던 기전사
　　가 다시 부르고 싶구나" (도종환, 「다시 부르는 기전사가(祈戰死歌)」).

설렁설렁튀 [**설:렁설:렁**=ㅅㅓㄹㄹㅓㅇㅅㅓㄹㄹㅓㅇ|sʰʌ:llʌŋsʰʌ:llʌŋ] ¶"무엇
에 얽매이지 아니하고 가벼운 마음으로 일을 처리하거나 움직이는 모양."

　□ "바람이 풀어놓은 수만 권 책으로/ **설:렁설:렁**[설렁설렁] 더위 식히는

도서관, 그 한켠에선” (배한봉, 「자연도서관」).

□ “난 연두가 좋아 초록이 아닌 연두/ 우물물에 **설:렁설:렁**[설렁설렁] 씻어 아삭 씹는” (박성우, 「아직은 연두」).

술래뗑 [**술:래**=ㅅㅜㄹ:ㄹㅐ s^hu:lle] ¶“술래잡기 놀이에서, 숨은 아이들을 찾아내는 아이.”

□ “측백나무 울타리 밑을 기어다니며 **술:래잡기도**[술래잡기도] 하던/ 내 유년의 성터에서” (김용락, 「단촌국민학교」).

신령뗑 (神靈) [**실:령**=ㅅㅣㄹ:ㄹㅕㅇ ɕiːʎʎʌŋ] ¶“신으로 받들어지는 영혼 또는 자연물.”

□ “다리를 절며 하루를 걷는다. 아마도 봄 **실:령**[신령(神靈)]이 접혔나 보다” (이상화, 「빼앗긴 들에도 봄은 오는가」).

신리뗑 (新里) [**실:리**=ㅅㅣㄹ:ㄹㅣ ɕiːʎʎi] ¶“백석의 고향인 평북 정주군에 있는 마을 이름.”

□ “벌 하나 건너 집엔 복숭아나무가 많은 **실:리**[신리] 고무 고무의 딸 이녀 작은 이녀” (백석, 「여우난곬족(族)」).

실낱뗑 [**실:랃**=ㅅㅣㄹ:ㄹㅏㄷ ɕiːllat] ¶“실의 올.”

□ “그리고 **실:랃**[실낱] 바람은 길을 끄으려 바래노라 이따금 성화를 하지 않은가” (이상화, 「역천(逆天)」).

실레뗑 [**실:레**=ㅅㅣㄹ:ㄹㅔ ɕiːlre] ¶“소설가 김유정 고향 마을의 이름.”

□ “간밤에 너를 보고 싶은 마음이 **실:레**[실레] 마을로 갔다” (박정대, 「네가 봄이런가-김유정에게」).

실려가다동 [실:려가다:=ㅅㅣㄹ:ㄹㅕㄱㅏㄷㅏ ɕiːʎʎʌ́ɣʌgadaː] ¶"다른 사람 힘에 의해 탈것에 올려져 가다."

　　▢ "버스에 **실:려**[실려] 간 오후처럼/ 버려진 손톱을 기억하는 것은/ 수몰된 집처럼 물에 잠긴/ 내 발목이 아직 시퍼런 까닭이고" (이승희, 「그리운 귀신」).

쌀랑쌀랑閉 [쌀:랑쌀:랑=ㅆㅏㄹ:ㄹㅏㅇㅆㅏㄹ:ㄹㅏㅇ śaːlraŋśaːlraŋ] ¶"무엇에 얽매이지 아니하고 가벼운 마음으로 일을 처리하거나 움직이는 모양."

　　▢ "더러 나줏손에 **쌀:랑쌀:랑**[쌀랑쌀랑] 싸락눈이 와서 문창을 치기도 하는 때도 있는데" (백석, 「남신의주 유동 박시봉방」).

쏠론명 [쏠:론=ㅆㅗㄹ:ㄹㄴㄴ sʰoːllon] ¶"쏠론족(族)은, 아무르강 남쪽에 분포한 남방 퉁구스족의 한 분파. 농업·목축수렵에 종사하고 샤머니즘을 신봉하며, 죽은 자를 화장하는 관습이 있다."

　　▢ "**쏠:로니:**[쏠론이] 십릿길을 따라나와 울든 것도 잊지 않았다" (백석, 「북방에서—정현웅에게」).

어울리다동 [어울:리다:=ㅇㅓㅇㅜㄹ:ㄹㅣㄷㅏ ʌuːʎʎidaː] ¶"㉠ ('어우르다'의 피동사로) 여럿이 모여 한 덩어리나 한판이 되다. ㉡ 함께 사귀어 잘 지내거나 일정한 분위기에 끼어들어 같이 휩싸이다."

　　▢ "다순 화음으로 **어울:리는**[어울리는] 사람은 찾으리/ 무수한 가락이 흐르며 만든/ 노래가 우리를 지켜준다는 뜻을" (정지원, 「사람이 꽃보다 아름다워」).

얼룩명 [얼:룩=ㅇㅓㄹ:ㄹㄱㄱㅅ ʌ́ːʎʎuk] ¶"㉠ 본바탕에 다른 빛깔의 점이나 줄 따위가 뚜렷하게 섞인 자국. ㉡ 액체 따위가 묻거나 스며들어서 더러워진 자국."

☐ "못 보던 **얼:루기다:**[얼룩이다]// 한 사람의 생은 이렇게 쏟아져 **얼:루글:**
[얼룩을] 만드는 거다" (장석남, 「얼룩에 대하여」).

열리다圐 [**열:리다:**= ㅇㅕㄹ:ㄹㅣㄷㅏ yʌ:ʎʎida:] ¶"('열다'의 피동사로) ㉠
닫히거나 잠긴 것이 트이거나 벗겨지다. ㉡ 모임이나 회의 따위가 시작되다.
㉢ 하루의 영업이 시작되다."
　　☐ "어쩌다가 **열:린**[열린] 대문 사이로 그 여자네 집 마당이 보이고" (김용택,
　　　　「그 여자네 집」).
　　☐ "숨결이 다 타올라 새 숨결이 **열:리도록**[열리도록] 우리는" (조태일,
　　　　「국토서시」).

오솔레미오圀 (O Sole Mio) [**오솔:레미오**= ㅇㅗㅅㅗㄹ:ㄹㅔㅁㅣㅇㅗ oso:ʎʎemio]
¶"㉠ 이탈리아 나폴리 지역의 전통적 칸초네."
　　☐ "절규하는 티벳 사내의 **오솔:레미오**[오솔레미오] 들어보렴/ 진실로 영혼
　　　　을 적시는 시보다도 절절하잖은가" (백이운, 「음악처럼」).

올라가다圐 [**올:라가다:**= ㅇㅗㄹ:ㄹㅏㄱㅏㄷㅏ o:ʎʎagada:] ¶"㉠ 낮은 곳에서
높은 곳으로 또는 아래에서 위로 가다. ㉡ 지방에서 중앙으로 가다. ㉢ 지방
부서에서 중앙 부서로, 또는 하급 기관에서 상급 기관으로 자리를 옮기다."
　　☐ "저녁연기가 곧게 **올:라가는**[올라가는] 집" (김용택, 「그 여자네 집」).
　　☐ "아지랑이가 되어 바다꽃이 되어 하늘로 **올:라가고:**[올라가고] 싶은
　　　　바람이었다" (박제천, 「비천(飛天)」).
　　☐ "한 뼘이라도 꼭 여럿이 함께/ 손을 잡고 **올:라간다:**[올라간다]/ 푸르게
　　　　절망을 잡고 놓지 않는다" (도종환, 「담쟁이」).

올라오다圐 [**올:라오다:**= ㅇㅗㄹ:ㄹㅏㅇㅗㄷㅏ o:llaoda:] ¶"㉠ 낮은 곳에서

높은 곳으로 오다. ⓛ 흐름을 거슬러 위쪽으로 향하여 오다. ⓒ 지방에서 서울 따위의 중앙으로 오다. 또는 지방 부서에서 중앙 부서로 오다.”

　□ “부엌으론 샛문틈으로 장지문틈으로 무이징게국을 끓이는 맛있는 내음 새가 **올:라오도록**[올라오도록] 잔다” (백석, 「여우난곬족(族)」).

울리다동 [**울:리다:**=ㅇㅜㄹ:ㄹㅣㄷㅏ u:ʎʎida:] ¶“ⓟ 어떤 물체가 소리를 내다. ⓛ 소리가 반사되어 퍼지다. 또는 그 소리가 들리다. ⓒ 땅이나 건물 따위가 외부의 힘이나 소리로 떨리다.”

　□ “목마는 주인을 버리고 거저 방울소리만 **울:리며:**[울리며] ” (박인환, 「목마와 숙녀」).

일렁이다동 [**일:렁이다:**=ㅇㅣㄹ:ㄹㅓㅇㅇㅣㄷㅏ i:llʌŋida:] ¶“ⓟ 크고 긴 물건 따위가 이리저리 크게 흔들리다. ⓛ 촛불 따위가 이리저리 흔들리다. ⓒ 마음에 동요가 생기다.”

　□ “그리움이 파도처럼 **일:렁이는**[일렁이는] 금빛 여울 건너다” (김태경, 「꽃샘추위」).

잘라동 [**잘:라**=ㅈㅏㄹ:ㄹㅏ tsa:lla] ¶“르 불규칙 동사 ‘자르다’의 활용형. 어간 ‘자르~’에 연결 어미 ‘~아’가 붙어 ‘자르~’가 ‘잘르~’로 바뀌어 이루어진 말이다. 뒷말의 서술어나 문장을 꾸민다.”

　□ “2조(二祖) 혜가는 눈 속에서 자기 팔뚝을 **잘:라**[잘라] 바치며/ 달마에게 도(道) 공부하기를 청했다는데” (김선우, 「입설단비(立雪斷臂)」).

질량명 (質量) [**질:량**=ㅈㅣㄹ:ㄹㅑㅇ tɕi:ʎʎyaŋ] ¶“물체를 이루는 물질의 고유한 양.”

　□ “**질:량**[질량]의 크기는 부피와 비례하지 않는다” (김인육, 「사랑의 물리학」).

질러 대다통 [질:러대다:=ㅈㅣㄹ:러대다 tsiːllʌdɛdaː] ¶"목청을 높여 소리를 크게 내다."

☐ "살갗을 쓰다듬는 손길에도/ 화들짝 놀라 비명을 **질:러댔던**:[질러댔던] 것" (이종형, 「바람의 집」).

찬란하다형 (燦爛하다) [찰:란하다:=ㅊㅏ란:ㄹㅏㄴ하다 tsʰaːllanhadaː] ¶"㉠ 빛이 번쩍거리거나 수많은 불빛이 빛나는 상태이다. 또는 그 빛이 매우 밝고 강렬하다. ㉡ 빛깔이나 모양 따위가 매우 화려하고 아름답다. ㉣ 일이나 이상(理想) 따위가 매우 훌륭하다."

☐ "겨우내 아무 일 없던 화분에서 잎이 나니 **찰:란하다**:[찬란하다]" (이병류, 「찬란」).

천 리명 (千里) [철:리=ㅊㅓ리:ㄹㅣ tsʰʌlriː] ¶"백 리의 열 곱절이라는 뜻으로, 매우 먼 거리를 이르는 말."

☐ "단풍이 물들어 **철:리**:[천 리]2) **철:리**:[천 리] 또 **철:리**:[천 리] 산마다 불탔을 겐데" (이용악, 「전라도 가시내」).

철렁거리다통 [철:렁거리다:=ㅊㅓㄹ:렁ㄱㅓ리다 tsʰʌːllʌŋɡʌridaː] ¶"㉠ 그득 찬 물 따위가 큰 물결을 이루며 넘칠 듯 자꾸 흔들리다. ㉡ 어떤 일에 놀라서 가슴이 자꾸 설레다."

☐ "방울 소리는 귓전에 **철:렁거리는데**:[철렁거리는데]" (박인환, 「목마와 숙녀」).

---

2) 리(里)는 의존명사입니다. 앞의 음절 수관형사 '천(千)'과 붙여 읽어야 합니다. '천(千)'은 평성으로 단음이지만, 'ㄹ'이 중첩되어 연속적으로 이어질 때는, 장음화됩니다. 이를 'ㄹ 중첩 자음의 장음화'라고 합니다. 그리고 '리(里)'는 상성으로 장음입니다. 어휘적 장음에서 는 두 음절이 장음일 때 첫음절만 장음이 실현되고 둘째 음절은 단음화되지만, 음성학적 장음인 'ㄹ 중첩 자음'의 장음은 뒤의 장음에 영향을 주지 않습니다. 여기서의 둘째 음절은, 제 음가 그대로 장음화됩니다. 따라서 "천 리"는 [철:리:]로 발음됩니다. "천리길"도 마찬가지 입니다. [철:리:낄]로 발음됩니다.

촐랑촐랑[톳] [촐:랑촐:랑=ㅊᅩᄅ:ㅏ ㅇㅊᅩᄅ:ㅏ ㅇ tsʰoːllaŋtsʰoːllaŋ] ¶"㉠ 물 따위가 자꾸 잔물결을 이루며 흔들리는 소리, 또는 그 모양. ㉡ 자꾸 가볍고 경망스럽게 까부는 모양."

　□"쫄쫄 내솟는 샘물 소리며 **촐:랑촐:랑**[촐랑촐랑] 흘러내리는 시냇물 소리를 지나 마음은 간신히 실레 마을에 당도하는데" (박정대, 「네가 봄이런가－김유정에게」).

팔리다[동] [팔:리다:=ㅍㅏㄹ:ㄹㅣㄷㅏ: pʰaːʎʎida:] ¶"('팔다'의 피동사로) ㉠ 값을 받고 물건이나 권리 따위가 남에게 넘겨지거나 노력 따위가 제공되다. ㉡ 주로 여성이 대상이 되어 돈을 받고 윤락가나 윤락업을 하는 사람에게 넘겨지다. 또는 사람이 돈을 받고 물건처럼 거래되다. ㉢ 주의가 집중되어야 할 곳에 둬지지 아니하고 다른 데로 돌려지다."

　□"시집 한 권이 **팔:리면:**[팔리면]/ 네게 삼백 원이 돌아온다/ 박리다 싶다가도" (함민복, 「긍정적인 밥」).

펄럭이다[동] [펄:러기다:=ㅍㅓㄹ:ㄹㅓㄱㅣㄷㅏ: pʰʌːllʌgida:] ¶"바람에 빠르고 힘차게 나부끼다. 또는 그렇게 되게 하다."

　□"죽음과 죽음을 뚫고 나가/ 백의의 옷자락을 **펄:러기는**[펄럭이는] 우리 들의 영원한 청춘의 도시여" (김준태, 「아아 광주여 우리나라의 십자가여!」).

풀리다[동] [풀:리다:=ㅍㅜㄹ:ㄹㅣㄷㅏ: pʰuːʎʎida:] ¶"('풀다'의 피동사로). ㉠ 묶이거나 감기거나 얽히거나 합쳐진 것 따위가 그렇지 아니한 상태로 되다. ㉡ 생각이나 이야기 따위가 말해지다. ㉢ 일어난 감정 따위가 누그러지다."

　□"어릴 적 알아들을 수 없던 일본말/ 그날의 수수께끼는 **풀:리지:**[풀리지] 않았는데/ 다시 내 곁에 앉아 있는 일본어 선생" (문병란, 「식민지의 국어시간」).

풀잎⃞명 [풀:립=ㅍㅜㄹㅡ:ㅣㅂ | pʰuːʎ͂ip] ¶"풀의 잎."
☐ "풀:립[풀잎] 하나를 보고도/ 너를 생각했지/ 너를 생각하게 하지 않는 것은" (정채봉, 「너를 생각하는 것이 나의 일생이었지」).

한라⃞명 (漢拏) [할::라=ㅎㅏㄹㅡ:ㄹㅏ haːlla] ¶"제주도 한라산의 산 이름."
☐ "껍데기는 가라/ **할::라**[한라]에서 백두까지/ 향그러운 흙가슴만 남고/ 그, 모오든 쇠붙이는 가라" (신동엽, 「껍데기는 가라」).

현란하다⃞명 (絢爛하다) [혈::란하다:=ㅎㅕㄹㅡ:ㄹㅏㄴㅎㅏㄷㅏ hyʌːllanhadaː] ¶"㉠ 눈이 부시도록 찬란하다. ㉡ 매우 다채롭거나 아름답다."
☐ "봄에 하는 이별은 보다 **혈::란할**[현란할] 일이다" (박시교, 「이별 노래」).

헐렁하다⃞형 [헐:렁하다:=ㅎㅓㄹㅡ:ㄹㅓㅇㅎㅏㄷㅏ hʌːllʌŋhadaː] ¶"㉠ 헐거운 듯한 느낌이 있다. ㉡ 행동이 조심스럽지 아니하고 미덥지 못하다."
☐ "**헐:렁한:**[헐렁한] 옷을 입고 아이들과 뒹굴며 장난을 치자" (이상국, 「오늘은 일찍 집에 가자」).

홀로⃞부 [홀:로=ㅎㅗㄹㅡ:ㄹㅗ hoːllo] ¶"자기 혼자서만."
☐ "꽃나무 아래엔 온종일 **홀:로**[홀로] 거리를 지킨 빨간 우체통" (하재일, 「동네 한 바퀴」).

흔들리다⃞동 [흔들:리다:=ㅎㅡㄴㄷㅡ:ㄹㅡ:ㅣㄷㅏ hɯndɯːʎ͂idaː] ¶"㉠ 상하나 좌우 또는 앞뒤로 자꾸 움직이다. ㉡ '흔들다'의 피동사로) 큰 소리나 충격에 물체가 울리다. ㉢ 조용하던 곳이나 물체에 커다란 움직임이나 큰 충격이 일게 되다."
☐ "**흔들:리는:**[흔들리는] 마늘밭에 나가보았다" (하재일, 「마늘밭」).

흘러[동] [흘:러=ㅎ—ㄹ:ㄹㅓ hɯ:llʌ] ¶"르 불규칙 동사 '흐르다'의 활용형. 어간 '흐르~'에 종결 어미 '~어'가 붙어 '흐르~'가 '흘르~'로 바뀌어 이루어진 말."

　□ "흐르고 **흘:러서**[흘러서] 저물녘엔/ 저 혼자 깊어지는 강물에 누어" (강은교, 「우리가 물이 되어」).

　□ "냇물아 **흘:러흘:러**[흘러흘러] 어디로 가니, 착한 노래들도 물고기들과 함께" (정일근, 「흑백 사진」).

흘러가다[동] [흘:러가다:=ㅎ—ㄹ:ㄹㅓㄱㅏㄷㅏ hɯ:llʌgada:] ¶"㉠ 액체 따위가 높은 곳에서 낮은 곳으로 흐르면서 나아가다. ㉡ 공중이나 물 위에 떠서 미끄러지듯이 나아가다. ㉢ 이야기나 글 따위의 흐름이 진행되다."

　□ "밤열차는 또 어디로 **흘:러가는지**[흘러가는지]/ 그리웠던 순간들을 호명하며 나는" (곽재구, 「사평역에서」).

흘러오다[동] [흘:러오다:=ㅎ—ㄹ:ㄹㅓㅇㅗㄷㅏ hɯ:llʌoda:] ¶"㉠ 물 따위가 흐르며 내려오다. ㉡ 말소리나 음악 소리, 냄새 따위가 퍼져 오다. ㉢ 정처 없이 떠돌아다니다가 들어오다."

　□ "저 속도로 시간도 길도 **흘:러와쓸**[흘러왔을] 것이다" (문태준, 「맨발」).

흘리다[동] [흘:리다:=ㅎ—ㄹ:ㄹㅣㄷㅏ hɯ:ʎʎida:] ¶"㉠ 물이나 작은 알갱이 따위를 밖으로 새게 하거나 떨어뜨리다. ㉡ 부주의로 물건 따위를 엉뚱한 곳에 떨어뜨리다. ㉢ 비밀이나 정보 따위를 넌지시 남이 알도록 하다."

　□ "한 점 부끄럼이 없기를 바라는/ 글자마다 눈물을 **흘:리고:**[흘리고] 있다" (문병란, 「식민지의 국어 시간」).

흩날리다[동] [흗:날:리다:=ㅎ—ㄴ:ㄴㅏㄹ:ㄹㅣㄷㅏ hɯ:nna:ʎʎida:] ¶"흩어져

날리다. 또는 그렇게 하다.”
  □ “아카시아꽃 **혼:날:리는:**[흩날리는]/ 이 그늘 아래서” (나희덕, 「오분간」).
  □ “온종일 살구꽃으로 **혼:날:린**[흩날린]/ 곤한 잠 깨워” (육근상, 「만개(滿
    開)」).

2. ‘ㄴ’ 중첩 자음의 장음

간난이團 [**간:나니**=ㄱㅏㄴ:ㄴㅏㄴㅣ | kaːnnaɲi] ¶“㉠ 갓난이를 간난이로 부름.
㉡ ‘갓난아기’를 뜻하는 전라도 사투리. ㉢ 계집아이의 이름.”
  □ “**간:나나:**[간난아] 어서 집어 가거라/ (…) **간:나니**[간난이] 뛰어가 보니”
    (윤동주, 「거짓부리」).

건너다團 [**건:너다:**=ㄱㅓㄴ:ㄴㅓㄷㅏ kʌːnnʌdaː] ¶“㉠ 무엇을 사이에 두고
한편에서 맞은편으로 가다. ㉡ 한쪽에서 다른 쪽으로 옮아가다. ㉢ 끼니,
당번, 차례 따위를 거르다.”
□ “유년기를 갓 벗어난 어느 날 개울을 **건:너다:**[건너다] 본 허벅지가 유난히
  흰 그 계집애의 눈동자가 별나게 검었다” (김남극, 「돌배 씨」).

건널목團 [**건:널목**=ㄱㅓㄴ:ㄴㅓㄹㅁㅗㄱ kʌːnnʌlmok] ¶“㉠ 철로와 도로가
교차하는 곳. ㉡ 강/길/내 따위에서 건너다니게 된 일정한 곳.”
□ “젖은 들녘 기차 지나는 **건:널모계서:**[건널목에서]/ 한그루 나무로 서
  있던 그날/ 눈물조차 말랐었을/ 나의 아내여” (백승학, 「샛길 곁을 지나며」).

건넛마을團 [**건:넌마을**=ㄱㅓㄴ:ㄴㅓㄴㅁㅏㅇ—ㄹ kʌːnnʌnmaɯl] ¶“건너편
에 있는 마을.”

□ "**건ː년마을**[건넛마을] 다듬이 소리가/ 눈발 사이로 다듬다듬 들려오면"
(오탁번, 「눈 내리는 마을」).

관능명 (官能) [**관ː능**=ㄱㅘㄴː ㄴㅡ—ㅇ kwaːnnɯŋ] ¶"㉠ 생물이 살아가는
데 필요한 모든 기관의 기능. ㉡ 육체적 쾌감, 특히 성적 감각을 자극하는
작용. ㉢ 오관(五官) 및 감각 기관의 작용."
□ "여름산은/ **관ː능으로ː**[관능으로] 달아오른 여인의/ 들뜬 육신이다" (오세
영, 「녹음」).

꽃나무명 [**꼰ː나무**=ㄲㄴㄴː ㄴㅏ ㅁㅜ koːnnamu] ¶"㉠ 꽃이 피는 나무. ㉡
꽃이 피는 풀과 나무 또는 꽃이 없더라도 관상용이 되는 모든 식물을 통틀어
이르는 말."
　□ "**꼰ː나무에ː**[꽃나무에] 처음 꽃이 필 때/ 느낌은 그렇게 오는가" (이성복,
「느낌」).

꽃놀이명 [**꼰ː노리ː**=ㄲㄴㄴː ㄴㅗㄹ | koːnnoriː] ¶"㉠ 꽃을 구경하며 즐기는
놀이."
　□ "사람들 **꼰ː노리ː**[꽃놀이] 떠나도/ 업인 양 고단한 인내로 살고 있어라"
(김태경, 「늙은 소」).

꽃잎명 [**꼰ː닙**=ㄲㄴㄴː | ㅂ koːnnip] ¶"꽃을 이루는 낱낱의 조각 잎."
□ "민들레 **꼰ː니플ː**[꽃잎을] 열고 사철나무 줄기를 잰걸음으로 걸어" (김선
우, 「오후만 있던 일요일」).
□ "봄날 나무 아래 벗어둔 신발 속에 **꼰ː니피ː**[꽃잎이] 쌓였다.// 쌓인
꼰ː닙[꽃잎] 속에서 꽃 먹은 어린 여자 아이가 걸어 나오고," (배한봉,
「복사꽃 아래 천년」).

끝나다图 [끈:나다:=ㄲㅡㄴ:ㅏㄷㅏ kɯːnnadaː] ¶"㉠ 일이 다 이루어지다.
㉡ 시간이나 공간에서 이어져 있던 것이 다 되어 없어지다. ㉢ 본래의 상태가
결딴이 나서 무너지거나 없어지다."

□ "아, 길이 **끈:난**[끝난] 곳에서도 적멸은 없다" (문태준, 「뜨락 위 한
켤레 신발」).

□ "사랑이 **끈:난**[끝난] 곳에서도/ 사랑으로 남아 있는 사람이 있다" (정호
승, 「봄길」).

□ "하늘도 그만 지쳐 **끈:난**[끝난] 고원/ 서릿발 칼날진 그 위에 서다"
(이육사, 「절정」).

뒷날图 [뒨::날=ㄷㅜㅣ ㄴ::ㄴㅏㄹ twiːːnnal] ¶"시간이 지나 뒤에 올 날."

□ "아니 그 새벽도 잊어진 먼 **뒨:날**[뒷날]" (도종환, 「생애보다 긴 기다림」).

뜬눈图 [뜬:눈=ㄸㅡㄴ:ㄴㅜㄴ twiːnnun] ¶"밤에 잠을 이루지 못한 눈."

□ "너와 나 사이에/ 그리움이 **뜬:누ㄴ로:**[뜬눈으로] 살아/ 소쩍새 울음
끝" (김태경, 「나무처럼」).

만년필图 (萬年筆) [만::년-필=ㅁㅏㄴ::ㄴㅕㄴㅍㅣㄹ maːnɲyʌn-pʰil] ¶ "㉠
글씨를 쓰는 펜의 하나. 펜대 속에 넣은 잉크가 펜촉으로 흘러나와 오래
쓸 수 있다. ㉡ 펜대 모양으로 기다랗게 생긴 물건을 비유적으로 이르는
말."

□ **만::년-필**[만년필]로 잉크 냄새나는 편지를 쓰고 싶어진다" (안도현,
「바닷가 우체국」).

만나다图 [만:나다:=ㅁㅏㄴ:ㄴㅏㄷㅏ maːnnadaː] ¶"㉠ 선이나 길/강이 서로
마주 닿다. ㉡ 누군가 가거나 와서 둘이 서로 마주 보다. ㉢ 어떤 사실이나

사물을 눈앞에 대하다.”

□ “뜻밖의 폭설을 **만ː나고**[만나고] 싶다” (문정희, 「한계령을 위한 연가」).

□ “네가 남긴 얼룩이 나와/ 다시 **만ː나**[만나] 서로의 얼룩을 애틋해할 때” (김선우, 「그러니까 사랑은, 꽃피는 얼룩이라고」).

맞는다⑧ [**만ː는다**ː=ㅁㅏㄴː ㄴㅡㄴㄷㅏ maːnnɯnda·ː] ¶“㉠ 오는 사람이나 물건을 예의로 받아들이다. ㉡ 적이나 어떤 세력에 대항하다. ㉢ 시간이 흐름에 따라 오는 어떤 때를 대하다.”

□ “바다를 벗어난 고기로 푸른 날의 속을 풀고/ 바닷가 사람들은 아침을 **만ː는다ː**[맞는다]” (윤병주, 「곰치국」).

못내⑮ [**몬ː내**=ㅁㅗㄴːː ㄴㅐ moːnnɛ] ¶“㉠ 자꾸 마음에 두거나 잊지 못하는 모양. ㉡ 이루 다 말할 수 없이.”

□ “휴가도 없이 괴로왔을 네가 **몬ː내**[못내] 그리워” (고재종, 「초가을 소식」).

받는다⑧ [**반ː는다**ː=ㅂㅏ ㄴːㄴㅡㄴㄷㅏ paːnnɯnda·ː] ¶“동사 ‘받다’의 활용형. 어간 ‘받~’에 종결 어미 ‘~는다’가 붙어서 이루어진 말.”

□ “한철 폭우처럼 쏟아지는 빛을 양껏 **반ː는다ː**[받는다]” (김기택, 「봄날」).

벗는다⑧ [**번ː는다**ː=ㅂㅓ ㄴːㄴㅡㄴㄷㅏ pʌːnnɯnda·ː] ¶“㉠ 사람이 자기 몸 또는 몸의 일부에 착용한 물건을 몸에서 떼어 내다. ㉡ 메거나 진 배낭이나 가방 따위를 몸에서 내려놓다. ㉢ 동물이 껍질, 허물, 털 따위를 갈다.”

□ “하나씩 육신의 향기를 **번ː는다ː**[벗는다]” (안도현, 「개화」).

본능⑲ (本能) [**본ː능**=ㅂㅗㄴːː ㄴㅡㅇ poːnnɯŋ] ¶“㉠ 어떤 생물 조직체가

선천적으로 하게 되어 있는 동작이나 운동. 아기가 젖을 빤다든지 병아리가 알을 깨고 나오는 행동 따위 등이다. ㉡ 어떤 생물체가 태어난 후에 경험이나 교육에 의하지 않고 선천적으로 가지고 있는 억누를 수 없는 감정이나 충동."

　　□ **본:능과:**[본능과] **본:능의:**[본능의] 골짜구니 사이에서" (황성희, 「부부」).

　　분노囻 (憤怒) [**분:노**=ㅂㅜㄴ:ㄴㅗ puːnno] ¶"분개하여 몹시 성을 냄. 또는 그렇게 내는 성."

　　□ **분:노와:**[분노와] 사랑의 흔적" (나희덕, 「이끼」).

　　빈농囻 (貧農) [**빈:농**=ㅂㅣㄴ:ㄴㅗㅇ piːnnoŋ] ¶"㉠ 가난한 농가나 농민. ㉡ 토지 경작만으로는 생계를 유지할 수 없어 다른 임금 노동을 하는 농민."

　　□ **빈:농의:**[빈농의] 아들로 태어났다" (김사인, 「허공장경(虛空藏經)」).

　　산나물囻 (山나물) [**산:나물**=ㅅㅏㄴ:ㄴㅏㅁㅜㄹ sʰaːnnamul] ¶"산에서 나는 나물."

　　□ **산:나물**[산나물] 꿀벌레 새끼치는/ 자리에 태어나" (조병화, 「나 돌아간 흔적」).

　　선녀囻 (仙女) [**선:녀**=ㅅㅓㄴ:ㄴㅕ sʰʌːnɲyʌ] ¶"선경(仙境)에 산다는 여자. 선경은, 신선이 산다는 곳. 또는 경치가 신비스럽고 그윽한 곳을 비유적으로 이르는 말."

　　□ "물 없는 계곡에 눈먼 **선:녀**[선녀]가 목욕을 해도" (반칠환, 「사라진 동화 마을」).

　　손님囻 [**손:님**=ㅅㅗㄴ:ㄴㅣㅁ sʰoːnɲim] ¶"'손'의 높임말."

□ "주인과 **손ː니미ː**[손님이] 함께/ 출렁출렁 야간 여행을 떠납니다" (신달자, 「저 거리의 암자」).

신념¹[명] (信念) [**신ː념**=ㅅㅣㄴː녀ㅁ ɕiːnɲyʌm] ¶"굳게 믿는 마음."
□ "**신ː녀미ː**[신념이] 깊은 의젓한 양처럼" (윤동주, 「흰 그림자」).

붓는다[동] [**분ː는다**=ㅂㅜㄴː느ㄴ다 puːnnɯndaː] ¶"㉠ 액체나 가루 따위를 다른 곳에 담다. ㉡ 모종을 내기 위하여 씨앗을 많이 뿌리다. ㉢ 불입금, 이자, 곗돈 따위를 일정한 기간마다 내다."
□ "새벽 쓰린 가슴 위로/ 차거운 소주를 **분ː는다ː**[붓는다]" (박노해, 「노동의 새벽」).

솟는다[동] [**손ː는다**=ㅅㅗㄴː느ㄴ다 sʰoːnnɯndaː] ¶"㉠ 연기와 같은 물질이나 비행기와 같은 물체가 아래에서 위로, 또는 속에서 겉으로 세차게 움직이다. ㉡ 물가, 성적 따위의 수치화할 수 있는 지표가 이전보다 갑자기 올라가다. ㉢ 해나 달이 땅 위에서 모습을 드러내 하늘의 한가운데로 올라가다."
□ "여름은 동사의 계절/ 뻗고, 자라고, 흐르고, 번지고, **손ː는다ː**[솟는다]" (이재무, 「나는 여름이 좋다」).

안내[명] (案內) [**안ː내**=ㅇㅏㄴː내 aːnnɛ] ¶"굳게 믿는 마음."
□ "병원 **안ː내파ː네**[안내판에] 적힌 병명만큼이나 다양한/ 생의 이유를 끌어안고 처방전을 기다리는데" (고재종, 「생이 처방을 묻다」).

안녕[명] (安寧) [**안ː녕**=ㅇㅏㄴː녀ㅇ aːnnɲyʌŋ] ¶"㉠ 아무 탈 없이 편안함. ㉡ 편한 사이에서, 서로 만나거나 헤어질 때 정답게 하는 인사말."
□ "수많은 날을 새워/ 접던 또 하나의 **안ː녕**[안녕]들" (김비주, 「산다는 건」).

아랫니명 [아랜:니=ㅇㅏㄹㅐㄴㄴㅣ:ㄴㅣ | arɛːnɲi] ¶"아랫잇몸에 난 이."

☐ "열 살이 넘으면 **아랜:니마저:**[아랫니마저] 차츰 닳아 없어지고" (마종기, 「파타고니아의 양」)."

☐ "잎사귀 처마를 득득 긁는 산비 소리에/ 윗니 **아랜:니**[아랫니] 돋아 간질간질한 산비 소리에" (문태준, 「산비 소리에」).

언니명 [언:니=ㅇㅓㄴㄴㅣ:ㄴㅣ | ʌnɲi] ¶"㉠ 같은 부모에게서 태어난 사이이거나 일가친척 가운데 항렬이 같은 동성의 손위 형제를 이르거나 부르는 말. 주로 여자 형제 사이에 많이 쓴다. ㉡ 남남끼리의 여자들 사이에서 자기보다 나이가 위인 여자를 높여 정답게 이르거나 부르는 말. ㉢ 오빠의 아내를 이르거나 부르는 말."

☐ "산나리 고추가 핍니다/ **언:니**[언니] 아우 함께 핍니다" (김사인, 「여름날」).

얻는다동 [언:는다:=ㅇㅓㄴㄴㄴㄷㅏ ʌːnnɯndaː] ¶"㉠ 거저 주는 것을 받아 가지다. ㉡ 긍정적인 태도·반응·상태 따위를 가지거나 누리게 되다. ㉢ 구하거나 찾아서 가지다."

☐ "무덤처럼 둥근 열매가/ 허공에 집을 **언:는다:**[얻는다]" (류근, 「사과꽃」).

연녹색명 (軟綠色) [연:녹쌕=ㅇㅓㄴㄴㄴㄱㅆㅐㄱ yʌːnnokˀsek] ¶"연한 초록색."

☐ "**연:녹쌕**[연녹색] 잎들이 손짓하는 달, 3월은/ 그날, 아우내 장터에서 외치던/ 만세 소리로 오는 것 같다" (오세영, 「3월」).

연놈명 [연:놈=ㅇㅓㄴㄴㄴㅗㅁ yʌːnnom] ¶"계집과 사내를 함께 낮잡아 이르는 말."

☐ "땡볕 대낮에 똥개 **연:노미:**[연놈이]" (김안육, 「개 같은 사랑에 대한 보고서」).

옛날명 [옌ː날=ㅇㅔㄴː나ㄹ yeːnnal] ¶"㉠ 지난 지 꽤 오래된 시기를 막연히 이르는 말. ㉡ 이미 지나간 어떤 날."

☐ "**옌ː날**[옛날] 우리 마을에서는 동구 밖에 연밭 두고" (정완영, 「연과 바람」).

윗니명 [윈ː니=ㅇㅜㅣㄴːㄴㅣ wiːnɲi] ¶"윗잇몸에 난 이."

☐ "어금니 두 개뿐, 양들은 아예 **윈ː니가ː**[윗니]윗니가 없다" (마종기, 「파타고니아의 양」).

인내명 (忍耐) [인ː내=ㅇㅣㄴːㄴㅐ iːnnɛ] ¶"괴로움이나 어려움을 참고 견딤."

☐ "실상은 천년 **인ː내의ː**[인내의] 깊이로/ 너그러운 품 넓은 가슴" (신달자, 「가을 들」).

잣나무명 [잔ː나무=ㅈㅏㄴːㄴㅁㅜ tsaːnnamu] ¶"소나뭇과의 상록 교목."

☐ "**잔ː나무**[잣나무] 가지에/ 매미가 벗어놓은 몸/ 참 고단했겠다" (김남극, 「입추」).

전나무명 [전ː나무=ㅈㅓㄴːㄴㅁㅜ tsʌːnnamu] ¶"소나뭇과의 상록 교목."

☐ "그러나 하릴없이 **잔ː나무**[전나무] 숲이 들어와 머무르는 때가 나에게는 행복하였다" (문태준, 「빈집의 약속」).

전능명 (全能) [전ː능하다ː=ㅈㅓㄴːㄴㅡㅇ tsʌːnnɯmhadaː] ¶"어떤 일에나 못함이 없이 능하다."

☐ "하느님, **전ː능**[전능]의 손가락으로 동그라미를 그리시는 하느님" (김창완, 「풍뎅이의 기도」).

진눈깨비뗑 [진:눈깨비=ㅈㅣㄴㅜㄲㅐㅂㅣ | tsi:nnunkɛbi] ¶"비가 섞여 내리는 눈."

☐ "지축거리며 바람이 불고 캄캄한 **진:눈깨비**[진눈깨비] 몰려와" (이재무, 「엄니」).

찾는다통 [찬:는다:= ㅊㅏㄴㅡㄴ:ㄴㄷㅏ tsʰa:nnɯnda:] ¶"동사 '찾다'의 활용형. 어간 '찾~'에 종결 어미 '~는다'가 붙어서 이루어진 말이다. 해라체의 평서형으로 쓰인다."

☐ "풀들을 **찬:는다:**[찾는다], 풀들이 보이지 않는다, 풀들이 사라졌다" (고형렬, 「풀이 모이지 않는다」).

첫날뗑 [천:날=ㅊㅓㄴ:ㄴㅏㄹ tsʰʌ:nnal] ¶"㉠ 어떤 일이 처음으로 시작되는 날. ㉡ 시집가거나 장가드는 날."

☐ "혼례를 치르고 신방 든 **천:날빠메도:**[첫날밤에도]/ 옷고름 풀어주지 않더니" (하종오, 「무덤 하나」).

첫눈¹뗑 [천:눈=ㅊㅓㄴ:ㄴㅜㄴ tsʰʌ:nnun] ¶"처음 보아서 눈에 뜨이는 느낌이나 인상."

☐ "내 너랑 **천:눈**[첫눈] 맞아 숨박꼭질 노니는 산골짜기에는" (유안진, 「봄」).

첫눈²뗑 [천:눈=ㅊㅓㄴ:ㄴㅜㄴ tsʰʌ:nnun] ¶"그해 겨울이 시작된 후 처음으로 내리는 눈."

☐ "오세요 당신은 나의 화로/ 눈 내려 **천:눈**[첫눈] 녹기 전에 서둘러/ 가슴에 당신 가슴에 불씨 담고 오세요" (김남주, 「지는 잎새 쌓이거든」).

큰누나뗑 [큰:누나=ㅋㅡㄴ:ㄴㅜㄴㅏ kʰɯ:nnuna] ¶"둘 이상의 누나 가운데

맏이인 누나를 이르거나 부르는 말."

　□ **"큰:누나가:**[큰누나가] 시골집에/ 늙은 부모 둘만 사는 것이/ 보기에
　적적했는지" (고영민, 「그늘」).

탄내¹명 [**탄:내**=ㅌㅏㄴ:ㄴㅐ tʰaːnnɛ] ¶"어떤 것이 타서 나는 냄새."

　□ "향기로운 **탄:내**[탄내], 햇빛 냄새!" (정진규, 「햇빛 냄새」).

탄내²명 (炭내) [**탄::내**=ㅌㅏㄴ::ㄴㅐ tʰaːnnɛ] ¶"연탄이나 숯 따위를 피울
때 나는 독한 냄새."

　□ "짠내에도 낙엽 **탄::내가:**[탄내가]/ 물씬 납니다" (함확, 「詩월에 쓰는
　편지」).

풋내명 [**푿:내**=ㅍㅜㄴ:ㄴㅐ pʰuːnnɛ] ¶"㉠ 새로 나온 푸성귀나 풋나물로
만든 음식에서 나는 풀 냄새. ㉡ 경험이 적거나 다 자라지 못한 어린 티를
비유적으로 이르는 말."

　□ "나는 온몸에 **푿:내를:**[풋내를] 띠고" (이상화, 「빼앗긴 들에도 봄은
　오는가」).

한나절명 [**한:나절**=ㅎㅏㄴ:ㄴㅏㅈㅓㄹ haːnnadzʌl] ¶"㉠ 하룻낮의 반. ㉡ 하룻
낮 전체."

　□ "어쩌다 비 갠 여름 **한:나절**[한나절]" (김사인, 「여름날」).

한낮명 [**한:낟**=ㅎㅏㄴ:ㄴㅏㄷ haːnnat] ¶"낮의 한가운데. 곧, 낮 열두 시를
전후한 때를 이른다."

　□ "욕정으로 타오르던 여름 **한:낟**[한낮]" (오세영, 「10월」).

한낱[부] [**한:낱**=ㅎㅏㄴ:ㄴㅏㄷ haːnnat] ¶"기껏해야 대단한 것 없이 다만."

☐ "**한:낱**[한낱] 얼룩도 상감(象嵌)3)되는 눈물인 것을" (권갑하, 「가을 그림자」).

한눈[명] [**한:눈**=ㅎㅏㄴ:ㄴㅜㄴ haːnnun] ¶"마땅히 볼 데를 보지 않고 딴 데를 보는 눈."

☐ "봐, 저렇게 넘어서잖아 **한:눈**[한눈] 파는 사이/ 철조망 넘어 붉은 송이 밀어올리잖아" (김해자, 「넝쿨장미」).

훗날[명] (後날) [**훈:날**=ㅎㅜㄴ:ㄴㅏㄹ huːnnal] ¶"시간이 지나 뒤에 올 날."

☐ "우리가 떠난 먼 **훈:나레:도**[훗날에도]/ 아이는 사랑을 기억하겠지" (고형렬, 「처자」).

3. 중첩 비음 'ㅁ'의 장음화

감물[1][명] [**감:물**=ㄱㅏㅁ:ㅁㅜㄹ kaːmmul] ¶"덜 익은 감에서 나는 떫은 즙. 염료나 방부제로 쓴다."

☐ "**감:물**[감물] 은은히 배어든 무명 한지/ 핏빛 찬란한 지난날의 언어들" (우현자, 「가을엔 이별하자 그대여」).

> 감나무에 열리는 "감ˈ[시(柿)]"은 장음이고, '덜 감(減)'은 평성으로 단음입니다.

---

3) 상감(象嵌)이란 금속이나 도자기, 목재 따위의 표면에 여러 무늬를 새겨서 그 속에 같은 모양의 금, 은, 보석, 뼈, 자개 따위를 박아 넣는 공예 기법, 또는 그 기법으로 만든 작품입니다. 고대부터 동서양에서 두루 이용했으며, 우리나라에서는 상감 청자와 나전 칠기에서 크게 발달하였고, 오늘날에도 나전 칠기, 자개농, 도자기 따위에 이용하고 있습니다.

감미囘 (甘味) [**감:미**=ㄱㅏㅁ:ㅁㅣ | ka:mmi] ¶"설탕·꿀 따위의 당분이 있는 것에서 느끼는 맛."

☐ "떠나는 첫인상이 무척 **감:미로워**[감미로워] 보였어" (하재일, 「간이역」).

☐ "달빛을 받은/ **감:미롭고도:**[감미롭고도] 찬란한/ 저 꽃잎들" (김용택, 「입맞춤」).

감미료囘 (甘味料) [**감:미료**=ㄱㅏㅁ:ㅁㅣ | ㄹㅛ ka:mmiryo] ¶"단맛을 내는 데 쓰는 재료를 통틀어 이르는 말."

☐ "우리 집도 그 회사가 만든 **감:미료를:**[감미료를] 씁니다" (고선경, 「럭키 슈퍼」).

검무囘 (劍舞) [**검:무**=ㄱㅓㅁ::ㅁㅜ kʌ:mmu] ¶"칼을 들고 추는 춤 '칼춤'."

☐ "색한삼 양손에 끼고 버선발로 **검:무를:**[검무를] 추는 여자와 눈이 맞았다" (김이듬, 「시골 창녀」).

> "검무"의 '칼 검(劍)'은 거성으로 장음, '춤출 무(舞)'는 상성으로 장음입니다. 장음 뒤의 장음은, 단음화되므로 첫음절의 '검(劍)'만 장음으로 실현되고, 둘째 음절의 장음 '무(舞)'는, 단음으로 발음됩니다.

검문소囘 (檢問所) [**검:문소**=ㄱㅓㅁ::ㅁㅜㄴㅅㅗ kʌ:mmunsʰo] ¶"범죄 수사나 치안 유지를 위하여 군인이나 경찰이 통행인을 막고 인적 사항을 묻거나 소지품 및 차량 따위를 검사하는 곳."

☐ "불시에 마주친 **검:문소**[검문소] 몇 개/ 잘못이 없는데도 바퀴는 자주 덜컹거린다" (천양희, 「동해행」).

금모래囘 (金모래) [**금:모래**=ㄱㅡㅁ:ㅁㅗㄹㅐ kɯ:mmoɾɛ] ¶"㉠ 물가나 물 밑의 모래 또는 자갈 속에 섞인 금. 금광석이 풍화나 침식으로 잘게 부서져서 생기는데, 보통 작은 알갱이나 비늘 모양이지만 가끔 큰 덩어리를 이룬 것도 있다. ㉡ 금빛으로 빛나는 고운 모래."

☐ "뜰에는 반짝이는 **금:모래:삧**[금모래빛]" (김소월, 「엄마야 누나야」).

☐ "우리는 아무런 경계도 필요 없이 **금:모래:**[금모래] 구르는 청류수에 몸을 담갔다" (한얼생,4) 「고독(孤獨)」).

금목걸이⊠ (金목꺼리) [**금:목꺼리**=ㄱㅡㅁ:ㅁㅗㄱㄲㅓㄹㅣ | kɯːmmokkʌri] ¶"금으로 만든 목걸이."

☐ "**금:목꺼리를:**[금목걸이를] 목에 두를까/ 금팔찌를 두를까" (송수권, 「감꽃」).

남매⊠ (男妹) [**남:매**=ㄴㅏㅁ:ㅁㅐ na:mmɛ] ¶"㉠ 오빠와 누이를 아울러 이르는 말. ㉡ 한 부모가 낳은 남녀 동기."

☐ "**사:남:매**[사남매]/ 아홉 식구에게/ 한겨울 앞마당에/ 아침밥을 가득 차려 주셨습니다" (황동상, 「아침밥」).

☐ "왜 웃는지 모르신다 웃는 **육남:매를:**[육남매를] 향해 그래 봐야 니들이 이 통속에서 나왔다 어쩔래 하시며 늘어진 배를 두드리곤 한다" (정끝별, 「통속」).

남몰래⊞ [**남:몰:래**=ㄴㅏㅁ:ㅁㅗㄹ:ㄹㅐ na:mmoːllɛ] ¶"어떤 행위를 남이 모르게 하는 모양."

☐ "**남:몰:래**[남몰래] 숨어든 비의 그림자/ 자두 몇 알 사면서 훔쳐본 마른 하늘 한 조각" (나희덕, 「비에도 그림자가」).

---

4) 「고독(孤獨)」은, '한얼생'이라는 필명으로 『만선일보』에 발표된 시입니다. 소수의 평론가가 백석이 '한얼생'이라는 필명으로 발표했다고 하나, 명확하게 밝혀지지 않았습니다. 평자 대부분은, 한자투성이의 시어만 보더라도 도저히 백석의 시라고는 판단할 수 없다고들 합니다. 따라서 현재까지는 「고독」의 시인명은, 한얼생으로 말해야 합니다.

□ "백마를 탄 기사가 꼭 오리라/ 여자들은 사시사철 창문을 열어놓고/ **남:몰:래**[남몰래] 긴 강물을 흘려보낸다" (문정희, 「가을 우화」).

남미⊞ (南美) [**남:미**=ㄴㅏㅁ:ㅁㅣ | naːmmi] ¶"아메리카 대륙의 남부."
□ "**남:미**[남미] 끝 칠레 이스터섬에서/ 해 질 녘 모아이 석상과 어깨 나란히 하고/ 자연의 일부가 되어도 좋으리" (여미숙, 「꿈꾸는 여행 가방」).

'남녘 남(南)'은 평성으로 단음이고, '아름다울 미(美)'는 상성으로 장음입니다. 소리의 길이, 곧 음장은 '단+장'의 구조입니다. 그러나 단음은 장음 앞에서 더욱 짧아지고 높아지며, 둘째 음절의 장음은 제 음가대로 실현됩니다. 이를 평고조라고 합니다. 따라서 '극단+장'의 음장 구조로 바뀝니다. 그런데, 첫음절 '남'의 받침이 'ㅁ'이고, 이어지는 둘째 음절의 초성 자음 역시 'ㅁ'입니다. 이렇게 'ㅁ'이 중첩될 땐, 첫째 음절의 받침이 폐쇄되며. '폐쇄-폐쇄·지속-개방'의 과정을 겪으므로 소리 없는 묵음의 길이가 순간적으로 존재합니다. 이를 장자음이라고 합니다. '남미'는 운음론적으로 모음의 길이가 짧지만, 받침이 폐쇄음이어서 소리 없는 묵음의 길이가 존재하는 장자음으로 읽힙니다. 그러니까 복합적입니다. 짧은소리되, 받침 자음 받침 뒤에 순간적 묵음의 길이가 존재하는 장자음입니다.

몸매⊞ [**몸:매**=ㅁㅗㅁ:ㅁㅐ moːmmɛ] ¶"몸의 맵시나 모양새."
□ "내가 꽃이 될 수 없는 지금/ 물빛 **몸:매를:**[몸매를] 감은/ 한 마리의 외로운 학으로 산들 무얼 하나" (박인환, 「얼굴」).
□ "백두산 가는 길 도열한 채 수줍게 웃던/ 북방의 여인들/ 늘씬한 **몸:매**[몸매]" (이재무, 「자작나무」).

몸무게⊞ [**몸:무게**=ㅁㅗㅁ:ㅁㅜㄱㅔ moːmmuge] ¶"몸의 무게."
□ "난초 잎에 앉아 휘청 **몸:무게를:**[몸무게를] 재어보시고" (공광규, 「햇살의 말씀」).

밤마다[명]조 [밤:마다=ㅂㅏㅁ:ㅁㅏㄷㅏ paːmmada] ¶"명사 '밤'과 체언 뒤에 붙어 '낱낱이 모두 다'라는 뜻을 지닌 보조사 '마다'가 결합한 말."

　☐ "**밤:마다**[밤마다] 보는 꿈은 하얀 엄마 꿈/ 산등성이 너머 흔들리는 꿈" (이선태 작사, 「찔레꽃」 노랫말 중).

　☐ "**밤:마다**[밤마다] 비밀을 감추고/ 마지막 부분/ 부끄러운 데를 가리우던 그날부터" (문병란, 「꽃에게」).

봄맞이[명] [봄:마지=ㅂㅗㅁ:ㅁㅏㅈㅣ poːmmadzi] ¶"㉠ 봄을 맞는 일. 또는 봄을 맞아서 베푸는 놀이. ㉡ 음력 정초에 부녀자들이 놀이를 겸하여 하는 굿."

　☐ "밟고 선 땅 아래가 죽은 자의 무덤인 줄/ **봄:마지**[봄맞이] 하러 온 당신은 몰랐겠으나" (이종형, 「바람의 집」).

봄맞이꽃[명] [봄:마지꼳=ㅂㅗㅁ:ㅁㅏㅈㅣㄲㅗㄷ poːmmadzik̚ot] ¶"'봄맞이' 의 꽃."

　☐ "**봄:마지꼳**[봄맞이꽃], 너는 피었다/ 언제 피어야 하는지 대지에게 묻지 않았다" (류시화, 「너는 피었다」).

봄물[명] [봄:물=ㅂㅗㅁ:ㅁㅜㄹ poːmmul] ¶"㉠ 봄이 되어 얼음이나 눈이 녹아 흐르는 물. ㉡ 봄철에 지는 장마. ㉢ 봄의 싱싱한 기운을 비유적으로 이르는 말."

　☐ "나 찾다가/ 텃밭에 흙 묻은/ 호미만 있거든// 예쁜 여자랑 손잡고/ 섬진강 **봄:무를:**[봄물을] 따라// 매화꽃 보러/ 간 줄 알그라" (김용택, 「봄날」).

삼매경[명] (三昧境) [삼:매경=ㅅㅏㅁ:ㅁㅐㄱㅕㅇ sʰaːmmɛgyʌŋ] ¶"잡념을 떠

나서 오직 하나의 대상에만 정신을 집중하는 경지. 이 경지에서 바른 지혜를 얻고 대상을 올바르게 파악하게 된다.”

　□ “불을 사랑하는 물과/ 물을 애무하는 불이 어울려/ 지글지글 끓어제끼는/ 화덕 **삼:매경**[삼매경]…” (황송문, 「해를 먹은 새」).

샘물명 [**샘::물**=ㅅㅐㅁ::ㅁㅜㄹ sʰɛ::mmul] ¶“샘에서 나오는 물.”
　□ “목소리만 들어도/ 얼핏 목소리만 들어도/ 말랐던 **샘::무레**[샘물에]/ 물이 고인다” (나태주, 「이른 봄」).

숨막히다명 [**숨::마키다**=ㅅㅜㅁ::ㅁㅏㅋㅣㄷㅏ sʰu::mmakʰida:] ¶“긴장감이나 압박감을 심하게 느끼게 하다.”
　□ “그리고 우리 둘 사이/ **숨::마키는**[숨막히는] 암호 하나 가졌으면 좋겠다” (이수익, 「그리운 악마」).

아줌마명 [**아줌::마**=ㅇㅏㅈㅜㅁ::ㅁㅏ adzu::mma] ¶“㉠ ‘아주머니’를 낮추어 이르는 말. ㉡ 어린아이의 말로, ‘아주머니’를 이르는 말.”
　□ “골목에서 아이들이 **아줌::마**[아줌마] 하고 부르면/ 낯익은 얼굴이 뒤돌아본다 그런 얼굴들이/ 매일매일 시장, 식당, 미장원에서 부산히 움직이다가/ 어두워지면 집으로 돌아가 저녁을 짓는다” (김영남, 「아줌마라는 말은」).

어머님마다명 [**어머님::마다**=ㅇㅓㅁㅓㄴㅣㅁ::ㅁㅏㄷㅏ ʌmʌɲi::mmada] ¶“체언 ‘어머님’에 조사 ‘마다’가 결합한 말.”
　□ “어버이날. 시장통 좌판에선, **어머님::마다**[어머님마다] 가슴에 카네이션을 달고 생선이며 과일을 부지런히 팔고 있었다.”

엄마명 [엄:마=ㅇㅓㅁ:ㅁㅏ ʌ:mma] ¶"㉠ 격식을 갖추지 않아도 되는 상황에서, '어머니'를 이르거나 부르는 말. ㉡(자녀 이름 뒤에 붙여) 아이가 딸린 여자를 이르거나 부르는 말."

□ "**엄:마는**[엄마는]/ 그래도 되는 줄 알았습니다" (심순덕, 「엄마는 그래도 되는 줄 알았습니다」).

□ "열무 삼십 단을 이고/ 시장에 간 우리 **엄:마**[엄마]/ 안 오시네, 해는 시든 지 오래" (기형도, 「엄마 걱정」).

엄매명 [엄:매=ㅇㅓㅁ:ㅁㅐ ʌ:mmɛ] ¶"'어머니'의 방언"

□ "가난한 **엄:매는**[엄매는] 밤중에 김치가재미로 가고" (백석, 「국수」).

□ "명절날 나는 **엄:매**[엄매] 아배 따라 우리집 개는 나를 따라" (백석, 「여우난곬족(族)」).

엄명명 (嚴命) [엄:명=ㅇㅓㅁ:ㅁㅕㅇ ʌ:mmyʌŋ] ¶"엄하게 명령함. 또는 그런 명령."

□ "우리 봉준이 성님 싸우다 싸우다 잡혀 갈 때 일본 군인한테도 아니고 힘없던 나랏님 **엄:명**[엄명] 때문도 아니다" (고운기, 「봉준이 성님」).

움막명 (움幕) [욹:막=ㅇㅜㅁ:ㅁㅏ ㄱ uːmmak] ¶"땅을 파고 위에 거적 따위를 얹고 흙을 덮어 추위나 비바람만 가릴 정도로 임시로 지은 집. 움집보다 작다."

□ "어물전 개조개 한 마리가 **욹:막**[움막] 같은 몸 바깥으로 맨발을 내밀어 보이고 있다" (문태준, 「맨발」).

입만명 [임:만=ㅇㅣㅁ:ㅁㅏ ㄴ iːmman] ¶"㉠ 시가를 읊조리며 그 맛을 감상함. ㉡ 어떤 사물 또는 개념의 속 내용을 새겨서 느끼거나 생각함."

▢ "너는 임:만[입만] 가지고 다니냐?"

음모명 (陰謀) [**음:모**=ㅇㅡㅁ:ㅁㅗ ɯːmmo] ¶"나쁜 목적으로 몰래 흉악한 일을 꾸밈. 또는 그런 꾀."

▢ "너를 더듬어 찾는 음:모의:[음모의] 손길 앞에" (문병란, 「꽃에게」).

음미명 (吟味) [**음:미**=ㅇㅡㅁ:ㅁㅣ ɯːmmi] ¶"㉠ 시가(詩歌)를 읊조리며 그 맛을 감상함. ㉡ 어떤 사물 또는 개념의 속 내용을 새겨서 느끼거나 생각함."

▢ "'하나'를 음:미하다:[음미하다]" (유안진, 「'하나'를 음미하다」 제목).

점멸등명 (點滅燈) [**점:멸뜽**=ㅈㅓㅁ:ㅁㅕㄹㄸㅡㅇ tsʌːmmyʌlt'ɯŋ] ¶"자동차 따위에서, 불이 켜졌다 꺼졌다 하는 전등."

▢ "점:멸뜽[점멸등] 깜박이며 달아나는 차를 보면" (오탁번, 「연애」).

점묘화명 (點描畫) [**점:묘화**=ㅈㅓㅁ:ㅁㅛㅎㅗㅏ tsʌːmmyohwa] ¶"선을 쓰지 않고 점으로 그린 그림."

▢ "거대한 점:묘화[점묘화] 같은 서울" (나희덕, 「저 물결 하나」).

좀먹다동 [**좀:먹따:**=ㅈㅗㅁ:ㅁㅓㄱㄸㅏ tsoːmmʌkt'aː] ¶"㉠ 좀이 쏠다. ㉡ 어떤 사물에 드러나지 않게 조금씩 조금씩 자꾸 해를 입히다."

▢ "보이지 않을 때마다 나는 무서운 은둔에 좀:먹꼬:[좀먹고]" (류근, 「나무들은 살아남기 위해 잎사귀를 버린다」).

참말명 [**참:말**=ㅊㅏㅁ:ㅁㅏㄹ tsʰaːmmal] ¶"㉠ 겉으로 내비치지 아니한 사실을 말할 때 쓰는 말. ㉡ 사실과 조금도 다름이 없이 과연."

□ "그립기도 그리운, **참:말**[참말] 그리운" (김소월, 「맘속의 사람」).

침몰명 (沈沒) [**침:몰**=ㅊㅣㅁ:ㅁㅗㄹ tsʰiːmmol] ¶"㉠ 물속에 가라앉음. ㉡ 세력이나 기운 따위가 쇠함을 비유적으로 이르는 말."

□ "폐유로 가득 찬 유조선이 부서지며 **침:몰할**[침몰할] 때, 나는 슬픔과 망각을 섞지 못한다. 푸른 물과 기름처럼. 물 위를 떠돌며 영원히" (진은영, 「사랑의 전문가」).

침묵명 (沈默) [**침:묵**=ㅊㅣㅁ:ㅁㅜㄱ tsʰiːmmuk] ¶"㉠ 아무 말도 없이 잠잠히 있음. 또는 그런 상태. ㉡ 정적(靜寂)이 흐름. 또는 그런 상태. ㉢ 어떤 일에 대하여 그 내용을 밝히지 아니하거나 비밀을 지킴. 또는 그런 상태."

□ "오랜 **침:묵꽈:**[침묵과] 외로움 끝에/ 한 슬픔이 다른 슬픔에게 손을 주고/ 한 그리움이 다른 그리움의/ 그윽한 눈을 드려다볼 때/어느 겨울인들 우리들의 사랑을 춥게 하리" (정희성, 「한 그리움이 다른 그리움에게」).

품목명 (品目) [**품::목**=ㅍㅜㅁ::ㅁㅗㄱ pʰuːmmok] ¶"㉠ 물품의 이름을 쓴 목록. ㉡ 물품 종류의 이름."

□ "저울에 달아 만든 노래는 골목에서 가장 잘 팔리는 **인끼품::목**[인기품목]" (마경덕, 「향나무의 소유권」).

> '가지 품(品)'은, 상성으로 장음입니다. "품목"의 '목'은, 의미가 변별되는 어휘적 장음과 그저 음성적 장음화가 실현되는 'ㅁ 중첩 자음의 장음화' 현상이 포개진 음절입니다.

함몰명 (陷沒) [**함::몰**=ㅎㅏㅁ::ㅁㅗㄹ haːmmol] ¶"㉠ 물속이나 땅속에 빠짐. ㉡ 결딴이 나서 없어짐. 또는 결딴을 내서 없앰. ㉢ 재난을 당하여 멸망함."

□ "빛이 어둠 속으로 **함:몰되어가드시**[함몰되어가듯이]/ 나는 네 속에서 하얀, 어둠이" (최하림, 「의자」).

> '빠질 함(陷)'은, 거성으로 장음입니다. "함몰"의 '함'은, 의미가 변별되는 어휘적 장음과 그저 음성적 장음화가 되는 'ㅁ 중첩 자음의 장음화'가 겹치는 음절입니다.

제6장
낭송을 위한 시의 분석

지금까지 사전에 나오지 않은 여러 장음에 대해 살폈습니다. 이 장에서는, 윤동주의 「별 헤는 밤」의 낭송을 위해 장음은 물론, 시의 이해를 비롯하여 표준발음, 포즈, 리듬을 종합적으로 분석합니다. 낭송은 시를 읽고 이해하며 다시 읽는 과정을 겪습니다. 하여 낭독과 낭송은 "시의 시작이자 곧 끝"입니다.

1. 「별 헤는 밤」에 대하여

「별 헤는 밤」은, 지금으로부터 80년이 넘은 1941년 11월 5일에 쓰였습니다. 『윤동주 자필 시고전집』[1]에 실린 육필 원고에는, 9연 뒤에 "1941. 11. 5."이라 적혀 있습니다(224쪽 그림 참조).

작품 아래 늘 쓴 날짜를 적어놓았던 윤동주는, 일단 여기서 시를 끝내기는 했지만, 다시 10연이 보태집니다. 연희전문학교의 후배 정병욱의 조언이 있었습니다. 정병욱은 뭔가 아쉽다고 말했습니다. "겨울이 지나고"와 "봄이 오면" 사이에 "나의 별에도"를 마지막 줄 앞에 "자랑처럼"을 써넣었습니다. 그렇게

---

1) 왕신영·심원섭 외 엮음, 1999, 『윤동주 자필 시고전집』, 민음사, 166쪽.

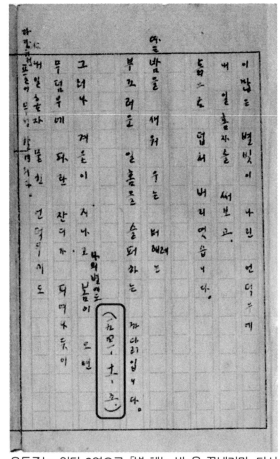

윤동주는, 일단 9연으로 「별 헤는 밤」을 끝냈지만, 다시
10연을 보태 시를 완성하였다.

해서 10연이 첨부됐습니다. 10연을 넣는 것으로 이 시는 완성되었습니다.

　육필 원고를 보면 수정의 흔적이 보입니다. 2연은, "나는 아무 걱정도
없이/ 별들을 다 헤일 듯합니다"였습니다. 1연 2행에만 쓰인 '가을'을 2연
2행에 더하여 수정해놓았습니다. 그래서 2연은 "나는 아무 걱정도 없이/
가을 속의 별들을 다 헤일 듯합니다"로 된 것입니다. 원래 2연 2행에 없던
'가을 속의'를 수정해 넣은 걸 보면, 윤동주에게 1941년의, 저 가을의 의미가
분명 심상치 않았나 봅니다. 그 가을이 의미심장해 보입니다.

1) 창씨개명, 이름의 죽음과 부활

「별 헤는 밤」을 두고 흔히들 저항시라고 합니다만, 그 말로는 아무래도 부족한지 류양선은 **"저항시를 넘어선 저항시"**라 평합니다. 네, 이제야 뭔가 딱, 채워진 듯합니다. 먼저 「별 헤는 밤」이 저항시라는 건, 일제가 폭압적으로 강제한 '창씨개명'이라는 역사적 사건을 계기로 쓰인 작품이기 때문입니다. 창씨개명을 계기로 쓰인 시가 하나 더 있습니다. 1942년 1월 15일에 쓴 「참회록」이 그것입니다. 창씨개명을 소재로 쓰인 문학작품은, 문학·예술의 모든 장르를 통틀어 윤동주의 시 「별 헤는 밤」과 「참회록」 단 두 작품뿐이라고 합니다.

일제의 창씨개명은, 세계에 유례없는 '정신적 폭력의 극단'을 보입니다. 창씨개명을 강제하려고 동원한 방법은, 반인륜적·폭력적입니다. 일제는, 창씨개명을 하지 않은 이를 ① 노무 징용에 우선적으로 끌고 갔습니다. ② 식량 배급도 하지 않았고, ③ 취업까지 막았습니다. ④ 민원서류를 떼어주지도, 또 우편배달도 해주지 않았습니다. 일제는 서둘러 창씨개명을 완성하려고 ⑤ 학교에서는 교사에게, 면에서는 동장·이장에게 창씨개명의 책임을 지게 하고 그 실적으로 지도·행정 능력을 평가하여 출세·승진에 영향을 미치도록 해놓았습니다. 일제의 악랄한 방법에 분노하다가도 저절로 헛웃음까지 나올 정도로 치졸한 방법도 서슴지 않았습니다. ⑥ 창씨개명하는 않은 이의 자제를 학교에 입학도 진학도 하지 못하게 했으며, 나아가 ⑦ 일본인 교사로 하여금 아동 학생을 이유 없이 힐책하고 구타하게 하여 아이들이 그들 부모에게 호소해 부모로 하여금 창씨개명을 하게 하였다고 합니다.[2] 일제는 그만큼 심각한 위기에 빠진 것이었습니다. 일제로선 믿을 수 없는 조선인을 전쟁에 동원하지 않으면 안 될 정도로 심각한 상태였습니다. 이러한 강압과 폭력

---

2) 박균섭, 2006, 「창씨개명의 장면 분석과 교육사 서술」, 『한국일본교육학연구』 제11권, 제1호, 일본교육학회, 50쪽.

앞에서 대다수 한국인은, 일본식 성씨와 이름으로 바꿔야 했습니다.

　일제는 1939년 11월에 '창씨개명령'을 공포하고, 1940년 2월부터 시행에 들어갔습니다. 윤동주네 집안에서도 창씨개명을 하게 되었습니다. 하지만, 창씨개명을 한 게 아니라, '평소[平沼(히라누마]'라고 창씨만 했지, 개명까지 한 건 아닙니다. 윤동주의 동생 윤일주는, 『윤동주 연보』에 "이해(1941) 말, 고향 집에서는 일제의 탄압에 못 이기고, 동주의 도일 수속을 위하여 성씨를 '히라누마(平沼)'라고 창씨"했다는 기록을 남겼습니다. 윤동주의 도일 수속이 창씨의 직접적 이유였다니, 윤동주네 집안에서 창씨 문제가 거론되기 시작한 것은, 윤동주가 1941년 「별 헤는 밤」을 쓰기 전이었을 것입니다. 아마도 1941년 연희전문 졸업반 시절의 여름방학 즈음이라고 볼 수 있습니다.

　정병욱의 회고에 따르면 1941년 여름방학이 끝나고 가을 학기에 올라와서 윤동주와 함께 북아현동으로 하숙을 옮겼는데, 이때 윤동주는 "진학에 대한 고민, 시국에 대한 불안, 가정에 대한 걱정, 이런 일들이 겹치고 겹쳐" 무척이나 괴로워했다고 합니다.

　윤동주는 산문 「종시(終始)」에서 "이제 나는 곧 종시를 바꿔야 한다. 하지만 내 차에도 신경행, 북경행, 남경행을 달고 싶다. 세계일주행이라고 달고 싶다. 아니 그보다 진정한 내 고향이 있다면 고향행을 달겠다. 그 다음 도착하여야 할 시대의 정거장이 있다면 더 좋다"고 했습니다. 종시는 1941년 5월에서 8월쯤 쓰인 산문입니다. 창씨개명을 위해 한때 중국 유학까지 고려했던 것이 아닌가, 하고 추측할 만한 내용입니다. 그만큼 창씨로 해서 괴로워했던 윤동주입니다.

　부끄러움은 바로 여기에서 나온 정서입니다. 윤동주의 시를 혹여 나약한 문학청년이 감상주의에 빠져 청춘의 비애를 토로한 작품이나 또는 낭만적 동경 속에서 막연한 그리움을 노래한 작품으로 잘못 이해할 수도 있습니다. 실제로 그리 읽는 경우도 왕왕 있습니다. 그도 그럴 것이 이 시는 무엇보다 동심이 어려 있다고 할 정도로 평이한 어휘들로 쓰였기 때문입니다. 게다가

타향에서 유학하는 청년이 고향에 계신 어머니에게 자신의 슬픔과 그리움을 호소하는 형식으로 되었기 때문입니다. 그러나 「별 헤는 밤」은 청춘의 시이되, 청춘기의 유약한 감상이나 막연한 낭만적 감정에서 나온 작품은 아닙니다. 창씨개명이라는 역사적 사건을 계기로 쓰인 것이 분명하기 때문입니다. 역사적 구체성으로부터 오는 저 지극한 슬픔 속에서, 시인이 자기 이름의 무덤을 만들어 놓고 그 이름의 부활을 소망하는 작품입니다.

별 헤는 밤

윤동주

계절이 지나가는 하늘에는
가을로 가득 차 있습니다.

나는 아무 걱정도 없이
가을 속의 별들을 다 헤일 듯합니다.

가슴 속에 하나 둘 새겨지는 별을
이제 다 못 헤는 것은
쉬이 아침이 오는 까닭이요,
내일 밤이 남은 까닭이요,
아직 나의 청춘이 다 하지 않은 까닭입니다.

별 하나에 추억과
별 하나에 사랑과
별 하나에 쓸쓸함과
별 하나에 동경과
별 하나에 시와

별 하나에 어머니, 어머니,
어머님, 나는 별 하나에 아름다운 말 한마디씩 불러 봅니다. 소학교
때 책상을 같이 했던 아이들의 이름과, 패, 경, 옥, 이런 이국 소녀들의
이름과 벌써 애기 어머니 된 계집애들의 이름과, 가난한 이웃 사람들
의 이름과, 비둘기, 강아지, 토끼, 노새, 노루, 프랑시스 잠, '라이너
마리아 릴케' 이런 시인의 이름을 불러 봅니다.

이네들은 너무나 멀리 있습니다.
별이 아슬히 멀 듯이,

어머님,
그리고 당신은 멀리 북간도에 계십니다.

나는 무엇인지 그리워
이 많은 별빛이 내린 언덕 위에
내 이름자를 써 보고,
흙으로 덮어 버리었습니다.

딴은 밤을 새워 우는 벌레는
부끄러운 이름을 슬퍼하는 까닭입니다.
　　　　　　　　　　　　　　　　　　　　　　－1941. 11. 5.

그러나 겨울이 지나고 나의 별에도 봄이 오면
무덤 위에 파란 잔디가 피어나듯이
내 이름자 묻힌 언덕 위에도
자랑처럼 풀이 무성할 게외다.
　　　　　　　　　　　　　　　　－윤동주, 「별 헤는 밤」 전문3)

2) 시의 구조

이렇게 해서 「별 헤는 밤」은 모두 10연으로 구성되었습니다. 이 시를 전반부와 후반부로 크게 나누자면, 전반부를 1~5연까지, 후반부를 6~10연까지로 구분할 수 있습니다. 전반부(1~5연)에는 시인이 별을 헤아리며 그리운 이름을 불러보는 모습을, 후반부(6~10연)에서는 시인의 슬픔과 부끄러움, 그리고 미래의 희망까지 담아냈습니다. 그런데 이를 또 좀 더 세밀하게 나누자면, 전반부를 다시 '1~3연'/'4~5연'으로, 후반부를 '6~7연'/'8~10연'으로 나눌 수 있겠습니다.

한편 이 시를 시제로 구분해보자면, 네 부분으로 나눌 수 있습니다. 첫째, '1연에서 3연까지'는 **현재** 시제입니다. 계절은 가을로 시작합니다. 별이 가득한 가을밤을 배경으로 화자가 떠오르는 생각을 제시합니다. 둘째, '4연에서 7연까지'는 **과거** 시제입니다. 별을 하나하나 헤아리며 어린 시절에 대한 그리움을 형성화합니다. 특히 4연은 규칙적인 리듬으로 판타지로 들어가는 동화적 기분을 갖게 합니다. 5연에서는 산문시로 구체적인 현실을 떠올리게 합니다. 셋째, '8연에서 9연까지'는 **현재** 시제입니다. 자기 이름을 언덕 위에 써보고 흙으로 덮는 고통스러운 갈등을 보여줍니다. '10연'에서는 겨울이 봄으로, 무덤이 잔디로 바뀌는 새로운 **미래**를 예언자적 지성으로 보여줍니다. 시제의 구조가 현재-과거(그리움)-현재(반성)-미래(희망)로 구성되었습니다.

다시 '이름'으로만 구분해본다면 '4~7연'에서는 그리운 이름을 하나하나 떠올리며 호명합니다. '8~9연'에 이르면 그 이름들은 흙으로 덮은 뒤 사뭇 없이 사라집니다. 제 이름을 부끄러워만 합니다. 하지만 '10연'에서는 무덤 위의 파란 잔디가 피어나듯이 이름이 부활합니다. 시인이 앞일을 예견하기도 하는 걸 시참(詩讖)이라 합니다. '10연'은 윤동주 개인의 이름이 부활하는 시참(詩讖)이 됩니다. 아울러 민족의 해방을 예언하는 시참이라고 할 수도

---

3) 연세대학교출판부, 2004, 『원본대조 윤동주 전집』, 연세대학교출판부, 46~47쪽.

있겠습니다.

9연에 "따는"을 삽입한 것도 10연을 보태면서 넣었다고 정병욱은 회고합니다. 10연을 보태며 9연도 수정되고, 이로써 이 시는 '예언적 시'로 바뀝니다. "그러나"라는 표현이 생각을 극적으로 전환시켰습니다. "모든 겨울이 지나고 나의 별에도 봄이 오면"에서 겨울은 봄으로 바뀌고, "무덤 위에 파란 잔디가 피어나듯이"에서는 무덤이 잔디로 바뀌는 희망찬 풍경이 됐습니다. 그리고 "내 이름자 묻힌 언덕 위에도/ 자랑처럼 풀이 무성할 게외다"에서 "~게외다"라는 표현은, 이 시에서 처음 '미래 시제'로 나타납니다. 그것도 겨울이 봄으로, 무덤이 잔디로 변하는 희망찬 미래죠. 아울러 "~게외다"라는 표현은 "그럴 것이고, 그렇게 되리라는 다짐의 표현"입니다. 이 다짐은 "어두워 가는 하늘 밑에/ 조용히 흘리겠습니다"(「십자가」), "나한테 주어진 길을 가야겠다"(「서시」)라는 식민지 청년의 결연한 다짐입니다.

10연으로 구성된 이 시는, 시제로 보면 네 부분으로 나뉩니다. 1연에서 3연까지는 '현재 시제'며, 가을로 시작합니다. 별이 가득한 가을밤을 배경에서 시적 주체는 떠오르는 생각을 제시합니다. 4연에서 7연까지는 '과거 시제'로 별을 하나하나 헤아리며 어린 시절에 대한 그리움을 형성화합니다. 특별히 4연은 규칙적 리듬으로 동화적 기분을 들게 한다. 5연에서는 '산문시'로 구체적 현실을 떠올립니다. 8연에서 9연까지는 '현재 시제'입니다. 자신의 이름을 언덕 위에 써보곤 흙으로 덮는, 고통스러운 갈등을 드러냅니다. 10연에서는 겨울이 봄으로, 무덤이 잔디로 바뀌는 '새로운 미래'를 예언자적 지성으로 보여줍니다.

시제의 변화를 계절과 함께 나타내면, 시의 도입부는 쓸쓸한 조락(凋落)의 계절인 '가을'인 현재에서 시작합니다. 과거 아름다웠던 어린 시절을 생각하기에 적당한 계절이 가을입니다. 그렇지만 물리적 시간은, 이렇게 가을임이 분명하지만, 역사적 시간은 '겨울'입니다. '봄'을 맞이할 형국입니다. 현재→과거(그리움)→현재(반성)→미래(희망)로 이어지는 시간입니다. '이름'으로만 본다면 4연에서 7연까지는 단순히 이름을 그리워 호명하지만, 8~9연에 이르면 이름은 사라집니다. 그리고 10연에서는 이름의 부활을 노래합니다. 시인이 쓴 구절이 앞일을 예견하는 걸 시참(詩讖)이랬습니다. 그렇다면 10연은 윤동주 개인의 이름이 부활하는 시참(詩讖)이자, 민족의 해방을 예언하는 시참이라고 도 할 수 있겠습니다.

1연의 "계절이 지나가는 하늘"의 '지나가는'은, 「서시」의 "오늘 밤에도 별이 바람에 스치운다"는 표현과 같습니다. "스치우는" 바람이나 "지나가는" 계절은, 둘 다 '시대의 상황'을 드러낸 것입니다. 윤동주는 1연 2행에서 본래 없었던 "가을 속의"을 원고를 수정하여 삽입해놓았습니다. 1941년의 가을은, 윤동주에게나 우리 민족에게 중요한 의미를 지는 일회적·묵시론적 가을입니다. 태평양 전쟁이 터지기 직전의 운명적이고 일회적 가을입니다.

8연과 9연을 주목합니다. "나는 무엇인지 그리워/ 이 많은 별빛이 내린 언덕 위에/ 내 이름자를 써보고,/ 흙으로 덮어 버리었습니다"에서 시적 주체가 무수한 별빛이 내린 언덕 위에 쓴 자신의 이름은, '윤동주'일까요, 아니면 '히라누마 도쥬[平沼東柱(ひらぬまとうじゅ)]일까요? 이리 묻는 것은, 시적 주체 가 쓴 이름이 '윤동주/히라누마 도쥬'라는 주장이 서로 맞서기 때문입니다.

시적 주체가 자신의 이름자를 써본 것은, "무엇인지 그리워서"였습니다. 그리고 그 이름자를 흙으로 덮어버린 것은, "부끄러운 이름을 슬퍼하는 까닭"입니다. 시적 주체는, 자신이 그토록 그리워하는 수많은 이름 곁에 '윤동주'라는 자신의 이름을 써보고 싶었던 것입니다. 하여 그 이름들의 주인공들과 함께 별빛이 내린 이 언덕 위에 앉아 있고 싶었을 것입니다. 하지만 이내 자신의 이름이 부끄러워집니다. 하여 "밤을 새워 우는 벌레"처럼 부끄러운 이름을 슬퍼하며 자신의 이름자를 흙으로 덮어버리고 맙니다. 그러니까 시적 주체는, '윤동주'라는 자신의 이름을 쓴 것입니다. 왜냐하면 부끄러운 이름이란, 다름 아닌 '부끄러운 자기 자신'이기 때문입니다. 윤동주의 부끄러움이란, 다른 사람들 을 의식해서 생기는 감정이 아닙니다. 그런데 만일 '히라누마 도쥬'라고 썼다고 해석한다면, 윤동주의 '부끄러움'은 왜곡되는 것입니다. 그저 '남 보기에 창피하다는 정도의 뜻이 되기 때문이죠. 몇몇 평론가가 히라누마 도쥬라고 썼다고 합니다. 그리고 실은 글쓴이도 몇 년 전에 히라누마 도쥬라고 생각하며 그리 글을 쓴 적이 있습니다. 신문사에 전화해 수정해달라 해야지, 하며 생각만 하고 여태 그냥 있습니다. 지금도 생각날 때마다 화끈 낯이 붉도록 부끄러워집니다.

10연에 이르러 다시 봄이 오면 "내 이름자 묻힌 언덕 위에도/ 자랑처럼 풀이 무성할 게외다"라며 시를 마칩니다. 이로써 자신의 '이름자'가 언젠가 부활할 것이라는 믿음을 드러냅니다. 여기서 일제 말의 억압적 시대 상황에 흔들리지 않는 믿음으로 극복해내고자 하는 저항적 성격이 드러납니다. 겉으로는 아무런 저항의 언어를 포함하지 않았는데도 외려 더 큰 울림이 있습니다. 일반적 의미의 저항시를 훌쩍 넘어선, 저항시라고 할 수 있습니다.

이 시는 부끄러움, 성찰적 반성, 부끄러운 자신을 죽이고 부활을 꿈꾸는 정서입니다. 이러한 정서에 휩싸인 상태에서 낭송해야 한다는 건 말할 것도 없습니다.

2. 「별 헤는 밤」의 리듬

「별 헤는 밤」은, 윤동주의 시 중에서 리듬상으로도 가장 큰 성취를 이룬 시입니다. 윤동주는 여러 시에서 리듬을 다양하게 실험해왔고, 이 시에서 마침내 다양한 리듬을 잘 버무려놓았습니다.

「별 헤는 밤」 전편에 걸쳐 출현하는 첫 소리-뜻의 자질은, 유음입니다. 그중에서도 설측음이라 할 수 있습니다. 수많은 "별"을 떠받치는 이 소리 덕택에 별이 가득한 가을 밤하늘이 시 전체에 펼쳐집니다. 이 소리-뜻은 "멀리"를 거쳐 "어머니"에 이르고, 그 크고 빛나는 별 덕분에 현실성의 지표를 얻게 됩니다. "겨울"에서 "봄"으로, '부끄러움'에서 "자랑"으로, '죽음'에서

'부활'로 이행하는 이 과정엔 **"어머니"**에서 촉발된 '두 입술소리[=양순음(兩脣音)]'가 있습니다.

의미가 리듬이고, 리듬 곧 의미입니다. 리듬은 의미를 생성하고 품습니다. 앙리 메쇼닉은, 의미를 품은 운소를 리듬(=프로조디)이라 했습니다. 문자로 미처 다 표현될 수 없는 걸 리듬이 담당합니다. 우리는 심지어 리듬을 통해 시인의 무의식까지도 들춰볼 수도 있을 것입니다. 설레는 일이 아닐 수 없습니다. 그래서 그런지 시는 매력적이고 리듬이 매혹적입니다.

1) 리듬의 '설측음·탄설음 계열체'

「별 헤는 밤」의 시 전체를 그득히 채우며 유유히 흐르는 소리는, 단연 유음 'ㄹ'입니다. 'ㄹ' 중에서도 초성으로 쓰인 탄설음이 아닌, '종성으로 쓰인 설측음으로서의 ㄹ'입니다. 이 시에서 저 설측음 'ㄹ'이 리듬의 동심원을 이룹니다.[4]

같은 'ㄹ'이더라도 '초성의 탄설음'과 '종성의 설측음'은 다릅니다. 먼저 '탄설음 ㄹ'을 보면 "앞쪽의 딱딱한 입천장(=경구개)에 혀끝을 댔다가 튕기며 내는 소리"입니다. "이름"에서 '름'의 초성 'ㄹ'이 바로 탄설음이다. 반면 설측음 'ㄹ'은, "경구개에 혀끝을 댄 채, 혀의 양 측면으로 공기를 흘려보내며 내는 소리"입니다. "별"에서 종성 'ㄹ'은 설측음이다. 이 시에서 설측음 'ㄹ'이 리듬의 **'동심원'**이요, 강세를 품은 리듬의 **'거점'**이라 할 수 있습니다. 그리고 탄설음으로서 'ㄹ'은, 저 리듬의 동심원을 받아 안은 리듬의 **'반향'**입니다. 이 시의 리듬은, 유장한 흐름 속에 유음 'ㄹ'이 반복되며 만들어집니다.

설측음(舌側音)은 **동그란 방점**, **탄설음**(彈舌音)은 **물결무늬 기호**로 표시합니다. 강세를 품은 리듬의 거점이자 동심원을 도드라지게 발음해야 시의 리듬이 살아납

---

4) 권혁웅, 2013, 「소리-뜻을 중심으로 구성되는 현대시의 리듬-'님의 침묵', '별 헤는 밤'을 중심으로」, 『한국문학이론과 비평』 제59집(17권 2호), 한국문학이론과 비평학회.

나다. 시의 흐름 속의 반복에서 리듬이 생성되고 살아 움직이며 새로운 의미마저 만들어냅니다.

□ 리듬의 동심원 '설측음 [ㄹ] 분절체'

① 별 ② 둘 ③ 말 ④ 멀

⑤ 풀 ⑥ 흘[흙] ⑦ 불러 ⑧ 벌써

⑨ 멀리 ⑩ 벌레 ⑪ 릴케 ⑫ 계절

⑬ 가을 ⑭ 겨울 ⑮ 하늘 ⑯ 헤일

⑰ 아슬히 ⑱ 비둘기 ⑲ 쓸쓸함 ⑳ 라이넬

㉑ 까닭이요 ㉒ 까달[닭]입니다5)

□ 리듬의 반향 '탄설음 [ㄹ] 분절체'

① 사랑 ② 이름 ③ 노루 ④ 이런

⑤ 멀리 ⑥ 내린 ⑦ 파란 ⑧ 자랑

⑨ 마리아 ⑩ 그리워 ⑪ 프랑시스 ⑫ 부끄러운

⑬ 버리었습니다

2) 시에 적용한 리듬의 '설측음·탄설음 계열체'

별 헤는 밤

윤동주

[1연]

① 계절이 지나가는 하늘에는

---

5) "까닭이요/까닭입니다"의 소리음은, [까달기요/까달김니다]입니다. "까닭"의 둘째 음절 '닭'은 '달'로 발음됩니다. '닭'의 겹받침이 'ㄺ'이고, 그 뒤의 음절이 조사 '이'입니다. 이렇게 겹받침 뒤에 모음으로 시작되는 조사가 놓일 때, 겹받침 중 앞의 받침은 제 자리에 그대로 있고, 뒤의 겹받침만 '이'의 첫 자리로 옮겨 발음됩니다. 따라서 "까닭이요/까닭입니다"는, [까달기요/까달김니다]로 발음되는 것입니다.

② 가을로 가득 차 있습니다.

[2연]

① 나는 아무 걱정도 없이

② 가을 속의 **별**들을 다 헤일 듯합니다.

[3연]

① 가슴 속에 하나 **둘** 새겨지는 **별**을

② 이제 다 못 헤는 것은

③ 쉬이 아침이 오는 까**닭**이요[까달기요],

④ 내일 밤이 남은 까**닭**이요[까달기요],

⑤ 아직 나의 청춘이 다 하지 않은 까**닭**입니다[까달깁니다].

[4연]

① **별** 하나에 추억과

② **별** 하나에 사랑과

③ **별** 하나에 **쓸쓸**함과

④ **별** 하나에 동경과

⑤ **별** 하나에 시와

⑥ **별** 하나에 어머니, 어머니,

[5연]

① 어머님, 나는 **별** 하나에 아름다운 **말** 한마디씩 **불**러 봅니다.
소학교 때 책상을 같이 했던 아이들의 이**름**과, 패, 경, 옥, 이런
이국 소녀들의 이**름**과 **벌**써 애기 어머니 된 계집애들의 이**름**과,
가난한 이웃 사**람**들의 이**름**과, 비**둘**기, 강아지, 토끼, 노새, 노**루**,

'프랑시스 잠', '라이넬 마리아 릴케' 이런 시인의 이름을 불러 봅니다.

[6연]
① 이네들은 너무나 멀리 있습니다.
② 별이 아슬히 멀 듯이,

[7연]
① 어머님,
② 그리고 당신은 멀리 북간도에 계십니다.

[8연]
① 나는 무엇인지 그리워
② 이 많은 별빛이 내린 언덕 위에
③ 내 이름자를 써 보고,
④ 흙그로[흙으로] 덮어 버리었습니다.

[9연]
① 딴은 밤을 새워 우는 벌레는
② 부끄러운 이름을 슬퍼하는 까닭김니다[까닭입니다].

[10연]
① 그러나 겨울이 지나고 나의 별에도 봄이 오면
② 무덤 위에 파란 잔디가 피어나듯이
③ 내 이름자 묻힌 언덕 위에도
④ 자랑처럼 풀이 무성할 게외다.

"계절"이 지나는 "하늘"에는 "가을"로 가득 차 있습니다." 나는 이 "별"들을 다 "헤일" 듯합니다. 별은 많고 밤은 짧고 청춘은 긴 "까닭"에, 이 밤에 별들을 다 셀 수는 없습니다. 시적 주체는 별마다 아름다운 "말", 곧 "이름"들을 "불러" 봅니다. 이들은, 별이 "아슬이" 멀 듯이 "멀리" 있습니다. 나는 내 "이름자"를 써 보곤 "흙"으로 덮습니다. 이는 곧 죽음을 뜻합니다. 물론 상징적 죽음입니다. 시적 주체는, 제 이름이 슬퍼하며 밤을 새워 우는 "벌레"와 같다고 합니다. 제 "이름"이 한없이 "슬퍼"지기만 합니다. 그러나 "겨울"이 지나 나의 "별"에도 봄이 오면 내 무덤에는 "자랑"처럼 "풀"이 무성할 것이라고 예언합니다.

유음 가운데서도 종성 설측음 'ㄹ'은, 초성의 탄설음 'ㄹ'보다 유동성이 적은 대신, 음절을 더 단단히 떠받칩니다. "별"이 하늘에서 각각 빛나듯, 저 소리-뜻은 시적 주체의 추억과 사랑, 쓸쓸함과 그리움을 떠안아 빛납니다. 유음의 잦은 출현으로 이루는 일정한 파문이 시 전체를 관통합니다. 이것이 이 시에서 소리-뜻의 첫 계열입니다.

3) 리듬의 '연구개·후두음 분절체'

리듬의 둘째 계열은 연구개음 'ㄱ'과 'ㄲ'에 뒤이어 출현하는 후두음 'ㅎ'입니다. 체크 표시 상점(上點)(예를 들어 "계", "하")을 찍어 1~3연까지를 다시 적습니다.

"차"는 역시 후두음입니다. '[ㅈ] 음의 유기음화'이기도 하고요. 뺄 수도 있지만, 넣을 수도 있습니다. "청춘"도 이에 해당합니다.

□ 연구개음 [ㄱ(ㄲ] 분절체
① 계절　　　② 가을　　　④ 걱정
⑤ 가슴　　　⑥ 까닭

□ 후두음 [ㅎ] 분절체
① 헤는   ② 하늘   ③ 하나

□ 후두음 [ㅊ] 분절체
① 청춘   ② 차 있습니다

4) 시에 적용한 리듬의 '연구개-후두음 계열체'

[1연]
① 계절이 지나가는 하늘에는
② 가을로 가득 차 있습니다.

[2연]
① 나는 아무 걱정도 없이
② 가을 속의 별들을 다 헤일 듯합니다.

[2연]
① 가슴 속에 하나 둘 새겨지는 별을
② 이제 다 못 헤는 것은
③ 쉬이 아침이 오는 까닭이요,
④ 내일 밤이 남은 까닭이요,
⑤ 아직 나의 청춘이 다 하지 않은 까닭입니다.

연구개음(ㄱ/ㅋ/ㄲ/ㅇ)은, 후두음('ㅎ') 다음으로 입안 깊은 곳에서 나는 소리입니다. 두 소리를 이어서 발음하면, 내 안 깊은 곳까지 소리를 받아들일 수 있습니다. 이처럼 시적 주체는, 소리를 깊숙이 떠안으며 가을 밤하늘을 바라봅니

다. "계절"은 "가을"로 "가득 차" 있으며, 나는 아무 "걱정"도 없이 "가슴" 속의 별들을 다 셀 수 있을 듯합니다. 물론 내 소망은 좌절되지만, 그것은 한 편 희망의 보존이기도 합니다. 별을 다 못 센다는 건, "내일 밤"을 예비할 수 있다는 뜻이요, 아직 셀 수 있는 "청춘"이 남아 있다는 뜻이기 때문입니다. 이것이 「별 헤는 밤」의 전반부에서 출현하는 소리-뜻의 둘째 계열체입니다.

5) 리듬의 '양순파열음 분절체'

□ 양순 파열음 [ㅁ] 분절체
① 너무나　　　② 멀리　　　③ 멀듯이　　　④ 어머님
⑤ 무엇인지　　⑥ 많은　　　⑦ 이름자　　　⑧ 무덤
⑨ 묻힌　　　　⑩ 무성(가슴)

□ 양순 파열음 [ㅂ] 분절체
① 별　　　　　② 밤　　　　③ 봄　　　　　④ 별빛
⑤ 보고　　　　⑥ 벌레　　　⑦ 북간도　　　⑧ 부끄러운
⑨ 버리었습니다

□ 양순 파열음 [ㅍ] 분절체
① 덮어　　　　② 슬퍼하는　③ 파란　　　　④ 풀
⑤ 피어나듯이

6) 시에 적용한 리듬의 '양순 파열음 계열체'

[6연]
① 이네들은 너무나 멀리 있습니다.

② 별이 아슬히 멀 듯이,

[7연]
① 어머님,
② 그리고 당신은 멀리 북간도에 계십니다.

[8연]
① 나는 무엇인지 그리워
② 이 많은 별빛이 내린 언덕 위에
③ 내 이름자를 써 보고,
④ 흙으로 덮어 버리었습니다.

[9연]
① 딴은 밤을 새워 우는 벌레는
② 부끄러운 이름을 슬퍼하는 까닭입니다.

[10연]
① 그러나 겨울이 지나고 나의 별에도 봄이 오면
② 무덤 위에 파란 잔디가 피어나듯이
③ 내 이름자 묻힌 언덕 위에도
④ 자랑처럼 풀이 무성할 게외다.

초성에 쓰인 양순음(나아가 종성에 쓰였으나 뒤에 조사가 붙어서 연이어 발음되는 양순음도 여기에 포함됨)은, 입술을 다물었다 떼면서 내는 소리입니다. 이 소리가 "어머니"와 "별"을 잇는 소리-뜻에서 출현했다는 사실에는 의심의 여지가 없습니다. "별"이 "멀리" 있듯, "어머니"는 "북간도"에 있고, 나는 "무엇"인가 그리워 내 "이름"을 쓰고 흙으로 덮습니다. 밤을 새워 우는 "벼레"는, 그 이름이 "부끄러워" 울지만 언젠가 "겨울"이 지나고 "봄"이 오면 그것은 "자랑"으로 바뀔 것입니다. 죽음을 표상하는 "무덤"은, 부활을 표상하는 "풀"의 "무성"함으로 대체될 것입니다.

"별"은, '계절/하늘/가을/둘/쓸쓸함/말/비둘기/릴케/이름/자랑'과 짜여 시 전체를 별이 가득한 가을 밤하늘로 바꿔놓습니다. 그리고 "헤일, 불러, 멀리, 아슬히, 그리워, 슬퍼"와 포개져 자기반성을 통한 구원의 가능성을 제기합니다. 또한 "어머니"와 결합한 '멀리, 북간도, 무덤, 무엇인지, 부끄러운, 벌레'에서 아프고 부끄럽고 죽음이 미만(未滿)한 현재를 형상화하고, "봄, 파란, 풀, 무성할 게외다"에선 자랑스러운 부활의 내일을 꿈꾸게 합니다.

"겨울"에서 "봄"으로의 이행, "무덤(=죽음)"에서 무성한 "풀(=부활)"로의 이행에 이 시의 핵심이 있으며, 이것이 소리−뜻으로도 구현되는 것입니다. 전반부에서 출현한 '구개음+후두음'에서 시 전체를 떠받치는 유음의 연계를 통해 순음(脣音)으로 이행하는 셈입니다.

7) 시에 적용한 '리듬의 연속체'

별 헤는 밤

윤동주

계절이 지나가는 하늘에는
가을로 가득 차 있습니다.

나는 아무 걱정도 없이
가을 속의 별들을 다 헤일 듯합니다.

가슴 속에 하나 둘 새겨지는 별을

이제 다 **못 헤는** 것은
쉬이 아침이 오는 **까닭**이요,
내일 밤이 남은 **까닭**이요,
아직 나의 청춘이 다 하지 않은 **까닭**입니다.

별 하나에 추억과
별 하나에 사랑과
별 하나에 쓸쓸함과
별 하나에 동경과
별 하나에 시와
별 하나에 어머니, 어머니,

어머님, 나는 **별 하나**에 **아름다운 말** 한마디씩 **불러** 봅니다. 소학교 때 책상을 같이 했던 아이들의 이름과, **패**, 경, 옥, 이런 이국 소녀들의 이름과 **벌써** 아기 어머니 된 **계집애들**의 이름과, 가난한 이웃 사람들의 이름과, **비둘기**, 강아지, 토끼, 노새, 노루, '**프랑시스 잠**', '**라이넬 마리아 릴케**' 이런 시인의 이름을 불러 봅니다.

이네들은 **너무나 멀리** 있습니다.
별이 **아슬히 멀** 듯이,

어머님,
그리고 당신은 **멀리 북간도**에 계십니다.

나는 무엇인지 그리워
이 **많은 별빛**이 내린 언덕 위에

내 **이름자**를 써 보고,

흙으로 덮어 **버리었습니다.**

딴은 **밤**을 새워 우는 **벌레**는

부끄러운 이름을 슬퍼하는 **까닭**입니다.

그러나 **겨울**이 지나고 나의 **별**에도 **봄**이 오면

무덤 위에 **파란** 잔디가 **피어나듯이**

내 **이름자 묻힌** 언덕 위에도

자랑처럼 **풀**이 **무성할** 게외다.

이처럼 낭송할 때. 이 시의 초점, 그러니까 강세가 집중적으로 출현하는 곳은, 전반부에서 4연, 중반부에서 7연, 후반부에서 10연에 놓입니다. 4연에선 「별 헤는 밤」이란 제목에 걸맞게 하나씩 별을 세는 행동이 도드라지고, 7연에서는 가장 빛나는 별인 어머니가 계신 곳이 환기되며, 10연에서 '겨울과 봄/죽음과 부활/무덤과 풀'이라는 의미론적 대립은, 소리-뜻(리듬)이 집중적 출현으로 생성됩니다.

3. 「별 헤는 밤」의 휴지[休止, pause]

멕클레이(Maclay)/오스굿(Osgood)이 말하길 "담화의 유창성은, '쉼'의 시간에 달렸다"고 했습니다. 포즈는 사람의 말이나 텍스트 이해에 큰 도움을 주며, 의미를 확정해주는 역할을 톡톡히 합니다. 우리가 포즈를 적절하게 구사할 때, 포즈는 우리에게 시의 의미와 느낌을 제대로 전달하게 해줍니다. 포즈는 시의 의미를 정확하게 해주며, 관심의 초점을 잘 드러내줍니다.

　포즈라고 하면, 흔히들 띄어 읽는 것만 생각하기 쉽습니다. 그러나 띄어

읽는다는 것은, 붙여 읽는다는 말의 반대말이며, 띄어 읽기의 전제입니다. 포즈에서 붙여 읽기를 소홀하게 다루거나 아예 **빼버리는** 경우가 많습니다. 하지만 붙여 읽기는 매우 중요합니다. 아무리 띄어 읽기를 잘하더라도 붙여 읽기에서 띄어 읽게 되면, 띄어 읽는 곳에 영향을 주어 제대로 된 띄어 읽기마저 어그러집니다. 이는 서로 깊은 연관 관계가 있기 때문입니다.

1) 시에 적용한 '붙여 읽기'

별 **헤는 밤**[헤는 밤]

윤동주

계절이 **지나가는 하늘**[지나가는 하늘]에는
가을로 가득 **차 있습니다**[차 있습니다].

나는 **아무 걱정**[아무 걱정]도 없이
가을 속의 별[가을 속의 별]들을 다 **헤일 듯**[헤일 듯]합니다.

가슴 속[가슴 속]에 하나 둘 **새겨지는 별**[새겨지는 별]을
이제 다 **못 헤는 것**[못 헤는 것]은
쉬이 아침이 **오는 까닭**[오는 까닭]이요.
내일 밤[내일 밤]이 **남은 까닭**[남은 까닭]이요
아직 **나의 청춘**[나의 청춘]이 **다 하지 않은 까닭**[다 하지 않은 까닭]입니다.

별- 하나[별 하나]에 추억과
별- 하나[별 하나]에 사랑과
별- 하나[별 하나]에 쓸쓸함과

별-⌒하나[별 하나]에 동경과
별-⌒하나[별 하나]에 시와
별-⌒하나[별 하나]에 어머니, 어머니,

어머님, 나는 **별-⌒하나**[별 하나]에 **아름다운⌒말**[아름다운 말] 한마디씩 **불러⌒봅니다**[불러 봅니다]. **소학교⌒때**[소학교 때] 책상을 **같이⌒했던⌒아이들의⌒이름**[같이 했던 아이들의 이름]과, 패, 경, 옥, **이런⌒이국⌒소녀들의⌒이름**[이런 이국 소녀들의 이름]과 벌써 **애기⌒어머니⌒된⌒계집애들의⌒이름**[애기 어머니된 계집애들의 이름]과, **가난한⌒이웃⌒사람들의⌒이름**[가난한 이웃사람들의 이름]과, 비둘기, 강아지, 토끼, 노새, 노루, '프랑시스 잠', '라이너 마리아 릴케' **이런⌒시인의⌒이름**[이런 시인의 이름]을 **불러⌒봅니다**[불러 봅니다].

이네들은 너무나 **멀리⌒있습니다**[멀리 있습니다][6].
별이 아슬히 **멀⌒듯이**[멀 듯이],

어머님,
그리고 당신은 멀리 북간도에 계십니다.

나는 무엇인지 그리워
이 **많은⌒별빛**[많은 별빛]이 **내린⌒언덕⌒위**[내린 언덕 위]에
내 이름자를 **써⌒보고**[써 보고],
흙으로 **덮어⌒버리었습니다**[덮어 버리었습니다].

딴은 밤을 **새워⌒우는⌒벌레**[새워 우는 벌레]는

---

6) 이 행에서는 '멀리'가 강조되므로 붙여 읽어야 합니다.

부끄러운⌒이름[부끄러운 이름]을 **슬퍼하는⌒까닭**[슬퍼하는 까닭]입니다.
그러나 겨울이 지나고 **나의⌒별**[나의 별]에도 봄이 오면
무덤 위에 **파란⌒잔디**[파란 잔디]가 피어나듯이
내⌒이름자[내 이름자] **묻힌⌒언덕⌒위**[묻힌 언덕 위]에도
자랑처럼 풀이 **무성할⌒게**[무성할 게]외다.

2) '붙여 읽기'의 근거

포즈의 오류는, 주로 '**쓸 땐 띄어 써야 하지만 읽을 땐 붙여 읽어야 하는 구조**'에서 빈번하게 발생합니다. 언제나 일상에서 쓰는 대로, 모국어 그대로, 시에 쓰인 그대로 읽는 것이 기본이자 최선입니다.

□ 관형형 어미('~ㄴ/~ㄹ', '은/는', '~할') + 명사(=체언)
글로 쓸 때는 띄어 쓰지만, 입으로 읽거나 말을 할 때 〈관형형 어미 'ㄴ/ㄹ'·'은/는'·'~할'+명사〉의 구조에서는 붙여 읽어야 합니다. 수식어는, 수식 대상과 붙여 읽는 것이 기본 원칙입니다. 왜냐하면 수식어와 수식 대상은, 하나의 '의미 덩어리'이기 때문입니다.

만일 동일한 의미 내에서 끊어버리면, 의미 전달력이 떨어지고, 뜻이 왜곡될 수 있습니다. 따라서 수식어와 수식 대상은, 붙여 읽어야 한다는 것입니다. 그래야 그 의미가 자연스럽게 전달되고 운율도 더욱 살아나게 됩니다.

시낭송에서 무엇을 잘하려는 것보다는, 우선 오류에서 벗어나야 합니다. 포즈의 오류는, 대개 쓸 때는 띄어 쓰고, 읽을 때는 붙여 읽어야 하는 곳에서 발생합니다. 예컨대 "이것/그것/저것"에서는 오류가 없습니다. 왜~?! 띄어 쓰이지 않았기 때문입니다. 그러나 "이 사람/그 사람/저 사람"에선 오류의 발생 빈도가 높습니다. 지시 관형사 '이/그/저'는, 쓸 땐 띄어 쓰고, 읽을

때는 수식 대상과 붙여 읽어야 하는데, **'띄어 쓰인 대로 띄어 읽어야 한다는 그릇된 인식'**이 있어 여기서 띄어 읽는 오류가 발생하기 때문입니다. 말을 할 때는 그 오류가 적으나, 글을 읽을 때는 이러한 오류가 우르르 발생합니다.

「별 헤는 밤」에서 붙여 읽어야 하는 '관형형 어미+명사'의 구조는, 다음과 같이 열여덟 구절이 있습니다. ① 헤는 밤, ② 헤일 듯, ③ 헤는 것, ④ 지나가는 하늘, ⑤ 새겨지는 별, ⑥ 오는 까닭, ⑦ 남은 까닭, ⑧ 않은 까닭, ⑨ 아름다운 말, ⑩ 이런 이국, ⑪ 된 계집, ⑫ 많은 별빛, ⑬ 내린 언덕, ⑭ 우는 벌레, ⑮ 부끄러운 이름, ⑯ 슬퍼하는 까닭, ⑰ 파란 잔디, ⑱ 묻힌 언덕.

아래와 같이 붙여 읽어야 할 부분을 붙여 읽으며, 한 행 전체를 읽어보도록 합니다.

① **"헤는 밤"**

☐ "별 <u>헤는 밤</u>" (제목) ⇨ [별 <u>헤는⌒밤</u>(=**헤는밤**)].

② **"헤일 듯"**

☐ "가을 속의 별들을 다 <u>헤일 듯</u>합니다" (2연 2행) ⇨ [<u>헤일⌒듯</u>합니다.(=**헤일듯**합니다.)].

③ **"헤는 것"**

☐ "이제 다 못 <u>헤는 것</u>은" (3연 2행) ⇨ [<u>헤는⌒거슨</u>(=**헤는것**은)].

"헤다"는, '사물의 수효를 헤아리거나 꼽다'라는 뜻인 '세다'의 방언입니다. "헤다"라는 방언도 있습니다. 주로 북쪽 지방에서 쓰였습니다. "헤다"의 '헤'는 어간이고, '다'는 어미입니다. '헤는'의 '는'은, 어미 '다'가 명사를 꾸며주는 관형형으로 바뀐 것입니다. 그리고 '밤'은 보통명사로서 자립명사고, "듯"과 "것"은 의존명사입니다. 명사를 수식하는 관형어와 수식 대상인 명사를 다음과 같이 붙여 읽습니다. 하나 더. '세다'에서 '세'가 장음이므로, '세다'의 의미를 지닌 방언 "헤다" 역시 장음으로 발음합니다.

---

④ "지나가는 하늘"

☐ "계절이 <u>지나가는 하늘</u>에는" (1연 1행) ⇨ [지나가는⌣하늘에는(=지나가는하늘에는)].

⑤ "새겨지는 별"

☐ "가슴 속에 하나 둘 <u>새겨지는 별</u>을" (3연 1행) ⇨ [새겨지는⌣별을(=새겨지는별을)].

⑥ "오는 까닭"

☐ "쉬이 아침이 <u>오는 까닭</u>이요" (3연 3행) ⇨ [오는⌣까닭이요(=**오는까닭이요**)].

⑦ "남은 까닭"

☐ "내일 밤이 <u>남은 까닭</u>이요" (3연 4행) ⇨ [남은⌣까닭이요(=**남은까닭이요**)].

⑧ "않은 까닭"

☐ "아직 나의 청춘이 다하지 <u>않은 까닭</u>입니다" (3연 5행) ⇨ [다하지⌣않은⌣까닭입니다(=**다하지않은까닭입니다**)].

⑨ "아름다운 말"

☐ "나는 별 하나에 <u>아름다운 말</u> 한마디씩 불러 봅니다" (5연 부분) ⇨ [아름다운⌣말(=**아름다운말**)].

⑩ "이국 소녀"

☐ "패, 경, 옥, 이런 <u>이국 소녀</u>들의 이름과" (5연 부분) ⇨ [이국⌣소녀(=**이국소녀**)].

⑪ **"애기 어머니 된 계집애들"**

☐ "벌써 <u>애기 어머니 된 계집애들</u>의 이름과" (5연 부분) ⇨ [애기⌒어머니⌒된⌒계집애들(=애기어머니된계집애들)].

⑫ **"많은 별빛"**

☐ "이 <u>많은 별빛</u>이 내린 언덕 위에" (8연 2행) ⇨ [<u>많은⌒별빛</u>이(=**많은별빛**이)].

⑬ **"내린 언덕"**

☐ "이 많은 별빛이 <u>내린 언덕</u> 위에" (8연 2행) ⇨ [<u>내린⌒언덕</u>(=**내린언덕**)].

⑭ **"우는 벌레"**

☐ "딴은 밤을 새워 <u>우는 벌레</u>는" (9연 1행) ⇨ [<u>우:는⌒벌레</u>(=**우는벌레**)].

⑮ **"부끄러운 이름"**

☐ "<u>부끄러운 이름</u>을 슬퍼하는 까닭입니다" (9연 2행) ⇨ [<u>부끄러운⌒이름</u>(=**부끄러운이름**)].

⑯ **"슬퍼하는 까닭"**

☐ "부끄러운 이름을 <u>슬퍼하는 까닭</u>입니다" (9연 2행) ⇨ [<u>슬퍼하는⌒까닭입다</u>(=**슬퍼하는까닭입니다**)].

⑰ **"파란 잔디"**

☐ "무덤 위에 <u>파란 잔디</u>가 피어나듯이" (10연 1행) ⇨ [<u>파란⌒잔디</u>(=**파란잔디**)].

⑱ "묻힌 언덕"
　□ "내 이름자 묻힌 언덕 위에도" (10연 2행) ⇨ [묻힌⌒언덕(=묻힌언덕)].

(1) '관형사+관형형 어미 '~ㄴ'+명사(=체언)'의 구조

이러한 구조에서의 포즈는, 무호흡 포즈입니다. 호흡 없는 포즈의 길이는 당연히 길지 않습니다. 만일 이때 호흡을 동반한 포즈를 준다면, 그 길이가 길어져 걸맞지 않아 어색해집니다.

① "이런 이국 소녀"
　□ "패, 경, 옥, 이런 이국 소녀들의 이름과" (5연 부분) ⇨ [이런✔이국⌒소녀 (=이런 이국소녀)].

> "아니 뭐, 이런 양반이 다 있어?!"에서 "이런 양반"은, [이런⌒양반(=이런양반)] 처럼 붙여 읽습니다. '관형사+명사'의 구조에선, 붙여 읽는 게 기본 원칙입니다.
> 　그러나 **관형사와 명사 사이에 수식어가 놓인 경우**엔, 다릅니다. 예를 들어 "이런 나쁜 양반이 다 있어"에서 관형사 "이런"과 명사 "양반" 사이에 양반을 꾸며주는 수식어 "나쁜"이 놓인 구절에서는, [이런✔나쁜⌒양반(=**이런 나쁜양 반**)]처럼 관형사 "이런" 뒤에서 띄어 읽어야 합니다. "이런"은 관형사입니다. 그리고 "이국"은, 명사 "소녀"를 꾸며주는 수식어죠. 따라서 위에서와 같이 관형사 "이런" 뒤에서는 띄어 읽어야 하고, "이국"과 "소녀"는 붙여 읽어야 합니다.
> 　간단한 예를 하나 더 들면, "저 신발이 마음에 드는데"에서 "저 신발"은, [저⌒신발(=**저신발**)]처럼 붙여 읽습니다. 그러나 "저 빨간 신발"과 같이 관형사와 명사 사이에 수식어가 놓이면, [저✔빨간⌒신발(=**저 빨간신발**)]처럼 관형사 '저' 뒤에서 띄어 읽어야 합니다.

② "이 많은 별빛이"
　□ "이 많은 별빛이 내리 언덕 위에" (8연 2행) ⇨ [이✔ 많은⌒별빛(=이 많은별삐치)].

"이 많은 별빛이"는 "이런 이국 소녀"와 같은 '관형사+관형형 어미+명사' 구조입니다. 지시 관형사 '이' 뒤에서 띄어 읽고, '많은'과 '별빛'을 붙여 읽으면 됩니다.

지시 관형사 '이' 뒤의 포즈는, '**순간 휴지**'로 그 길이가 짧습니다. 만일 여기서 휴지를 길게 준다면, 아니하는 것만 못 할 것입니다. '순간 휴지'는 말 그대로 짧아야 합니다.

휴지의 오류 중 하나가 모든 휴지의 길이를 거의 동일한 길이라는 것입니다. 포즈에는 물리적 거리가 거의 없이 다만 그 경계만을 나타내 '억양 포즈', 호흡을 동반하지 않은 '무호흡 순간 포즈', 짧은 호흡을 동반하는 '보통 포즈' 등의 '행중(行中) 포즈'가 있습니다. 그리고 행말(行末)의 '긴 포즈'와 연말(聯末)의 '더 긴 포즈'가 있습니다. 그 외에 아주 중요한 시어 앞에서 반드시 '긴 포즈'를 줍니다. 포즈의 길이는, 절대적·물리적 길이가 아닙니다. 다만 '**심리적 길이**'일 뿐입니다.

휴지는 각각의 제 고유한 길이를 존중받을 때, 바로 그때에만 낭송하는 이의 낭송을 적극 존중합니다.

□ 본용언 + 보조용언 — '복합용언'

본용언과 보조용언으로 구성되는 복합용언은, 하나의 동일한 '의미 덩어리'이기 때문에 붙여 읽습니다. 「별 헤는 밤」에서 복합용언은, 다음과 같이 세 유형입니다. ① '**결과 상태**'의 의미를 지닌 '-어/아 **있다**', ② 무엇을 해보는 '**시도**'의 의미를 지닌 '-어/아 **보다**' ③ **소거**의 뜻과 함께 아쉬움 또는 시원함이라는 표현적 의미를 지닌 '-어/아 **버리다**'입니다.

모두 본동사와 보조동사의 결합으로 이루어진 이 시의 복합용언은, 아래와 같이 쓸 땐 띄어 쓰고, 읽을 땐 붙여 읽어야 합니다.

① "**차 있습니다.**"

□ "가을로 가득 <u>차 있습니다</u>" (1연 2행) ⇨ [차⌒있습니다.(=**차있습니다.**].

"차다"는 본동사, "있다"는 보조동사.

② "불러 봅니다."

☐ "나는 별 하나에 아름다운 말 한마디씩 불러 봅니다" (5연 첫 문장)
  ⇨ [불러⌒봅니다.(=**불러봅니다.**)].

☐ "이런 시인의 이름을 불러 봅니다" (5연 둘째 문장) ⇨ [불러⌒봅니다.(=**불러봅니다.**)].

> "부르다"는 본동사, "보다"는 보조동사.

③ "써 보고"

☐ "내 이름자를 써 보고," (8연 3행) ⇨ [써⌒보고(=**써보고,**)].

> "쓰다"는 본동사, "보다"는 보조동사.

④ "덮어 버리었습니다."

☐ "흙으로 덮어 버리었습니다" (8연 4행) ⇨ [더퍼⌒버리었습니다.(=**덮어 버리었습니다.**)].

> "덮다"는 본동사, "버리다"는 보조동사.

☐ 관형사 '의'+체언

수식어와 수식 대상은 붙여 읽습니다. 이렇게 동일한 의미 단위에서는, 붙여 읽습니다.

① 관형사 "아무"+명사 "걱정"

☐ "나는 아무 걱정도 없이" (2연 1행) ⇨ [나는 아무⌒걱정(=**아무걱쩡도**)].

② "속의 별들"은 붙여 읽습니다. '의'는 관형사고, 명사 '별'은 체언입니다.

☐ "가을 속의 별들을 다 헤일 듯합니다" (2연 2행) ⇨ [가을⌣속의⌣별(=가을 속의별)].

☐ 의존명사

의존명사는 자립적 명사가 아닙니다. 앞에 수식하는 말 없이 쓸 수 없는 '비자립적 명사'이므로 의존명사라고 불립니다. 의존명사 역시 앞의 수식어와 붙여 읽습니다.

① 듯¹의명 [듣tɯt]

☐ "가을 속의 별들을 다 헤일 듯합니다" (2연 2행) ⇨ [헤일⌣듯(=헤일듯)].
☐ "별이 아슬히 멀 듯이," (6연 2행) ⇨ [멀⌣듯이(=멀듯이)].

> "듯"은, 관형형 어미 '~ㄴ/은/는/~ㄹ' 뒤에 쓰여 추측을 나타내는 비자립적 의존명사입니다.

② 것¹의명 [걷kʌt].

☐ "이제 다 못 헤는 것은" (3연 2행) ⇨ [헤는⌣것(=헤는것)].

> "것"은, 관형형 조사 '의'나 관형형 어미 '~은/~는' 뒤에 쓰여 일정한 일이나 사건·사실을 뜻하는 의존명사입니다.

③ 게⁹의명 [게ke]

☐ "자랑처럼 풀이 무성할 게외다" (10연 4행) ⇨ [무성할⌣게(=무성할게)].

> "게"는 의존명사 '것'에 주격 조사나 보격 조사 '이'가 붙어서 줄어든 의존명사입니다.

□ 부정형 부사

① 못²[명][몯mot] "못"은 동사가 나타내는 그 동작을 할 수 없다거나 상태가 이루어지지 않았다는 부정형 부사입니다.

▢ "이제 다 못 헤는 것은" (3연 2행) ⇨ [못⌒헤는(=못헤는)].

> 부정형 부사 '~못' 뒤에 이어지는 동사는, 쓸 때는 띄어 쓰고 읽거나 말할 때는 붙여 읽거나 말합니다. 동일한 의미 단위 내에서는 붙여 읽거나 말하는 것이 어법의 원칙이기 때문입니다.
>
> 만일 그저 띄어 쓰인 대로 띄어 읽는다면(실제로 우리 현실에서는 이러한 읽기의 오류가 차고 넘칩니다), 내용의 의미 전달력이 뚝 떨어져버립니다. 그보다도 한국어답지 못합니다. 우리는 한국어를 더욱 아름답게 구사하지 못할지라도, 최소한 한국어를 한국어답게는 발화해야 합니다. 언제든지 기본이 최선입니다. 자, 이제 부정 부사와 동사를 한 번은 띄어 쓰인 대로 띄어 읽고, 한 번은 붙여 읽어보시면서 그 전달력과 리듬과 자연스러움의 차이를 느껴보시기 바랍니다. 실은 우리가 일상의 발화에서 이렇게 잘합니다. 단지 글을 보며 읽을 때 혼란에 빠질 뿐이지요.

□ 동사의 부정형 연결어미 '~지' + 동사

▢ "아직 나의 청춘이 다 하지 않은 까닭입니다." (3연 5행) ⇨ [하지⌒않는(= 하지않은)].

> "~지"는 움직임이나 상태를 부정 또는 금지할 때 쓰는 '동사의 부정형 연결어미' 입니다. '~지'의 뒤에는, 동사 '~않다/말다/못하다' 등이 이어져 '~지 말라/~지 않다/~지 못하다'와 같이 쓰입니다. "지 않다[지⌒않다(=지안타)]"와 같이 '지'와 '지' 뒤에 이어지는 동사 '않다'는, 쓸 땐 띄어 써야 하지만, 읽거나 말을 할 때는 붙여서 읽고 말해야 합니다. 동일한 의미 단위에선 붙여 읽습니다.
>
> 그런데 만일 동일한 의미 단위에서 띄어 읽는다면, 그 내용의 전달력이 떨어져서 설령 쉬운 문장이라도(자신을 포함한) 청자에게 어렵게 들릴 우려가 큽니다. 그러나 무엇보다 이는 한국어답지 못해서 낭패입니다. 한국어를 아름답게 구사하

지는 못할지라도 한국어를 모국어로 사용하는 한국인의 발화와 반하는 건 피해야 합니다. 반면 동일한 의미 단위에서 붙여 읽는다면, 그 내용의 전달력이 높아질 뿐 아니라, 발화의 자연성도 훨씬 향상될 것입니다.

매우 안타깝게도 생각보다 많은 이들이 그저 띄어 쓰인 대로 띄어 읽는 경우가 많습니다. "한국어를 모국어로 하는 한국어 사용자가 맞나?" 하는 생각이 들 때가 없지 않습니다. 이 오류는 참으로 광범위합니다. 옆길로 잠시 샜습니다. 어쨌든 위와 같이 붙여 읽어보겠습니다.

4. 포즈—'띄어 읽기'

'포즈는 언어'랬습니다. 저 침묵은 발화된 말보다 더욱 강력한 말입니다. 포즈는, 언어의 한 구성 요소로 유의미성이 풍부한 언어입니다. 낭독과 낭송의 실력은, 포즈라는 저 여백을 운영하는 그 능력에 따라 팔팔결 달라집니다.

2011년 1월 12일, 미국에서 '애리조나 총기난사사건 희생자의 추모식'이 열립니다. 미국의 오바마 대통령은, 연설에서 총기난사사건으로 숨진 여덟 살의 크리스티나 그린을 언급하며 "나는 우리 민주주의가 크리스티나가 상상한 것과 같이 좋았으면 한다"고 말한 뒤, "우리 모두는 아이들의 기대에 부응하는 나라를 만들기 위해 최선을 다해야 한다"고 덧붙였습니다. 오바마 대통령은 이 말을 한 뒤 말을 잇지 않았습니다. 10초 후 오른쪽을 쳐다봅니다. 다시 10초 후 심호흡을 한 오바마 대통령은, 10초 후 눈을 깜빡이기 시작합니다. 침묵의 시간은 51초나 계속됐으며, 그는 어금니를 깨물고 나서 다시 연설을 이어갔습니다.

"오바마 '51초 침묵' 추모 연설… 미국 울렸다"는 어느 신문의 제목처럼 침묵, 곧 포즈는, 힘이 셉니다. 평소 오바마를 맹비난해오던 보수진영의 인사들까지 찬사를 보냅니다. 포즈의 힘은, 역시 셉니다. 소리로 전하는 말보다 더 강합니다. 그래서 포즈는, 말보다 더 강력한 언어라고 합니다.

미국을 울린 오바마 연설의 힘은, 침묵. 바로 포즈입니다.

포즈에는 물리적 거리가 거의 없이 다만 그 경계만을 나타내 '억양 포즈', 호흡을 동반하지 않은 '무호흡의 순간 포즈', 짧은 호흡을 동반하는 '보통 포즈' 등의 '행중(行中) 포즈'가 있습니다. 그리고 행말(行末)의 '긴 포즈'와 연말(聯末)의 '더 긴 포즈'가 있습니다. 그 외에 아주 중요한 시어 앞에서 반드시 '긴 포즈'를 줍니다. 오바마의 경우처럼 말입니다. 포즈의 길이는, '이것은 몇 초, 저것은 몇 초'와 같이 절대적/물리적 길이가 아닙니다. 다만 **'심리적 길이'**일 뿐입니다.

1) 시에 적용한 '띄어 읽기'

(1) 포즈의 종류

시에서 포즈의 종류는, 크게 두 가지로 구분됩니다. 하나는 시행 끝에 놓이는 '행말(行末) 포즈'. 그리고 시행 중간 나타나는 '행중(行中) 포즈'로 나눌 수 있습니다.

그런데 '행말'이라 하더라도 연(聯) 끝에 놓이는 포즈는, '연말(聯末) 포즈'로 따로 구분해야 합니다. 그러니까 '연말 포즈'는, '행말'이자 동시에 '연말'이기도 합니다. 그런데 '행말 포즈'보다 그 포즈의 길이가 길 수밖에 없습니다. 하나의 연이 끝나고 새로운 연이 시작되는 곳이기 때문입니다. 연이 바뀐다는 것은, 연극으로 치자면 하나의 막이 끝나고 다음 막이 시작되는 사이와 같기 때문입니다. 영화로는 장면 전환이겠고, 산문으론 단락쯤 됩니다. 따라서 **포즈 중 '가장 긴 포즈'**가 **'연말 포즈'**입니다. 그리고 '행말 포즈'는 그저 **긴 포즈**라 할 수 있습니다.

'행말 포즈'는, 행이 끝나는 곳에서 호흡을 동반하는 포즈입니다. 기호는 [/]로 합니다. '연말 포즈'는, 연이 끝나는 곳에서 호흡을 동반하는 포즈입니다.

기호는 [//]로 표기합니다.

시행(詩行) 중간의 '행중 포즈'는, 네 가지입니다. ① 물리적 길이가 없는 '억양 포즈'. ② 무호흡 내지는 아주 미세한 들숨과 날숨이 동반되는 '순간 포즈', ③ 호흡을 동반하는 '보통 포즈'로 구분할 수 있습니다. 그리고 또 ④ 강조해야 하는 시어 앞에서 강조의 크기에 따라 그 길이가 달라지는 포즈가 있을 수 있습니다. 강조하는 포즈는 내용에 따라 그 길이가 다를 수밖에 없습니다. 중요할수록 깁니다. 앞에서도 말했지만, 포즈의 길이는 객관/정량적인 물리적 길이가 아니라, 심리적 길이입니다. 그러므로 딱 몇 초라고 말할 순 없습니다.

'연말 포즈'가 '행말 포즈'보다 그 길이가 길어야 하는 것은, 아주 당연한 일입니다. '연말 포즈'는, 산문과 견주면 단락과 같고, 연극으로 치자면 '막'과 같기 때문입니다. 만일 '행(行)의 끝'이나 '연(聯)의 끝'에서 포즈가 이루어지지 않으면(실제 낭송에서 흔히 나타나기도 함.) 그것은 '운문 읽기'가 아니라, '산문 읽기'가 되어버립니다. 시낭송은, '운문 읽기의 방식'으로 읽어야 합니다. 에드워드 히르시가 말하길 "시는 노래와 말 사이를 거니는 것"이라 했습니다. 히르시의 말에 기대어 밀고 가면, 시낭송은 '노래하는 듯한 말하기' 쯤이 됩니다. 딱 떨어지는 개념은 아니지만, 실제와 견주자면 '레치타티보(Recitativo)'[7]와 유사하다고 할 것입니다. 현대시의 시낭송은, 정형시의 운율적 낭송만으로 다 할 수 없습니다. 아울러 산문 읽기도, 웅변도 아닙니다. 구전동화의 구연은 더더욱 아니지요.

(2) '행말(行末) 포즈'와 '연말(聯末) 포즈'

이 글에서는 감각적 이해를 돕기 위해 '순간 포즈'를 [𝄾][8]로, '보통 포즈'를

---

7) "레치타티보(recitativo)"는, 이탈리아어로 오페라에서 '대사를 노래하는 듯이 말하는 형식'을 가리키는 말입니다. 이 레치타티보의 번역어는, '서창(敍唱)'입니다.
8) '반의반 박자'의 '16분 쉼표'를 뜻합니다.

[ㆍ]9)로, '행말 포즈'를 [ㆍ]10)로, '연말 포즈'를 [▪]11)로 표기합니다. 그러나 이는 편의상 표기일 뿐 절대적 시간의 길이라고 할 수는 없습니다. 다음은, 행말 포즈와 행중 포즈를 시에 적용한 사례입니다.

□ '행말/연말 포즈'

별 헤는 밤▪ 윤동주▪

계절이 지나가는 하늘에는ㆍ
가을로 가득 차 있습니다.▪

나는 아무 걱정도 없이ㆍ
가을 속의 별들을 다 헤일 듯합니다.▪

가슴 속에 하나 둘 새겨지는 별을ㆍ
이제 다 못 헤는 것은ㆍ
쉬이 아침이 오는 까닭이요,ㆍ
내일 밤이 남은 까닭이요,ㆍ
아직 나의 청춘이 다 하지 않은 까닭입니다.▪

별 하나에 추억과ㆍ
별 하나에 사랑과ㆍ
별 하나에 쓸쓸함과ㆍ

---

9) '반 박자'의 '8분 쉼표'를 뜻합니다.
10) '한 박자'의 '4분 쉼표'를 뜻합니다.
11) '두 박자'의 '2분 쉼표'를 뜻합니다.

별 하나에 동경과♪

별 하나에 시와♪

별 하나에 어머니, 어머니,▪

어머님, 나는 별 하나에 아름다운 말 한마디씩 불러 봅니다. 소학교 때 책상을 같이 했던 아이들의 이름과, 패, 경, 옥, 이런 이국 소녀들의 이름과 벌써 애기 어머니 된 계집애들의 이름과, 가난한 이웃 사람들의 이름과, 비둘기, 강아지, 토끼, 노새, 노루, '프랑시스 잠', '라이너 마리아 릴케' 이런 시인의 이름을 불러 봅니다.▪

이네들은 너무나 멀리 있습니다.♪

별이 아슬히 멀 듯이,▪

어머님,♪

그리고 당신은 멀리 북간도에 계십니다.▪

나는 무엇인지 그리워♪

이 많은 별빛이 내린 언덕 위에♪

내 이름자를 써 보고,♪

흙으로 덮어 버리었습니다.▪

딴은 밤을 새워 우는 벌레는♪

부끄러운 이름을 슬퍼하는 까닭입니다.▪

그러나 겨울이 지나고 나의 별에도 봄이 오면♪

무덤 위에 파란 잔디가 피어나듯이♪

내 이름자 묻힌 언덕 위에도

자랑처럼 풀이 무성할 게외다.

□ '행중(行中) 포즈'

별 헤는 밤 / 윤동주

계절이 지나가는 하늘에는

가을로 가득 차 있습니다.

나는 아무 걱정도 없이

가을 속의 별들을 다 헤일 듯합니다.

가슴 속에 하나 둘 새겨지는 별을

이제 다 못 헤는 것은

쉬이 아침이 오는 까닭이요,

내일 밤이 남은 까닭이요,

아직 나의 청춘이 다 하지 않은 까닭입니다.

별 하나에 추억과

별 하나에 사랑과

별 하나에 쓸쓸함과

별 하나에 동경과

별 하나에 시와

별 하나에 어머니, 어머니,

어머님, 나는 별 하나에 아름다운 말 한마디씩 불러 봅니다.

ᵌ 소학교 때╮ 책상을 같이 했던 아이들의 이름과,╮ 패, 경, 옥,
이런 이국 소녀들의 이름과 벌써╮ 애기 어머니 된 계집애들의 이름
과, 가난한 이웃 사람들의 이름과, 비둘기, 강아지, 토끼, 노새,
노루, '프랑시스 잠', '라이너 마리아 릴케' 이런 시인의 이름을
불러 봅니다.

이네들은 너무나╮ 멀리 있습니다.
별이 아슬히╮ 멀 듯이,

어머님,
그리고 당신은 멀리╮ 북간도에 계십니다.

나는╮ 무엇인지╮ 그리워
이╮ 많은 별빛이╮ 내린 언덕 위에
내 이름자를╮ 써 보고,
흙으로╮ 덮어 버리었습니다.

딴은╮ 밤을╮ 새워 우는 벌레는
부끄러운 이름을╮ 슬퍼하는 까닭입니다.

그러나╮ 겨울이 지나고╮ 나의 별에도╮ 봄이╮ 오면
무덤 위에╮ 파란 잔디가╮ 피어나듯이
내 이름자 묻힌 언덕 위에도
자랑처럼╮ 풀이╮ 무성할 게외다.

(2) '붙여 읽기'의 근거

□ '부사' 뒤에서

부사나 부사절 뒤에선 띄어 읽습니다.[12] 그러나 여기서 잠깐, 관심의 초점이 부사와 부사절에 있을 땐, 그때는 반드시 붙여 읽어야 합니다.[13] 띄어 읽으면 뒤엣것이 강조되고, 붙여 읽으면 앞엣것이 강조되기 때문입니다.

① 가득¹閉 [가득: kadɯːk] ¶"가득"은, '무엇이 어떤 장소나 범위에 꽉 찬 모양'을 나타내는 부사입니다.

  □ "가을로 <u>가득</u> 차 있습니다" (1연 2행) ⇨ [가득:✔차⌒있습니다.(가득 차있습니다)].

> 형용사 "가득하다"의 둘째 음절 '득'에서 표현적 장음이 가능합니다.[14] 이에 따라 부사로 쓰인 "가득" 역시 그 둘째 음절의 표현적 장음이 가능하다고 볼 수 있습니다. 뭔가 꽉 찬 모습을 표현할 때, 단음보다는 장음이 훨씬 더 어울려서 시의 회화성을 풍부하게 합니다. 따라서 [가득:]처럼 '득'을 길게 읽습니다.

② 다⁴閉 [다ː taː] ¶"다"는 '남거나 빠진 것 없이 모두'를 뜻하는 정도 부사입니다.

  □ "가을 속의 별들을 <u>다</u> 헤일 듯합니다" (2연 2행) ⇨ [다ː✔헤일⌒듯합니다. (다 헤일듯합니다)].

  □ "이제 <u>다</u> 못 헤는 것은" (3연 2행) ⇨ [다ː✔못⌒헤는⌒것은(=다 못헤는것은)].

---

12) 김종석, 2014, 『연기화술의 이론과 실제』, 연극과인간, 56~57쪽.
13) 오세곤, 2013, 『일반인과 연기자를 위한 연기화술 클리닉』, 이숲, 104~105쪽.
14) 황은하, 2019, 「세종 구어 말뭉치에 기반한 한국어 표현적 장음」, 『어문론총』 제82호, 한국문학언어학회, 256쪽.

◎ 그러나 다음의 경우는 다릅니다.

☐ "아직 나의 청춘이 다 하지 않은 까닭입니다" (3연 5행) ⇨ [아직✔나의⌒ 청춘이(아직 나의청춘이)].

③ 이제튀 [이제 idze] ¶"이제"는 지나간 때와 단절된 느낌을 주는 '바로 이때에'라는 부사입니다.

☐ "이제 다 못 헤는 것은" (3연 3행) ⇨ [이제✔다✔못⌒헤는⌒것은(=이제 다 못헤는것은)].

④ 쉬이튀 [쉬이 ʃwii] ¶"쉬이"는 '어렵거나 힘들지 아니하게'라는 부사입니다.

☐ "쉬이 아침이 오는 까닭이요," (3연 3행) ⇨ [쉬이✔아침이(=쉬이 아침이)].

⑤ 아직튀 [아직 adzik] ¶"아직"은, '어떤 일이나 상태 또는 어떻게 되기까지 시간이 더 지나야 함을 나타내거나, 어떤 일이나 상태가 끝나지 아니하고 지속되고 있음'의 부사입니다.

☐ "아직 나의 청춘이 다 하지 않은 까닭입니다." (3연 5행) ⇨ [아직✔나의(= 아직 나의)].

⑥ 벌써튀 [벌써 pʌ́ls̀ʌ] ¶"벌써"는 '시간이나 기간 따위가 저도 모르게 어느 틈에'라는 시제 호응 부사입니다.

☐ "벌써 애기 어머니 된 계집애들의 이름과," (3연 둘째 문장 부분) ⇨ [벌써✔애기⌒어머니(=벌써 애기어머니)].

⑦ 너무나튀 [너무:나 nʌmuːna] ¶"너무나"는, '일정한 정도나 한계를 훨씬 넘어선 상태라는 너무를 강조한' 정도 부사입니다.

☐ "이네들은 너무나 멀리 있습니다." (2연 2행) ⇨ [너무나✔멀리⌒이씀니

<u>다.(너무나 멀리이쓰니다.)</u>].

관심의 초점이 "있다"에 있는 게 아니라, "멀리"에 있으므로 "멀리"와 "있습니다"는 붙여 읽습니다.

---

⑧ **아슬히**厈 [아슬:히 asʰɯl:hi] ¶"아슬히"는 '매우 아득하게, 까마득하게 아찔아찔할 정도로 높거나 낮게'15)라는 정도 부사. 비슷한 말로 '아스라이'가 있습니다. '아스라히'는 비표준어입니다. 윤동주의 육필 원고에 '아슬히'로 쓰였으므로 '아슬히'로 발음해야 합니다.

☐ "별이 <u>아슬히</u> 멀 듯이," (6연 2행) ⇨ [<u>아슬히:✔멀⌒드시</u>(=**아슬히 멀듯이**)].

⑨ **그리고**厈 [그리고 kɯrigo] ¶"그리고"는 '앞뒤 내용을 나란히 연결할 때 쓰여 앞뒤 문장을 이어주는' 접속 부사입니다.

☐ "<u>그리고</u> 당신은 멀리 북간도에 계십니다" (7연 2행) ⇨ [<u>그리고✔당신은</u> (=**그리고 당신은**)].

⑩ **멀리**厈 [멀:리 mʌʎ:ʎi] ¶"멀리"는 '정해진 정도나 한계에서 몹시 지나치게'라는 부사입니다.

☐ "그리고 당신은 <u>멀리</u> 북간도에 계십니다" (7연 2행) ⇨ [<u>멀:리✔북간도</u>(= **멀리 북간도**)].

⑪ **딴은**厈 [**따는**ˈtanɯn] ¶"딴은"은 '앞엣말을 긍정하여 그럴 듯도 하다는 제 나름의 생각'이라는 부사입니다.

☐ "<u>딴은</u> 밤을 새워 우는 벌레는" (9연 1행) ⇨ [<u>딴은✔밤을</u>(=**딴은 밤을**)].

---

15) 조재수, 2005, 『윤동주 시어 사전―그 시 언어와 표현』, 연세대학교출판부, 462쪽.

⑫ **그러나**[분] [그러나 kɯrʌna] ¶"그러나"는 '앞 내용과 다른 내용을 말할 때, 쓰여 앞뒤 문장을 이어주는' 접속 부사입니다.

　□ "그러나 겨울이 지나고 나의 별에도 봄이 오면" (9연 1행) ⇨ [그러나✔겨울이(=그러나 겨울이)].

　□ '연결어미' 뒤에서

두 문장 이상이 연결어미 '~고/~며'로 이어지는 열거 또는 나열식의 문장에선, 연결어미 뒤에서 띄어 읽습니다.

　① "내 이름자를 써 보고,/ 흙으로 덮어 버리었습니다.//" (8연 3~4행) ⇨ [써⌒보고,/ 흙으로(써보고,/ 흙으로)].

> 여기에선, 연결어미라는 띄어 읽는 요소 말고도 두 가지가 더 있습니다. '쉼표'가 그 하나고, 다른 하나는 '행갈이'라는 것입니다. 따라서 아래의 사례와 같이 행(行) 중간에 있는 연결어미 "고" 뒤에 놓이는 포즈보다는 그 포즈의 길이가 더 깁니다.

　② "그러나 겨울이 지나고 나의 별에도 봄이 오면" (10연 1행) ⇨ [지나고✔나의⌒별에도(=지나고 나의별에도)].

　□ '부름말' 뒤에서

'감탄사나 제시어 또는 부름말과 같은 독립언[獨立言(홀로말)]은, 기능상으로 볼 때 뒤에 따라오는 문장과 관련을 맺지 않는 독립된 성분입니다. 따라서 그 뒤에서 띄어 읽어야 합니다. 그리고 문장부호 뒤에서도 역시 띄어 읽어야 합니다.16)

---

16) 김종석, 앞의 책, 55~56쪽.

「별 헤는 밤」에서 시적 화자는, 어머니를 부릅니다. "어머님"하고 부른 뒤엔, 다음과 같이 포즈를 주어야 합니다.

① "어머님, 나는 별 하나에 아름다운 말 한마디씩 불러 봅니다" (5연 첫 문장) ⇨ [어머님,✔나는(=어머님, 나는)].

> 시인은 **"어머님,"**처럼 어머님 바로 뒤에 반점(,)을 넣었습니다. 띄어 읽으라는 의도입니다, 노래나 음악의 악보라면 쉼표 기호를 넣었을 것이고, 연극을 위한 희곡이었다면 지문에 "어머님,"의 콤마 뒤에서 포즈를 주어야 한다고 설명해놓았을 것입니다. 시인은 7연에서 어머님을 다시 한번 더 부릅니다.

② "어머님,/ 그리고 당신은 멀리 북간도에 계십니다.//" (7연 1~2행) ⇨ [어머님,✔/ 나는(=어머님, 나는)].

> 시인은 7연에서 어머니를 호명하고 난 뒤 쉼표를 넣었을 뿐 아니라, 아예 행갈이까지 했습니다. 여기서의 포즈는 어때야 할까요. 당연히 더 길어야 할 것입니다. 5연의 어머님 뒤의 포즈보다 더 길어야 합니다. 포즈의 길이야 물리적 시간의 길이라기보다는 심리적 길이로서 그 길이를 명토 박아 몇 초라고 단정할 순 없지만, 적어도 한 행의 길이만큼이라고 할 수 있습니다. 행갈이는 강조를 위한 경우일 때가 있습니다. 무엇이든 강조가 되려면 그 앞엔 반드시 긴 포즈가 놓여야 합니다.

□ '조사' 뒤에서

조사 뒤에 오는 포즈는, 특별한 경우를 제외하곤 대부분 '억양 포즈'입니다. 이 '억양 포즈'란 물리적 거리가 거의 없는 포즈다. 예컨대 "아버지가 방에 들어가셨다"에서 조사 '가'와 명사 '방' 사이의 포즈입니다. 직접 한번 말해보면 물리적 거리가 거의 없다는 걸 단박에 알 수 있습니다. 우리가 모국어를 늘 그리 사용하기 때문입니다. 자, 이번에는 "아버지 가방에 들어가셨다"를 말해봅시다. 이 역시 물리적 거리가 없습니다. 낭독이나 시낭송에서 뭔가 어색함을 느꼈다면 그것은, 물리적 거리가 없는 보조사 '은/는', 주격 조사 '이/가', 목적격 조사 '을/를'에서 물리적 거리가 없는 저 억양 포즈에 거리를 두기 때문일 때가 있습니다. 이것은 한국어를 모국어로 사용하는 한국인의 발화 방법이 아닙니다.

□ '문장부호'와 포즈

김종석은, '국어에서 끊어 읽기의 기능'을 설명하며 "마침표[.], 물음표[?], 느낌표[!], 쉼표[,], 말줄임표[…], 따옴표[' '], 묶음표[( )] 이음표[−]와 같은 문장부호 뒤에서는 띄어 읽는다"고 했습니다.17) 「별 헤는 밤」에 쓰인 문장부호는, '쉼표'와 '마침표' 두 가지입니다.

㉮ 쉼표[,]

「별 헤는 밤」의 쉼표에 특징이 있다면, 그것은 '행 끝의 쉼표'라 할 수 있다. '행말'에는, 당연히 포즈가 놓이는데도 쉼표를 적어놓았다는 것입니다. 그것도 여섯 군데나…. 무슨 의미일까요? 포즈에 포즈를 더한 것이라 보입니다. 따라서 템포가 느려지는 흐름의 음악적 효과를 나타내기 위함일 것입니다. 「별 헤는 밤」은, 다양한 리듬을 버무려놓은 것이 그 특징 중 하나입니다. 이 시에서 2연은 보통의 템포고, 4연은 빠른 템포의 리듬으로 흐릅니다. 그 사이 3연이 있습니다. 이 3연은, 차츰 빨라지려는 템포를 조금 늦추며, 자제하려는 듯한 리듬입니다. 그러므로 시인은, 3행 말과 4행 말에 쉼표를 놓았습니다. 이처럼 3행과 4행 끝에 쉼표가 있는 "까닭이요,"가 반복됩니다. 따라서 좀 더 길 포즈를 주어야 합니다. '한 박자 반[♪.]'의 포즈 길이가 걸맞습니다.

---

17) 김종석, 앞의 책, 55쪽.

□ "쉬이 아침이 오는 <u>까닭이요,</u>♪." (3연 3행)
□ "내일 밤이 남은 <u>까닭이요,</u>♪." (3연 4행)

4연은 두 마디의 운문적 리듬입니다. 세 마디보다는 속도감이 있습니다. 5연으로 가면 산문적 리듬으로 바뀝니다. "어머니,"처럼 어머니 뒤에 쉼표가 적혔습니다. 4연 마지막 행과 5연의 첫 문장을 봅시다. 4연 마지막 행인 6행에서 "어머니, 어머니,"가, 그리고 바뀐 연의 첫 문장에서 "어머님"이 출현합니다.

□ "별 하나에 <u>어머니, 어머니,</u>// <u>어머님</u>, 나는 별 하나에 아름다운 말 한마디씩 불러 봅니다."

4연에서 시적 화자는, 천상의 별과 지상의 별을 하나씩 연결하다가 가장 아름다운 별인 어머니에서 그만 덜컥, 합니다. 따라서 행중의 '어머니' 뒤의 쉼표에서 한 박자 반의 쉼표 [♪.]를, 행말이자 연말에 놓인 '어머니' 뒤의 쉼표에는 세 박자 쉼표 [▃]를 표기합니다. 포즈의 길이란, 그 중요성에 따라 그만큼 길어지기 때문입니다. 게다가 이어지는 5연이 산문적이라서 템포가 빨라지므로, 바로 직전에 더욱 느려지는 것입니다. 이렇게 빨라지기 전에 느려지는 것을 '구조적 지연' 또는 '구조적 강박'이라고 부릅니다.

□ "별 하나에 <u>어머니,</u>♪. 어머니,▃." (4연 6행, 4연의 마지막 행)
□ "<u>어머님,</u>╮ 나는 별 하나에 아름다운 말 한마디씩 불러 <u>봅니다</u>♪" (5연 첫째 문장)

① "<u>어머님</u>♪ 나는 별 하나에 아름다운 말 한마디씩 불러 <u>봅니다</u>♪" (5연 첫째 문장)
② "소학교 <u>때</u>╮ 책상을 같이 했던 아이들의 <u>이름과,</u>╮ <u>패,</u>╮ <u>경,</u>╮ <u>옥,</u>╮ 이런

이국 소녀들의 <u>이름과,</u> 벌써 아기 어머니 된 계집애들의 <u>이름과,</u> 가난한 이웃 사람들의 <u>이름과,</u> <u>비둘기,</u> <u>강아지,</u> <u>토끼,</u> <u>노새,</u> <u>노루,</u> '프랑시스 잠', '라이너 마리아 릴케,' 이런 시인의 <u>이름을,</u> 불러 봅니다.//" (5연 둘째 문장)

③ "별이 아슬히 멀 <u>듯이,</u>." (6연 2행)

④ "<u>어머님,</u>/ 그리고 당신은 멀리 북간도에 계십니다.18)(7연 1행~2행)

⑤ "내 이름자를 써 <u>보고,</u>." (8연 3행)

㉴ 마침표[.]

• '연말'에 놓인 마침표

「별 헤는 밤」에서 '연(聯) 말[끝]'에 마침표가 놓인 곳은, 모두 여덟 군데다. 이곳에선 '두 박자 정도의 포즈 길이'가 반복된다. 하여 두 박자 쉼표 기호 [▪]로 표기한다.

① "가을로 가득 차 <u>있습니다.</u>▪" (1연 2행)

② "가을 속의 별들을 다 헤일 <u>듯합니다.</u>▪" (2연 2행)

③ "아직 나의 청춘이 다 하지 않은 <u>까닭입니다.</u>▪" (3연 5행)

④ "소학교 때 책상을 같이 했던 아이들의 이름과, 패, 경, 옥, 이런 이국 소녀들의 이름과 벌써 아기 어머니 된 계집애들의 이름과, 가난한 이웃 사람들의 이름과, 비둘기, 강아지, 토끼, 노새, 노루, '프랑시스 잠', '라이 너 마리아 릴케' 이런 시인의 이름을 불러 <u>봅니다.</u>▪" (5연 둘째 문장)

⑤ "그리고 당신은 멀리 북간도에 <u>계십니다.</u>▪" (7연 2행)

⑥ "흙으로 덮어 <u>버리었습니다.</u>▪" (8연 4행)

⑦ "부끄러운 이름을 슬퍼하는 <u>까닭입니다.</u>▪" (9연 2행)

⑧ "자랑처럼 풀이 무성할 <u>게외다.</u>▪" (10연 4행)

---

18) [/]은 행말, [//]는 연말을 나타내는 기호로 썼습니다.

• '행말'에 놓인 마침표

'행(行) 끝'에 놓인 마침표에는 한 박자 쉼표 기호 [𝄽]로 표기한다.

① "이네들은 너무나 멀리 있습니다.𝄽" (6연 1행)

• '행중'에 놓인 마침표

'행(行) 중'에 놓인 마침표에도 한 박자 쉼표 기호 [𝄽]로 표기한다. 5연은 산문적이며 두 문장으로 이루어진 긴 시이므로 '행의 중간'에 놓인 마침표더라도 한 박자 정도의 포즈 길이가 적당해 보인다.

① "어머님, 나는 별 하나에 아름다운 말 한마디씩 불러 봅니다.𝄽" (5연 첫 문장)

2) 시에 적용한 '포즈'의 종합

별︷ 헤는⌒밤▬ 윤동주▬.

계절이︷ 지나가는⌒하늘에는𝄽.
가을로︷ 가득︷ 차⌒있습니다.▬
나는︷ 아무︷ 걱정도︷ 없이𝄽.
가을⌒속의⌒별들을︷ 다︷ 헤일⌒듯합니다.▬

가슴⌒속에︷ 하나 둘, 새겨지는⌒별을𝄽.
이제︷ 다︷ 못⌒헤는⌒것은𝄽.
쉬이︷ 아침이︷ 오는⌒까닭이요,𝄽.
내일⌒밤이︷ 남은⌒까닭이요,𝄽.

아직 나의 청춘이 다 하지 않은 까닭입니다.

별 하나에 추억과.
별 하나에 사랑과.
별 하나에 쓸쓸함과.
별 하나에 동경과.
별 하나에 시와.
별 하나에 어머니, 어머니,

어머님, 나는 별 하나에 아름다운 말 한마디씩 불러 봅니다.
소학교 때 책상을 같이 했던 아이들의 이름과, 패, 경, 옥,
이런 이국 소녀들의 이름과 벌써 애기 어머니 된 계집
애들의 이름과, 가난한 이웃 사람들의 이름과, 비둘기, 강
아지, 토끼, 노새, 노루, '프랑시스 잠', '라이너 마리아 릴케'
이런 시인의 이름을 불러 봅니다.

이네들은 너무나 멀리 있습니다.
별이 아슬히 멀 듯이,

어머님,
그리고 당신은 멀리 북간도에 계십니다.

나는 무엇인지 그리워.
이 많은 별빛이 내린 언덕 위에.
내 이름자를 써 보고,
흙으로, 덮어 버리었습니다.

딴은, 밤을 새워 우는 벌레는.
부끄러운 이름을 슬퍼하는 까닭입니다.

그러나 겨울이 지나고, 나의 별에도 봄이 오면.
무덤 위에 파란 잔디가 피어나듯이.
내 이름자 묻힌 언덕 위에도.
자랑처럼 풀이 무성할 게외다.

5. 고저장단

1) 시에 적용한 장음

별:[별] **헤·는**[헤는] 밤 / **윤:-동주:**[윤동주][19]

계:저리[계절이]][20] 지나가는 하늘에는
가을로 **가득:**[가득] 차 있습니다.

나는 **아·무**[아무] 걱정도 **업:씨**[없이]
가을 **속:**[속]의 **별:드를**[별들을] **다:**[다] **헤·일**[헤일] 듯합니다.

가슴:[가슴] **속·**[속]에 하나 **둘:**[둘] 새겨지는 **별:**[별]을
이제 **다:**[다] **몯·**[못] **헤·는**[헤는] 것은
쉬이 **아침·**[아침]이 오는 **까달·기요**[까닭이요],

---

19) 윤동주(尹東柱): '성씨 윤(尹)'은 상성, '동녘 동(東)'은 평성, '기둥 주(柱)'는 상성.
20) 계절(季節): '철 계(季)'는, 거성, '마디 절(節)'은 입성.

내일 밤이 **나:믄**[남은] **까닭**·기요[까닭이요],
아직 나의 청춘21)이 **다:**[다] 하지 않은 **까닭**·깁니다[까닭입니다].

별:[별] 하나에 **추억**·[추억]과
별:[별] 하나에 **사랑**·[사랑]과
별:[별] 하나에 **쓸쓸**:함[쓸쓸함]과
별:[별] 하나에 **동경:**[동경]22)과
별:[별] 하나에 시와
별:[별] 하나에 어머니, 어머니,

어머님, 나는 **별:**[별] 하나에 아름다운 **말:**[말] 한마디씩 **불:**러[불러] 봅니
다. **소학:꾜**[소학교]23)때 **책**:쌍[책상]을 같이 했던 아이들의 **이름**·[이름]
과, **패**·[패], **경**·[경], **옥**·[옥],24) 이런 **이·국**[이국]25) **소·녀**[소녀]26)드레
이름·[이름]과 벌써 애기 어머니 된 **계**·지배[계집애]들의 **이름**·[이름]과,
가난한 이웃 **사:람**[사람]들의 **이름**·[이름]과, **비둘기:**[비둘기], 강아지,
토끼, 노새, 노루, '프랑시스 잠', '라이너 마리아 릴케' 이런 시인에 **이름**·[이
름]을 불러 봅니다.

이네들은 **너무:나**[너무나] **멀:**리[멀리] 있습니다.
별:[별]이 **아슬:히**[아슬히] **멀:**[멀] 듯이,

---

21) '청춘(靑春)', 모두 평성.
22) 동경(憧憬): '그리워할 동(憧)'=평, '그리워할 경(憬)'=상. 사전에는 [동:경]으로 제시됐습
니다. 오류입니다.
23) '작을 소(小)'는 상성, '배울 학(學)'은 입성, '학교 교(校)'는 거성.
24) '노리개 패(佩)'=거성, '거울 경(鏡)'=거성, '구슬 옥(玉)'=입성.
25) 이국(異國): '다를 이(異)'=거성.
26) 소녀(少女): '작을 소(小)'는 상성이고, '어릴 소(少)'는 거성.

어머님,
그리고 당신은 **멀∷리**[멀리] **북∘-간도**[북간도]27)에 **계·십니다**[계십니다].

나는 무엇인지 그·리워[그리워]
이 **마ː는**[많은] **별ː삐치**[별빛이] 내린 언덕 위에
내 **이름·-짜ː**[이름자]를 써 보고,
흙으로 덮어 버리었습니다.

딴은 밤을 **새·워**[새워] **우ː는**[우는] **별∘레**[벌레]는
부끄러운 **이름·**[이름]을 슬퍼하는 **까달·김니다**[까닭입니다].

그러나 **겨울·**[겨울]이 지나고 나의 **별ː**[별]에도 봄이 오면
무덤·[무덤] 위에 파란 **잔디·**[잔디]가 피어나듯이
내 **이름·-짜ː**[이름자] 묻힌 언덕 위에도
자·랑[자랑]28)처럼 풀이 **무·성할**[무성할]29) 게외다.

2) 장음에 대한 근거

한자는, 사성 중 상성/거성의 음절을 장음으로 삼습니다. 우리말은 이미
15세기에 『훈민정음 해례본』, 『동국정운』, 『훈몽자회』 등에서 상성과 같이
'더 긴소리'는 음절 옆에 방점을 두 개, 거성과 같이 '긴소리'는 한 개를 찍어

---

27) '북'은 입성, '간'은 평성, '도'는 상성.

28) '자랑'은 일반적 한국어사전에는 단음 [자랑]으로, 그리고 발음사전에는 장음 [자ː랑]으로
표기돼 있습니다.

29) "무성(茂盛)"의 첫음절 '우거질 무(茂)'는 거성이고, '성할 성(盛)' 역시 거성이다. 첫음절
'무'만 장음으로 읽고, 둘째 음절은 짧게 읽는다. 장음은 둘째 음절에서 단음화되기
때문이다. '성(盛)'이 '성할 성'이 아니라, '그릇 성'이나 '담을 성'으로 쓰일 때는 거성이
아니라 평성이 된다.

놓았다. 짧은소리는 방점이 없습니다. 한국어 사전의 장음 구별은, 이를 밑절미로 삼습니다. 한자어가 상성과 거성이면 장음이고, 평성이면 단음입니다. 고유어는 방점이 찍힌 글자가 장음이고, 방점이 없는 글자가 단음입니다.

그러나 시간의 장구한 흐름 속에서 바뀐 음절도 없진 않습니다. 상성이 평성으로 바뀌기도 하고, 반대로 평성이 상성으로 바뀌는 경우도 있습니다. 따라서 장/단음의 변화가 있었습니다. 그리고 현재의 한국어 사전이 완전무결하다고는 할 수 없습니다. 사전의 오류가 없을 수는 없겠습니다. 밝혀진 사전의 오류에 대해선 설명하겠습니다. 사전이 장/단음을 서로 달리 표기한 경우도 있습니다. 그럴 경우엔, 그 이유를 설명할 것입니다.

(1) 어휘적(=기저) 장음

① **별**¹몡 [**별:** pyʌːl] ¶"우주에서 반짝이는 천체."
　□ "**별:**[별] 헤는 밤 / 윤동주" (제목).

> "별¹"은, [별ː]처럼 발음되는 가장 긴소리다. 이미 15세기 『훈민정음 해례본』에서 방점을 두 개를 찍어놓아 가장 긴소리인 상성[30]임을 밝혔습니다.
>
> 반면에 같은 음의 한자어 "나눌 별²(別)"은, 짧은소리입니다. 이 '별(別)'은, 사성(四聲) 중 입성(入聲). 입성은 폐쇄음으로 '짧고 높으며 촉급한 소리'입니다. 입성이 짧다고는 하나, 단음인 평성(平聲)과 같지는 않습니다. 입성은 긴소리인 '측성(仄聲)'에 속하는 소리이기 때문입니다. 측성 중에서 짧다는 뜻입니다. 그리고 입성은 짧은소리도, 긴소리도 다 있다. 그중에 공통점은 촉급한 소리라는 것입니다. 하여 짧지도 길지도 않은 '비장비단(非長非短)'의 소리라고 불립니다.
>
> 따라서 우리말 '별¹'은, "별ː[별]이 빛나는 밤에"와 같이 '묵직하고 높아지는 소리'로 발음하고, 한자어 '별²(別)'은 "별[별] 뾰족한 수가 없네"처럼 단음으로 발음합니다. 그러나 "별로"처럼 '별²(別)' 뒤에 음절이 붙으면, '별'이 [별ː로]

---

30) "ㄹ은 여·돌위월이요:**별**위성지류(ㄹ은 如·돌爲月이요 :**별**爲星之類)" (이영호, 2019, 『훈민정음 해례본』, 달아실, 131쪽).

장음으로 발음됩니다. 모음의 길이가 길어지는 게 아니고, 자음의 길이가 길어지는 장자음 현상이 나타나는 것이다. "별¹"은 늘 장음이지만, "별²(別)"은 상황과 조건에 따라 변화합니다.

이렇게 '별(星)[별:]/별(別)[별]'처럼 그 소리의 길이와 높이에 따라 의미가 달라집니다. 하여 장단은 그 뜻을 달리하는 하나의 의미가 됩니다.

'별¹'은 여러 시편에 자주 등장하는 단골 시어입니다. 이 시에서도 별은, 제목을 포함해 모두 열세 번 나옵니다. 만일 '별'을 잘못 발음한다면, 열세 번 틀리게 됩니다. 하지만 정확하게 발음한다면, 시의 음운이 살아 별처럼 빛나는 낭송이 될 것입니다.

한 가지 더. 장음은 그 한 음절만을 그저 길게만 읽어서 될 일이 아닙니다. 장음의 앞뒤 음절이 짧아집니다. 따라서 장음의 앞뒤에 놓인 음절을 짧게 발음해야 합니다. 한 가지만 알아선, 하나도 모르는 일이 벌어질지도 모릅니다. 장음을 단지 길게만 읽어서도 안 됩니다. 긴소리는 묵직하며 낮은 소리에서 높은 소리로 올라가는 소리로 발음해야 합니다. 그래야 비로소 장음이 제대로 구현됩니다.

② 둘圀 [둘: tuːl] ¶"하나에 하나를 더한 수."

☐ "가슴 속에 하나 둘:[둘] 새겨지는 별을" (3연 1행).

③ 말¹圀 [말: maːl] ¶"음성 기호나 문자 기호로 나타나는 사고(思考)의 표현 수단. 또는 그 체계."

☐ "어머님, 나는 별 하나에 아름다운 말:[말] 한마디씩 불러 봅니다" (5연 첫 문장).

"말(語)"은 장음이고, "말(斗)"과 "말(馬)"은 단음입니다. "승마 초보자가 말[말] 타고 가면서 무슨 말:[말]을 그렇게 많이 하니?!"처럼 장단음을 구별해 발음해야 합니다. 이럴 때 장단은 곧 의미입니다.

단음을 발음할 때와 장음을 발음할 때는, 그 시작 시점이 중요합니다. 짧은 음절일수록 마치 '못갖춘마디'처럼 좀 늦는 듯 시작하고, 긴소리일수록 '꾸밈음'처럼 발화 시점이 조금 일러야 합니다. 그럴 때 더욱 자연스러운 발음이 가능해진다. 세심히 살피면 그러하다는 걸 알게 됩니다. 아는 만큼 들리고, 들리는 만큼 말할 수 있습니다.

④ **사람**몡 [**사:람** sʰaːram] ¶“‘직립 보행’을 하거니와, 언어와 도구를 사용하고, 문화를 향유하며 생각과 웃음을 지닌 동물.”

☐ “가난한 이웃 **사:람**[사람]들의 이름과” (5연 둘째 문장 부분).

『훈민정음 해례본』에 “사람”의 첫음절 ‘사’의 왼쪽에 방점을 둘 찍어놓았습니다. 한자뿐 아니라, 우리 고유어에도 방점을 두 개 찍어 그것이 ‘더 긴소리’인 상성임을 밝혀놓았습니다. 더 길게 읽으라는 뜻입니다. 오늘날 발화의 속도가 빨라져 장음의 길이도 그만큼 짧아져 쉬이 알아듣기 어려울 수 있겠지만, 발화 속도가 빠르지 않을 때, 특히 사극의 대사나 시낭송을 할 땐 그 장음의 길이가 확실하게 들립니다. 따라서 이럴 땐, 잘 된 발음이든 잘못된 발음이든 더욱 도드라지므로 더욱더 정확하게 발음해야 합니다.

⑤ **많은**관 [**마:는** maːnɯn] ¶“일정한 기준치보다 위에 있다는 뜻이고, ‘많은’은 ‘많다’의 어간 ‘많’에 관형형 전성어미 ‘은’이 붙어 관형형이 된 것.”

☐ “이 **마:는**[많은] 별빛이 내린 언덕 위에” (8연 1행).

⑥ **우는**관 [**우:는** uːnɯn] ¶“‘울다’는 기쁘거나 슬프거나 아파서 소리를 내며 눈물을 흘린다는 뜻이다. 그리고 ‘우는’은, ‘울다’의 어간 ‘울’에 관형형 전성어미 ‘는’이 붙어 관형형이 된 것.”

☐ “딴은 밤을 새워 “**우:는**[우는]” 벌레는” (9연 1행).

받침 ‘ㄹ’은, 뒤의 음절 ‘ㄴ’ 앞에서 탈락합니다. “울다”의 어간 자음 ‘울’의 받침이 ‘ㄹ’이고, 어미 “는”의 첫 자음이 ‘ㄴ’입니다. 따라서 “울다”의 관형형

'울는'은, '우는'으로 표기되고, 발음도 그리합니다.

　한 가지 더. "울다/울고/울지/우는"은, 모두 '[울:다]/[울:고]/[울:지]/[우:는]' 처럼 첫음절이 장음으로 발음됩니다. 그러나 "울어"는 다릅니다. 첫음절의 장음이 단음화돼 [우러]처럼 첫음절이 짧습니다. 따라서 "울어"만은 첫음절을 짧게 발음해야 합니다. 물론 이 시의 시어 "우는"은, 길게 발음하고요.

　⑦ **소학교**명 (小學校) [**소ː학꾜** sᵒːhakʼkyo][31] ¶"'소학교'는 초등교육기관. '초등학교'의 예전 말. '소학교'는, 일제 말기 1941년에 '국민학교'로 바뀌었다가, 1996년에 '초등학교'로 바뀜."

　□ "**소ː학꾜**[소학교] 때 책상을 같이 했던 아이들의 이름과" (5연 둘째 문장 부분).

　"소학교"의 '소'는, '작을 소(小)'입니다. 긴소리인 '상성'으로 장음이므로 길게 발음합니다.

　⑧ **헤다**동 [**헤ː다** heːda] ¶"'세다'의 옛말."

　□ "별 **헤ː는**[헤는] 밤 / 윤동주" (윤동주, 「별 헤는 밤」, 제목).

　'헤다'의 '헤'는 거성으로 추측됩니다. 사전에는, "세다"의 방언으로서 단음이라 표기해놓았습니다. 사전에서 장단음의 근거를 제시하는 사전은, 어느 경우에도 없습니다. 그것이 설령 '발음사전'일지라도. 하지만 글쓴이는 "헤다"를 장음으로 규정합니다. '헤'를 '거성(去聲)'으로 추측하기 때문입니다. 거성은 가장 긴소리인 상성(上聲) 다음으로 긴소리입니다.

　"헤다"는 '사물의 수효를 헤아리거나 꼽다'라는 뜻 "세다[세ː다]²"의 방언인데, 이 첫음절 '세'가 장음입니다. 또 "헤아리다[헤ː아리다]"의 첫음절 '헤' 역시 장음이고요. "세다"의 '세', "헤아리다"의 '헤'는, 상성인 "별[별ː]"보다는 조금 짧게

---

31) '작을 소(小)'는 상성, '배울 학(學)'은 입성, '학교 교(校)'는 거성.

발음되며, '지나치게 익다'라는 경남 지방의 방언으로서의 단음 "세다[세다]"보다
는 깁니다. 그러므로 "헤다"를 거성으로 추측하는 것입니다. 발화해보면 분명
사전에서 제시하는 것처럼 단음으로 발음되지 않는다는 걸 입과 귀로 확인할
수 있을 것입니다.

　그런데도 '헤'를 짧게 발음한다면, "불을 '**켜다**'"라는 뜻의 방언인 '헤다⁵'가
돼 "사물의 수효를 '헤아리는' 동사"가 아니라, "불을 '켜는' 행위"로 그 의미가
달라질 수 있습니다. 따라서 "헤다"는, [**헤:**다]로 발음해야 한다고 생각합니다.

⑨ 속¹명 [속: sʰoːk] ¶"물체의 안쪽 중심 부분."

□ "가을 <u>속</u>[속]의 별들을 다 헤일 듯합니다" (1연 1행).

　'의'는 측성성 조사로서 장음입니다. 속이 장음이므로 "속의"의 장음 구조는,
'장+장' 구조입니다. 이러한 '장+장 구조'에선, 첫음절만 장음으로 실현되고,
둘째 음절의 장음은 단음화됩니다. 따라서 첫음절 장음 '속'은 길게, 둘째 음절
측성성 장음 '의'는 짧게 발음합니다.

⑩ 못명 [몯· moˑt] ¶"주로 행동이나 작용을 나타내는 동사 앞에 쓰여,
동사가 나타내는 행동이나 작용을 할 수 없다는 부정의 뜻을 나타내는 말."

□ "이제 다 <u>몯</u>·[못] 헤는 것은" (3연 2행).

　"못 하다"는 부정 부사 '못'과 동사 '하다'를 합친 말입니다. 쓸 때는 띄어서
쓰고, 읽을 땐 붙여 읽어야 합니다. 동일한 의미 단위이기 때문입니다. '못'이
장음이고, 뒤의 '헤'도 장음입니다. 그러나 장음 뒤의 장음은, 단음화되므로 이때
둘째 음절의 장음 '헤'는 단음으로 짧게 발음되어야 합니다.

⑪ 남은관 [나·믄 naˑmɯn] ¶"'남은'은 잊히거나 없어지지 않고 뒤에까지
전한다는 뜻을 지닌 자동사 '남다'의 관형형."

☐ "내일 밤이 **나·믄**[남은] 까닭이요" (3연 4행).

⑫ **계집애**몡 [계·지배 k(y)e·dziʤɛ] ¶"나이 어린 여자를 홀하게 이르는 말."

☐ "벌써 아기 어머니 된 **계·지배**[계집애]들의 이름과" (5연 둘째 문장 부분).

⑬ **그리워하다**동 [그·리워 kɯ·riwʌ] ¶"간절하게 보고 싶어하다."

☐ "나는 무엇인지 **그·리워**[그리워]" (1연 1행).

⑭ **새워**동 [새·워 sʰɛ·wʌ] ¶"내내 한숨도 자지 않고 지내다."

☐ "딴은 밤을 **새·워**[새워] 우는 벌레는" (1연 1행).

⑮ **자랑**몡 [자ː랑 tsaːraŋ]32) ¶"자기와 관계있는 것을 남에게 드러내어 뽐냄."

☐ "**자ː랑**[자랑]처럼 풀이 무성할 게외다" (10연 4행).

⑯ **패**몡 (佩) [**패:** pʰɛ:] ¶"중국인 소녀의 이름."

☐ "**패:**[패], 경, 옥, 이런 이국 소녀들의 이름과" (5연 둘째 문장 부분).

　　윤동주의 소학교 때 친구로 "패(佩)/경(鏡)/옥(玉)"이 있습니다. 이 여학생들은, 윤동주와 소학교 때 책상을 같이했던 이국 소녀들입니다. 이국 소녀라 하니 한국인은 아닙니다.

　　「별 헤는 밤」 5연에 "佩, 鏡, 玉"이라고 한자로만 쓰였습니다. 이를 우리말로는 "패, 경, 옥"이라 발음하지만, 중국어로는 이 '찰 패(佩)'를 '페이[pèi]', '거울경(鏡)'을 '찡[jing]', '구슬 옥(玉)'을 위[yù]로 발음합니다. 윤동주는 별빛이 내린 언덕 위에서 어머니를 부르고 나서 이 소녀들의 이름을 부릅니다.

---

32) 이주행·이규항·김상준, 2008, 『표준 한국어 발음 사전』, 지구문화사, 588쪽. 여느 한국어사 전에는 "자랑"의 '자'를 단음으로 표기했다. 글쓴이는, 발음사전을 따랐다.

윤동주는 시를 쓸 때, 저 이국 소녀(=중국 소녀)들의 이름을 어떻게 발음했을까, 또 그가 소학교를 다닐 때 이국 소녀들의 이름을 어떻게 불렀을까, 하는 생각을 해봅니다. "패, 경, 옥?" 아니면 "페이, 찡, 위…?!"

윤동주를 사랑하는 일본인이 「별 헤는 밤」을 낭송하며 한국식 발음의 '패/경/옥'을 일본식으로 발음하고, 중국인은 또 한국식 발음을 중국식으로 발음합니다. 이때 저 소녀의 이름은, 차츰 실체와 멀어집니다. 글쓴이는, 시에서 한자로만 쓰인 중국 소녀의 이름 "佩, 鏡, 玉"은, '패/경/옥'보다는 중국의 발음대로 '페이, 찡, 위'로 발음해야 한다고 생각합니다. 고유명사이기 때문입니다.

그건 그렇고, '찰 패(佩)'는 거성입니다. 가장 긴소리인 상성 다음으로 긴소리입니다. 장음으로 길게 발음해야 합니다.

⑰ **경**명 (鏡) [**경**: kyʌːŋ] ¶"중국 소녀의 이름."

☐ "패, **경**:[경], 옥, 이런 이국 소녀들의 이름과" (5연 둘째 문장 부분).

'거울 경(鏡)'도 사성에서 거성으로 장음으로 길게 발음합니다.

⑱ **이국**명 (異國) [**이**:국 iːguk] ¶"다른 나라."

☐ "패, 경, 옥, 이런 **이**:국[이국] 소녀들의 이름과" (5연 둘째 문장 부분).

'다를 이(異)'는 사성에서 거성으로 장음이므로 길게 발음합니다.

⑲ **소녀**명 (少女) [**소**녀 sʰoːɲyʌ] ¶"아직 충분히 성숙하지 않은, 나이 어린 여자아이."

☐ "패, 경, 옥, 이런 이국 **소**녀[소녀]들의 이름과" (5연 둘째 문장 부분).

작을 소(小)'는 상성이고, '적을 소(少)'는 거성으로 상성보다 조금 짧은, 긴소리입니다. 길게 발음합니다.

(2) 장자음(長子音)

일반적으로 장음은 모음이 길게 발음되는 것입니다. 그러니까 모음이 긴 것입니다. 그런데 장자음은, 자음이 길어진다고 해서 붙은 이름입니다. 우리말에서 종성 받침 'ㄱ/ㅂ' 음절에서 나타납니다. 'ㄱ/ㅂ'이 초성으로 쓰일 때는 파열되지만, 종성으로 쓰일 때는 폐쇄되는 내파음입니다. 따라서 폐쇄된 상태의 **소리 없는 묵음의 길이가 조금** 유지됩니다. 그러니까 소리 없는 소리의 구간이 존재한다는 것이고, 이를 장자음이라는 개념으로 정리한 것입니다. 장자음의 발음 기호를 기재하는 사전은, 아주 드뭅니다. 시낭송에서 이런 세심한 부분까지 구현한다면, 차별화된 낭송을 실현할 수 있으리라 여깁니다.

① **걱정**몡 [걱ː쩡 kʌ̀ktˢʌŋ] ¶"어떤 일이 잘못될까 불안해하며 속을 태움."
☐ "나는 아무 **걱ː쩡**[걱정]도 없이" (2연 1행).

② **책상**¹몡 (冊床) [책ː쌍 tˢʰɛ̀ːkˢaŋ] ¶"앉아서 책을 읽거나 글을 쓰거나 사무를 보거나 할 때에 앞에 놓고 쓰는 상."
☐ "소학교 때 **책ː쌍**[책상]을 같이 했던 아이들의 이름과," (5연 첫째 줄).

③ **북간도**몡 (北間島) [북ː간도ː puːkk̀ando] ¶"두만강과 마주한 간도 지방의 동부."
☐ "어머님/ 당신은 멀리 **북ː간도ː**[북간도]에 계십니다" (7연 2행).

(3) 부사의 표현적 장음화

① **가득**²뭐 [가득ː kaduːk] ¶"무엇이 어떤 장소나 범위에 꽉 차 있는 모양을 나타내는 말."
☐ "가을로 **가득ː**[가득] 차 있습니다" (1연 2행).

② **아직²**[뛰] [아직: adziːk] ¶"때가 되지 못하였거나 미처 이르지 못하였음을 나타내는 말."

　　□ "**아직:**[아직] 나의 청춘이 다 하지 않은 까닭입니다" (3연 5행).

③ **너무나**[뛰] [너:무나 nʌːmuna/ **너무:나** nʌmuːna] ¶"정해진 정도나 한계에 몹시 지나치게."

　　□ "이네들은 **너무:나**[너무나] 멀리 있습니다" (6연 1행).

> "너무나"는 첫음절에도 그리고 둘째 음절에도 장음화가 가능합니다. 시의 6연 1행에서는 둘째 음절의 장음화가 시의 맥락에 더 어울립니다.

(4) 형용사의 표현적 장음

① **쓸쓸함**[명] [쓸:쓸함 ˈsɯːlsɯlham/**쓸쓸:함** ˈsɯlsɯːlham] ¶"'쓸쓸함'은 형용사 '쓸쓸하다'의 어미 '하'에 'ㅁ'이 붙여서 명사화된 품사.

　　□ "별 하나에 **쓸쓸:함과**[쓸쓸함과]" (4연 3행).

> '~하다 형용사'에서는, 첫음절에 표현적 장음화가 가능하기도 하지만, 대부분은 '하'의 앞 음절에서 장음화됩니다. "쓸쓸하다"는 [쓸:쓸하다]처럼 첫음절, 그리고 [쓸쓸:하다]처럼 둘째 음절 어디에서도 장음화가 가능합니다. 시의 맥락과 분위기에 따라, 낭송자의 취향에 따라 첫음절이나 둘째 음절을 선택적으로 수용하여 낭송해도 무방합니다.
>
> '~하다 형용사'에서는, 첫음절에 표현적 장음화가 가능하기도 하지만, 대부분은 '하'의 앞 음절에서 장음화됩니다. "쓸쓸하다"는 [쓸:쓸하다]처럼 첫음절, 그리고 [쓸쓸:하다]처럼 둘째 음절 어디에서도 장음화가 가능합니다. 시의 맥락과 분위기에 따라, 낭송자의 취향에 따라 첫음절이나 둘째 음절을 선택적으로 수용하여 낭송해도 무방합니다. 이 시에서도 역시 첫음절보다는 둘째 음절에서의 표현적 장음이 더 어울리는 듯합니다.

② **아슬히**[부] [**아슬:히** asʰɯːlhi)/**아슬히:** asʰɯlhiː] ¶"'아슬히'는 형용사 '아슬하다' 어간 '하'의 모음 'ㅏ'에 'ㅣ'를 붙여 부사화된 품사."

☐ "별이 **아슬:히**[아슬히] 멀 듯이" (6연 2행).

3) 기저장음에 표현적 장음 더하기

① **아무**[관] [**아::무** aːːmu][33] ¶"'없다/앓다/못하다'의 부정어와 함께 쓰여, '전혀·어떠한'이라는 뜻의 관형사."

☐ "나는 **아::무**[아무] 걱정도 없이" (2연 1행).

② **다**⁴[부] [**다::** taːː][34] ¶"남거나 빠짐이 없이 모두."

☐ "이제 **다::**[다] 못 헤는 것은" (3연 2행).

③ **멀리**[부] [**멀::리** mʌːːʎʎi][35] ¶"⊙ 한 시점이나 지점에서 시간이나 거리가 몹시 떨어져 있는 상태로."

☐ "이네들은 너무나 **멀::리**[멀리] 있습니다" (6연 1행).

④ **무성하다**[형] (茂盛-하다) [**무성:하다** muːsʰʌːnhada] ¶"잘 자라서 우거질 정도로 빽빽하다."

☐ "자랑처럼 풀이 **무성**[무성]할 게외다" (10연 4행).

> "무성(茂盛)"의 '우거질 무(茂)'는 긴소리인 '거성', '성할 성(盛)'은 짧은소리인 '평성'입니다. 따라서 [**무성**]처럼 첫음절 '무'를 길게 발음하고, 성은 짧게 발음합

---

33) 황은하, 2019, 「세종 구어 말뭉치에 기반한 한국어 표현적 장음 연구」, 『어문론총』 제82호, 한국문학언어학회. 265쪽. 〈부록2〉: "'연세 한국어사전'에 등재되지 않은 의미강조 장음 실현 부사 212개 및 장음 실현 위치(235개.)"

34) 황은하, 위의 글.

35) 황은하, 앞의 글.

발음합니다. 이때의 성은 단음의 길이보다 조금 더 짧아집니다. 장음 뒤의 음절이 짧아지는 것은 보편적 현상입니다.

6. 'ㄹ' 중첩 자음'의 장음화

자음이 중첩되는 예로 "달래"를 들 수 있습니다. 중첩 자음은, 첫음절 '달'의 받침 'ㄹ'과 둘째 음절 '래'의 초성 'ㄹ'이 이어지는 걸 말합니다. 두 음절의 음소를 풀어 놓으면 [다ㄹㄹㅐ]입니다. 밑줄 친 것처럼 'ㄹ'이 이어져 중첩되어 있습니다. 이탈리아어 '아름답다'를 'bello'라 하고, 아랍어 '신(神)'을 'Allah'라 하는데, '벨로'와 '알라'도 풀어놓으면 [ㅂㅔㄹㄹㄴ], [ㅇㅏㄹㄹㅏ]입니다.

"달래"와 같은 '중첩 자음'은, '홑자음' 소리의 길이와 달라서 중첩되는 'ㄹ'의 첫음절 '달'이 장음화됩니다. "벨로"와 "알라"도 마찬가지로 '벨'과 '알'이 장음화됩니다.36) 'ㄹ' 중첩 자음이 장음화되는 이유는, 한 가지 더 있습니다.

'ㄹ'은, 초성으로 쓰일 때 '탄설음'으로 발음됩니다. 그러나 종성 받침으로 쓰일 때는, '설측음'으로 발화됩니다. 탄설음은, 소리의 길이가 짧다. 혀끝을 경구개에 댔다 순간적으로 튕기듯 떼며 발화하기 때문입니다. 그러나 설측음은, 다릅니다. 달라도 팔팔결 다르지요. 혀의 양 측면으로 공기가 흐르며 나는 소립니다. 고로 그 길이가 길어질 수밖에 없습니다. 이 'ㄹ'은, 아주 특이하여 자음인 주제에 마침 모음과 같은 특성을 지닙니다. 'ㄹ'이 괜히 유음(流音)이 아니었습니다.

'신라(新羅)'는, [실라(ㅅㅣㄹㄹㅏ)]로 발음됩니다. 이렇게 중첩 자음으로 발화되므로 이 역시 첫음절 '실'이 장음화될 수 있습니다. "싫어[실어(ㅅㅣㄹㅓ)]"와

---

36) 양순임, 2011, 「한국어 중첩 비음의 길이에 대한 고찰」, 『한국어학』 제51권, 한국어학회, 94쪽.

같은 홑자음 'ㄹ'보다, 더 길게 발음됩니다.

사실이 그러하므로 우리는, 표준발음법의 구속에서 과감하게 벗어나 현실의 생생한 말의 규칙성을 따라 살아있는 말의 리듬을 구현해야 합니다. 「별 헤는 밤」에서 나타난 중첩 자음들은, 다음과 같이 장음으로 발음해야 합니다.

① **가을로**몡 [**가을:로** kaɯːllo] ¶"'로' 움직임의 방향을 나타내는 부사격 조사."
□ "**가을:로** 가득 차 있습니다" (1연 1행).

② **불러**동 [**불ː러** puːllʌ] ¶"'불'은 '부르다'의 어간이고, '러'는 어미."
□ "어머님, 나는 별 하나에 아름다운 말 한마디씩 **불ː러** 봅니다" (5연 첫째 문장).

③ **벌레**몡 [**벌:레** pʌːlle] ¶"여러 무척추동물을 통틀어 이르는 말."
□ "딴은 밤을 새워 우는 **벌:레**[벌레]는" (9연 1행).

7. 복합어의 '경계' 읽기

윤동주몡 [**윤ː-동주ː**] ¶"1941년 11월 5일, 「별 헤는 밤」을 창작한 시인 몡."
□ "별 헤는 밤 / **윤ː-동ː주ː**[윤동주]" (시인 몡).

> 윤동주의 '성씨 윤(尹)'은 가장 긴소리인 상성입니다. 그리고 이름의 첫음절 동(東)은, 짧은소리 평성으로 단음이고, 둘째 음절 주(柱)는, 상성으로 장음입니다. 각 글자의 길이 그대로 '윤'은 길게, '동'은 짧게, '주'는 길게 발음합니다.
> 좀 더 구체적으로 말하면 '윤'은 가장 길게 발음하고도 좀 더 길게 읽는 동시에 맺어주는 억양으로 발음합니다. 성명에서 성과 이름은 붙여 읽어야 합니다. 단일한 단위이기 때문입니다. 복합어는 붙여 읽는 것이 원칙이지요. 하지만,

잠깐, 잠깐만. 성과 이름 사이에 '경계'는 두어야 합니다. 경계는 넓은 범주에서 띄어 읽기의 일종이지만, 물리적 거리는 없습니다. 두 단어가 합쳐져 만들어진 복합어 중 앞의 단어 마지막 음절을 길게 발화하게 되면 생기는 것이 바로 경계입니다. 다만 그뿐이다. 모든 복합어의 경계 읽기의 방법은 실은 이렇게 간단하다. 복합어 읽기의 발음 방식은, 단일어 읽기의 발음과 다릅니다. 단일어는 음절과 음절 사이에 포즈도 경계도 없습니다. 하여 이를 '폐쇄연접'이라 합니다. 그러나 복합어는 비록 붙여 쓰였지만 음절과 음절 사이에 경계가 지어집니다. 하여 이를 '개방연접'이라고 합니다. 복합어를 기준에 따라 바르게 발음하면 우리말의 가락은 생생하게 살아날 뿐 아니라, 노래와 같아집니다.

8. 더 짧아지고 높아지는 소리—'평고조(平高調)'

"평측(平仄)"이라는 말이 있습니다. 첫음절 '평(平)'은, "평성(平聲)"이라는 말입니다. 이 평성은 짧은소리를 가리키는 '단음(短音)'입니다. 둘째 음절 '측(仄)'은, "측성(仄聲)이라는 말입니다. 곧 '측성=장음'입니다. 그러니까 '평측'은, '짧은소리-긴소리', 즉 '단/장(短/長)'이다.

'평성'은 평성 한 가지뿐인데, '측성'에는 세 가지가 있습니다. '상성·거성·입성'이 그것이죠. '상성(上聲)'은 가장 긴소리고, '거성(去聲)'은 상성 다음으로 긴소리입니다. 그리고 마지막으로 '입성(入聲)'이 있는데, 이 입성의 성질은 아주 특이합니다. 입성은 매우 **'촉급한 소리'**입니다. 촉급하니 당연히 짧은소리인데도, 긴소리의 범주인 '측성'에 속한다는 것입니다. 대체 왜 그럴까요? 입성은, 한자어에서 'ㄱ/ㅂ/ㄹ' 받침이 있는 음절입니다. 책상(冊床)의 '책', 입장(立場)의 '입', 실낙원(失樂園)의 '실'이 입성입니다. 상성과 거성보다 구분하기는 쉽습니다.

정리하면 소리는 '짧은소리/긴소리(=평/측)'으로 나뉘고, 긴소리는 다시 상성·거성·입성으로 나뉩니다. 우리말에서 저 상성·거성을 장음으로 삼습니다.

이 두 가지 음의 특징은, 모두 모음이 길어진다는 것이죠. 그리고 입성은, 비록 촉급하고 짧은소리지만, 폐쇄된 뒤 소리 없는 상태가 지속되는 소리로 실제로는 소리가 나지 않는 묵음의 구간이 존재합니다. 그 묵음의 길이를 포함하므로 '장자음'이라 하는 것입니다. 이리하여 긴소리인 **측성**은, 장모음의 **'상성'**과 **'거성'**, 그리고 장자음의 **'입성'**으로 구성됩니다.

평성은 단음 한 가지라고 했습니다. "춘천(春川)"과 "청춘(靑春)"은, 모두 짧은 음절로 구성된 단어입니다. '봄 춘(春)', '내 천(川)', '푸를 청(靑)'이 모두 '평성(平聲)'이기 때문이다. 이 평성의 성격은 낮고, 가벼우며, 잔잔한 소리입니다. 이렇게 '단음+단음'으로 구성된 단어는, 그 짧은 음의 길이 그대로 둘 다 단음으로 [춘천(=♪♪)], [청춘(=♪♪)]처럼 발음하면 됩니다.

그리고 '장음+단음'의 구조도 그 음의 길이 그대로 발음됩니다. 수건(手巾)의 '수'는 상성으로 장음이고, '건'은 평성으로 단음입니다. 따라서 첫음절의 장음을 길게, 둘째 음절의 단음은 짧게 [수건(=♩♪)]처럼 발음됩니다. 여기까지는 그 음의 길이 그대로 발음됩니다. 그러나 '장음+장음'의 구조는 다릅니다. 그 길이 그대로 발음되지 않습니다. 첫째 음절의 장음만 장음으로 실현되고, 둘째 음절의 장음은 장음으로 발음되지 않습니다. 둘째 음절의 장음은, 단음화 돼 짧게 발음됩니다. 이 규칙에는 어떤 예외도 없습니다. 예를 들면 "허가(許可)"의 첫음절 '허락할 허(許)'와 둘째 음절 '들어 줄 가(可)'는, 상성으로 모두 장음이다. 그런데 첫음절 '허'만 장음으로 발음되고, 둘째 음절의 장음 '가'는 단음화됩니다. 따라서 [허:가(=♩♪)]처럼 첫음절의 장음 '허'는 길고, 둘째 음절의 장음 '가'는 짧게 발음됩니다. 이 역시 예외 없는 규칙입니다. 우리말은, 이처럼 고정되지 않고, 상황과 조건에 따라 달라집니다. 살아 숨 쉬는 말이요, 살아 있기에 변화무쌍한 언어입니다.

이제 '단음+장음'의 구조에선, 어떤 변화가 일어나는지 살펴보겠습니다. '"단+장'의 구조에서 **"단음은, 장음 앞에서 그 길이가 더욱 짧아지고, 높이는 더욱 높아"**집니다. 단음이 '극단음화'되는 순간입니다. 가장 짧은소리로 변합니다. 예를 들면 "기본(基本)"의 첫음절 '기(基)'는 평성으로 단음이고, 둘째 음절 '본(本)'은 상성으로 장음입니다. 그러므로 [기본(♪♩)]처럼 첫음절을 그저 단음으로, 둘째 음절을 장음으로 발화되는 게 아닙니다. 첫음절 단음의 '기'가 아연 긴장하여, 돌연 짧아지며 높아집니다. 그리고 둘째 음절은, 장음의 제 음가 그대로 길게 유지됩니다. 둘째 음절이 짧아지면 그 음운은 무너지고 맙니다. 따라서 [기본(♪♩)]으로 발음되어야 한다는 것입니다. 이를 '평고조' 현상이라고 하죠. 만일 실제 발화에서 평고조를 구현하지 못한다면, 자연스럽고 리듬감 있는 말은 불가능해집니다. '근본(根本)'도 '기본'과 마찬가지로 '단+장'의 구조입니다. 그러므로 평고조 현상에 따라 [근본(♪♪)]이 아니라, [근본(♪♩)]처럼 발음됩니다. 이러한 '단음+장음'의 구조는, 단음이 마치 높은 뜀틀과 같은 저 장음을 넘어보려고 달려오다가 발판을 힘차게 구르며 튀어 오르려는 그 순간과 같다고 할 수 있습니다. 이 순간은, 매우 순식간이어서 짧습니다. 그리고 높아지는 건, 짧아졌기 때문입니다. '단음+장음'은, '뜀틀 넘기'와 같은 음률입니다. 이러한 이치가 평고조의 율동이요, 가락이며, 리듬입니다.

　고유어에서 평고조의 예를 조금만 들어보면 다음과 같습니다. "소리[소리:(♪♩)]", "[뿌리:(♪♩)]", "[바늘:(♪♩)]", "[무덤:(♪♩)]", "[아들:(♪♩)]", "[기름:(♪♩)]"…. 이들을 사전에서 제시하듯 "[소리(♪♪)]", "[뿌리(♪♪)]", "[바늘(♪♪)]", "[무덤(♪♪)]", "[아들(♪♪)]", "[기름(♪♪)]과 견줘 발음해 보면, 과연 어떤 것이 실제의 현실적 발음인지 구분할 수 있을 것입니다. 고저장단은 이렇게 시퍼렇게 살아 있습니다. 이 고유어는, 15세기에 둘째 음절에 장음 표시인 방점을 찍어 둘째 음절이 장음이라는 걸 표시해놓은 낱말들입니다.

　가락은, 말과 달리 오랫동안 변하지 않는 보수성이 있습니다. 다만, 시대가 빨라지면서 말이 빨라져 장단의 길이도 덩달아 빨라졌기에 장단을 구분하기 더 어려워졌을 뿐이지, 결코 소멸되거나 없어지지 않았습니다. 사전의 한계를 벗어나 현실에서 생생하게 쓰이는 말로 시를 낭송해야 합니다. 그래야 시인이

의도한 그 리듬에 가닿을 수 있습니다. 우리가 버려야 할 건, 장단과 가락을 거세한 기계음과 같은 발음법이고, 우리가 취해야 할 건 현실의 저 생생한 날것의 소리입니다.

영어와 중국어는 조사가 없습니다. "나는 너를 사랑한다"를 조사 없이 "나 너 사랑"이라고 하면 됩니다. 그러니 문장을 발음하기가 단순하고 쉽습니다. 그러나 한국어는 그렇지 않죠. 한국어는, 단어와 함께 조사의 장단이 버무려져야 제대로 된 발을 구현할 수 있습니다.

「춘천은 가을도 봄이지」에서 '춘천은'의 구조는, '평평측(=단단장)'이 됩니다. 조사 '은/는'은, 우리말에서 측성성(=장음성)이기 때문입니다. 이럴 때 "춘천은"에서 둘째 음절 '천'이 평고조됩니다. "춘천은"은 '단음+단음+단음'으로 발음되지 않고, '단음+극단음+장음'으로 발음된다는 것입니다. 둘째 음절이 평고조되기 때문입니다. 따라서 "춘천은"은, [♪♪♪]도, [♪♪♩]도 아니고 바로 [♪♬♪]이라는 것입니다. 이렇게 되면 아름다운 우리말이 더욱 아름다워집니다. 리듬은 살아나면서 말하는 것에는 힘이 덜 듭니다. 억지스럽지 않으면 불필요한 곳에 힘이 들어가지 않는 법입니다. 이렇게 힘 빼는 일은, 실은 시간이 좀 걸리긴 합니다.

"가을도"에서 '가을'의 두 음절은, 둘 다 평성으로 단음입니다. 15세기 문헌을 보면, 두 음절에는 방점이 찍히지 않았습니다. 그리고 보조사 '도'는, 측성성 조사로 장음입니다. 이 역시 [가을도(♪♪♪)]로 발음해선 우리말이 제대로 구현되지 못합니다. 셋째 음절 보조사 '도'가 장음이고, 그 앞의 음절 '을'이 단음입니다. 그런데 단음은, 장음 앞에서 평고조됩니다. 원래 짧은소리가 별안간 더 짧아지며, 낮고 잔잔하게 발음되던 소리가 돌연 아주 높아집니다. 이것이 바로 평고조입니다. 따라서 '가을도'는, '단+단+단'이 아니라 '단+극단+장'의 음장 구조로 변합니다. 하여 [가을도:(♪♬♪)]처럼 발음됩니다. 이를 이어서 "춘천은 가을도"의 고저장단은, [춘천은: 가을도:(♪♬♪ ♪♬♪)]로 발음됩니다.

이제 「별 헤는 밤」에서의 '평고조' 현상을 살피겠습니다.

① **가슴**¹명 [**가슴**: kásʰɯːm]³⁷⁾ ¶"신체의 어깨로부터 시작해 명치에 이르는 부분."

☐ "**가슴**:[가슴] 속에 하나 둘 새겨지는 별을" (3연 1행).

> "가슴"의 첫음절 '가'는 '평성성(=단음)'이고, 둘째 음절 '슴'은 '측성성(장음)'입니다. 따라서 '가'의 음절이 짧아지고 높아지며, '슴'은 장음의 길이가 유지되어 [**가슴**:(♪♪)]으로 발음됩니다.
>
> "가슴 속에"는 [가슴⌒-속에(가슴-속에)]처럼 붙여 읽습니다. '가슴'과 '속에'의 사이에 물리적 거리는 거의 없지만, '경계'가 존재합니다. 경계의 기호는 [-]입니다. "속"은 장음이고, 처격 조사 '에'는 측성성(=장음) 조사다. 그런데 앞의 음절 '속'이 장음이므로 측성성 조사 '에'는, 단음화됩니다. 따라서 "가슴속에는 [**가슴**:-속:에(♪♩-♩♪)]로 발음됩니다.

② **아침**명 [**아침**: átsʰiːm] ¶"날이 샐 무렵부터 오전의 중간쯤까지의 동안."

☐ "쉬이 **아침**:[아침]이 오는 까닭이요" (3연 3행).

> "아침"의 첫음절 '가'는 '평성성(=단음)'이고, 둘째 음절 '슴'은 '측성성(장음)'입니다. 따라서 첫음절 '야'의 음절이 짧아지고 높아지며, 둘째 음절 '침'은 장음의 길이가 유지돼 [**아침**:(♪♪)]으로 발음됩니다. "가슴이"에서 셋째 음절의 측성 조사 '이'가 측성 음절 뒤에 이어지므로 조사 '이'는, 단음화됩니다. 따라서 "가슴이"는 [**가슴**:이(♪♩♪)]로 발음됩니다.

③ **까닭**명 [**까닥**: kádaːk] ¶"어떤 일이나 현상의 원인 또는 조건."

☐ "쉬이 아침이 오는 **까닭**:기요[까닭이요]" (3연 3행).

☐ "내일 밤이 남은 **까닭**:기요[까닭이요]" (3연 4행).

---

37) 손종섭, 2016, 『우리말의 고저장단』, 김영사, 460쪽.

조사 "이요"는 '측성성 조사'인데, 첫음절 '이'가 단음이고, 둘째 음절이 장음입니다. '단+장' 구조로 '이'가 '평고조'되고, 장음 '요'는 그 길이가 유지됩니다. 따라서 "까닭이요"는, [까달:기요:(♩♪♩♪)]로 발음됩니다.

☐ "쉬이 아침이 오는 **까달:김니다**[까닭입니다]" (3연 5행).

조사 "입니다"는 '측성성 조사'인데, 첫음절과 둘째 음절 '입니'가 단음이고, 셋째 음절이 장음입니다. '단+단+장' 구조로 둘째 음절 '니'가 '평고조'되고, 셋째 음절 장음 '다'는 그 길이가 유지됩니다. 따라서 "까닭입니다"는, [까달:김니다:(♩♪♩♪♪)]로 발음됩니다.

④ **사랑**멍 [사랑: sʰaraːŋ] ¶"다른 사람을 애틋하게 그리워하고 열렬히 좋아하는 마음."

☐ "별 하나에 **사랑:**[사랑]과" (4연 2행).

조사 "과"는 '측성성 조사'로 장음입니다. "사랑과"는 음장은, '단+장+장'이지만 '단+장+단'의 구조로 변화됩니다. 왜냐하면 장음 뒤의 장음은, 단음화되기 때문입니다. 따라서 "사랑과"는, [사랑:과(♩♪♪)]로 발음됩니다.

⑤ **이름**멍 [이름: iruːm] ¶"어떤 사물이나 단체를 다른 것과 구별하여 부르는 일정한 칭호."

☐ "소학교 때 책상을 같이 했던 아이들의 **이름:**[이름]과," (5연 둘째 문장).

"이름과"는, 위의 "사랑과"와 같은 이치로 발음됩니다.

⑥ **겨울**멍 [겨울: kyʌuːl] ¶"한 해의 네 철 가운데 넷째 철. 가을과 봄 사이이며, 낮이 짧고 추운 계절."

☐ "그러나 **겨울:**[겨울]이 지나고 나의 별에도 봄이 오면" (1연 1행).

> "겨울이" 역시, 앞의 "사랑과"와 같은 이치로 발음됩니다.

⑦ **무덤**명 [무덤: múdʌːm] ¶"송장이나 유골을 묻은 곳."

　□ "<u>**무덤:**[무덤]</u> 위에 파란 잔디가 피어나듯이" (10연 2행).

⑧ **잔디**명 [잔디: tsándiː] ¶"볏과의 잔디, 물잔디, 금잔디, 비로드잔디, 갯잔디 따위를 통틀어 이르는 말."

　□ "무덤 위에 파란 <u>**잔디:**[잔디]</u>가 피어나듯이" (10연 2행).

> "잔디가" 역시, 위의 "겨울이"와 같은 이치로 발음됩니다.

⑨ **추억**명 (追憶) [추억: tsʰúʌːk] ¶"지난 일을 돌이켜 생각함."

　□ "별 하나에 <u>**추어:꽈**[추억과]</u>" (4연 1행).

> "추억과"에서 둘째 음절 '억'은, 입성입니다. 종성 받침 'ㄱ'이 폐쇄음이기 때문에 '억'하고 촉급하게 발음되자마자 막혀 폐쇄되는 소리입니다. 장자음 현상으로 묵음의 길이가 존재하게 됩니다. 따라서 셋째 음 '과'가 장음이지만, 장음 뒤에 오는 장음은 단음화되므로 '과'는 짧게 발음됩니다. 짧게 발음하자마자 바로 들숨을 들이쉬면 아주 자연스러운 발화가 됩니다. 모든 건 이렇게 상호 연관이 깊습니다.

⑩ **동경**명 (憧憬) [동경: tóngyʌːŋ][38] ¶"흔히 겪어 보지 못한 대상에 대하여 우러르는 마음으로 그리워하여 간절히 생각함"

　□ "별 하나에 <u>**동경:**[동경]</u>과" (4연 4행).

---

38) 동경(憧憬)의 첫음절 '그리워할 동(憧)'은, 평성으로 단음입니다. 그리고 '그리워할 경(憬)'은, 상성으로 장음입니다. 사전에는 [동:경]으로 제시되어 있습니다. 정반대의 발음 구조로 사전의 오류입니다. 따라서 위와 같이 [동경:]으로 발음해야 합니다. [동:경]과 [동경:]은 하늘과 땅 차이입니다.

> "동경과"는, 위의 "이름과"와 같은 음장의 구조로 바뀌는 이치로 발음됩니다.

⑪ **북간도**명 (北-間島) [북ː-̆간도: pukː-k̆andoː] ¶"두만강과 마주한 간도 지방의 동부."

□ "그리고 당신은 멀리 **북ː-̆간도:**[북간도]에 계십니다" (7연 2행).

> "북간도"의 첫음절 '북'은 입성입니다. 폐쇄음으로 장자음으로 발음됩니다. 그리고 셋째 음절 '섬 도(島)'는 상성으로 가장 긴 장음입니다. 둘째 음절 '사이 간(間)'은 평성으로 단음입니다. 단음은 장음 앞에서 평고조되어 더 짧아지며 아연 높아지므로 [북ː-̆간도:]처럼 발음됩니다. 북과 간 사이에 [-] 기호는 복합어의 경계 표시입니다. 복합어는 단일어와 달리 두 합친 두 단어 사이에 경계가 존재합니다. 따라서 앞 단어의 마지막 음절을 조금 길게 발음해야 합니다. 앞의 복합어 읽기(성명으로서 윤동주)를 참고하시기 바랍니다.

9. 시에 적용한 표준발음

왼쪽의 짙은 글자는 표준발음법에 따라 표기한 단어고, 오른쪽 괄호 안의 문자는 맞춤법에 맞게 쓰인 것입니다. 그리고 글자 위 방점은, 문법과 어법이 서로 다른 글입니다. 이 둘을 한눈에 보며 읽으면, 더욱 도움이 될 것입니다.

별 헤는 밤/ 윤동주

계쳐리[계절이] 지나가는 **하느레는**[하늘에는]
가을로 가득 차 **이씀니다**[있습니다].

나는 아무 **걱쩡도**[걱정도] **업씨**[없이]
가을 **소긔**[속의] **벼드를**[별들을] 다 헤일 **드탑니다**[듯합니다].

가슴 **소게**[속에] 하나 둘 새겨지는 **벼를**[별을]
이제 다 **모 테는**[못 헤는] **거슨**[것은]
쉬이 **아치미**[아침이] 오는 **까달기요**[까닭이요],
내일 **바미**[밤이] **나믄**[남은] **까달기요**[까닭이요],
아직 나의 **청추니**[청춘이] 다 하지 **아는**[않은] **까달김니다**[까닭입니다].

별 하나에 **추억꽈**[추억과]
별 하나에 사랑과
별 하나에 쓸쓸함과
별 하나에 동경과
별 하나에 시와
별 하나에 어머니, 어머니,

어머님, 나는 별 하나에 아름다운 말 한마디씩 불러 **봄니다**[봅니다]. **소학꾜**[소학교] 때 **책쌍**[책상]을 **가치**[같이] **핻떤**[했던] **아이드릐**[아이들의] 이름과, 패, 경, 옥, 이런 이국 **소녀드릐**[소녀들의] 이름과 벌써 애기 어머니 된 **계지배드릐**[계집애들의] 이름과, 가난한 **이욷**[이웃] **사람드릐**[사람들의] 이름과, 비둘기, 강아지, 토끼, 노새, 노루, '프랑시스 잠', '라이너 마리아 릴케' 이런 **시이늬**[시인의] **이르믈**[이름을] 불러 **봄니다**[봅니다].

이네드른[이네들은] 너무나 멀리 **이씀니다**[있습니다].
벼리[별이] 아슬히 멀 **드시**[듯이],

어머님,

그리고 **당시는**[당신은] 멀리 **북깐도**[북간도]에 **계심니다**[계십니다].

나는 **무어신지**[무엇인지] 그리워

이 **마는**[많은] **별삐치**[별빛이] 내린 언덕 위에

내 **이름짜를**[이름자를] 써 보고,

흘그로[흙으로] **더퍼**[넢어] **버리어씀니다**[버리었습니다].

따는[딴은] **바믈**[밤을] 새워 우는 벌레는

부끄러운 **이르믈**[이름을] 슬퍼하는 **까달김니다**[까닭입니다].

그러나 **겨우리**[겨울이] 지나고 나의 **벼레도**[별에도] **보미**[봄이] 오면

무덤 위에 파란 잔디가 **피어나드시**[피어나듯이]]

내 **이름짜**[이름자] **무친**[묻힌] 언덕 위에도

자랑처럼 **푸리**[풀이] 무성할 게외다.

1) 표준발음의 근거들 ①: 연음법칙(連音法則)

(1) 제 자리를 내어주고 사라지는 조사 '이'의 초성 'ㅇ'

"날이 춥다"에서 어절 '날이'는, [**나리**]로 발음합니다. 이는 체언 '날'의 받침 'ㄹ'이 주격 조사 '이'의 첫소리인 'ㅇ' 자리로 옮겨져 발음되기 때문입니다. 「표준발음법 13항」에서 받침이 주격 조사 '이'와 결합할 때, 그 받침은 제 음가 그대로 '이'의 첫소리인 'ㅇ' 자리로 옮겨 발음된다고 규정합니다.

「별 헤는 밤」에서 이러한 연음법칙이 적용되는 어절은, '계절이/아침이/밤이/청춘이/별이/별빛이/봄이/풀이' 모두 여덟 가지입니다.

조사 '이'의 초성 자음 'ㅇ'은, 언제나 앞 음절의 종성 자음 받침에게 제

자리를 기꺼이 내어주고, 자신은 가뭇없이 사라집니다.

① "**계절이**"는, [**계져리** k(y)edzʌri]로 발음합니다. "계절이"는 '절'의 받침이 'ㄹ'이고, 뒤 음절 조사가 '이'입니다. 따라서 "계절이"는, [**계져리**]로 발음됩니다.
　☐ "**계져리**[계절이] 지나가는 하늘에는" (1연 1행).

② "**아침이**"는 [**아치미** atsʰimi]로 발음합니다. "아침이"는 '침'의 받침이 'ㅁ'이고, 뒤 음절 조사가 '이'입니다. 따라서 "아침이"는, [**아치미**]로 발음됩니다.
　☐ "쉬이 **아치미**[아침이] 오는 까닭이요," (3연 3행).

③ "**밤이**"는 [**바미** pami]로 발음합니다. "밤이"는 '밤'의 받침이 'ㅁ'이고, 뒤 음절 조사가 '이'입니다. 따라서 "밤이"는, [**바미**]로 발음됩니다.
　☐ "내일 **바미**[밤이] 남은 까닭이요," (3연 4행).

④ "청춘이"[**청추니** tsʰʌntsʰuɲi]로 발음합니다. "청춘이"는 '춘'의 받침이 'ㄴ'이고, 뒤 음절 조사가 '이'입니다. 따라서 "청춘이"는, [**청추니**]로 발음됩니다.
　☐ "아직 나의 **청추니**[청춘이] 다하지 않은 까닭입니다" (3연 5행).

⑤ "별이"는 [**벼리** pyʌri]"로 발음합니다. "별이"는 '별'의 받침이 'ㄹ'이고, 뒤 음절 조사가 '이'입니다. 따라서 "별이"는, [**벼리**]로 발음됩니다.
　☐ "**벼리**[별이] 아슬히 멀 듯이" (6연 2행).

⑥ "무엇인지"[**무어신지** muʌɕindzi]로 발음합니다. ①과 같은 연음법칙이 적용된 것입니다.
　☐ "나는 **무어신지**[무엇인지] 그리워" (8연 1행).

⑦ "별빛이"는 [별삐치 pyʌlpitsʰi]로 발음합니다. "별빛이"는 '빛'의 받침이 'ㅊ'이고, 뒤 음절 조사가 '이'입니다. 따라서 "별빛이"는, [별삐치]로 발음됩니다.
  ☐ "이 많은 **별삐치**[별빛이] 내린 언덕 위에" (8연 2행).

⑧ "봄이"는 [보미 pomi]로 발음합니다. "봄이"는 '봄'의 받침이 'ㅁ'이고, 뒤 음절 조사가 '이'입니다. 따라서 "봄이"는, [보미]로 발음됩니다.
  ☐ "그러나 겨울이 지나고 나의 별에도 **보미**[봄이] 오면" (10연 1행).

⑨ "풀이"는 [푸리 pʰuri]로 발음합니다. "풀이"는 '풀'의 받침이 'ㄹ'이고, 뒤 음절 조사가 '이'입니다. 따라서 "풀이"는, [푸리]로 발음됩니다.
  ☐ "자랑처럼 **푸리**[풀이] 무성할 게외다" (10연 4행).

(2) 체언+'은'

① "당신은"은 [당시는 taŋɕinɯn]"으로 발음합니다. 「표준발음법 13항」에서 **받침이 추격 보조사 '은'과 결합할 때, 그 받침은 체 음가 그대로 '은'의 첫소리 'ㅇ' 자리로 옮겨 발음된다**고 규정합니다. "당신은"에서 '신'의 받침이 'ㄴ'이고, 바로 뒤에 이어지는 음절이 보조사 '은'입니다. 따라서 "당신은"은, [당시는]으로 발음됩니다.
  ☐ "그리고 **당시는**[당신은] 멀리 북간도에 계십니다" (7연 2행).

(3) 체언+'을'

① "별을"은 [벼를 pyʌrɯl]로 발음합니다. 명사 '별'과 목적격 조사 '을'이 결합한 '명사+목적격 조사'의 구조입니다. 첫음절 '별'의 받침이 'ㄹ'이고 뒤의 음절은 목적격 조사 '을'입니다. 받침 'ㄹ'이 뒤의 음절 첫소리로 옮겨갑니

다. 따라서 [**벼를** pyʌɾɯl]로 발음되는 것입니다.

　□ "가슴 속에 하나 둘 새겨지는 <u>벼를[별을]</u>" (3연 1행).

　② "**이름을**"은 [**이르믈** iɾɯmɯl]로 발음합니다. 명사 '이름'과 목적격 조사 '을'이 결합한 '명사+목적격 조사'의 구조입니다. 둘째 음절 '름'의 받침이 'ㅁ'이고 뒤의 음절은 목적격 조사 '을'입니다. 받침 'ㅁ'이 뒤의 음절 첫소리로 옮겨갑니다. 따라서 [**이르믈** iɾɯmɯl]로 발음되는 것입니다.

　□ "'프랑시스 잠' '라이너 마리아 릴케' 이런 시인의 <u>이르믈[이름을]</u> 불러
　　 봅니다" (5연 둘째 문장).

　③ "**별들을**"은 복수접미사 '들'과 목적격 조사 '을'이 결합한 '복수접미사+목적격 조사'의 구조입니다. 둘째 음절 '들'의 받침이 'ㄹ'이고, 목적격 조사가 '을'입니다. 따라서 "별들을"은, [**별드를** pyʌldɯɾɯl]로 발음됩니다.

(4) 체언+'에'

　① "**속에**"는, 명사 '속'과 처소격 조사 '에'가 결합한 '명사+처소격 조사'의 구조입니다. '속'의 받침이 'ㄱ'이고, 뒤의 음절이 처격 조사 '에'입니다. 따라서 "속에는, [**소게** sʰoge]로 발음됩니다.

　□ "가슴 <u>소게[속에]</u> 하나 둘 새겨지는 별을" (3연 1행).

　② "**별에도**[**벼레도** pyʌɾedo]"와 ③ "**하늘에는**[**하느레는** hanɯɾenɯn]"도 이어 한 연음법칙이 적용됩니다.

(5) 체언+어미

　① "**남은**"은 '남다'의 어간 '남'과 **어미** '은'이 결합한 '어간+어미'의 구조입니

다. 어간 남의 받침이 'ㅁ'이고, 어미는 '은'입니다. 따라서 "남은"은 [나믄 namɯn]으로 발음됩니다. 이와 같은 것으로 "덮어[더퍼 tʌpʰʌ]"가 있습니다.

2) 표준발음의 근거들 ②: 겹받침의 연음법칙(連音法則)

「표준발음법 제14항」은 "겹받침이 모음으로 시작하는 '**조사, 어미, 접미사**' 와 결합할 때, 겹받침 중 앞의 받침은 그대로 있고, 뒤의 받침만 뒤의 음절 첫소리로 옮겨 가 발음된다"고 규정합니다. 따라서

① "**흙으로**"는 [흘그로 hɯlgɯro]로 발음합니다. 명사 '흙'과 방위격 조사 '으로'가 결합한 '명사+방위 조사'의 구조입니다. '흙'의 겹받침 'ㄺ' 중, 앞의 첫 받침 'ㄹ'은 제자리에 그대로 있고, 뒤의 받침 'ㄱ'이 조사 '으'의 첫소리 자리로 옮겨 갑니다. 따라서 "흙으로"는 [흘그로 hɯlgɯro]로 발음되는 것입니다.
   ☐ "**흘그로**[흙으로] 덮어 버리었습니다" (8연 4행).

② "**까닭이요**"는 [**까닥기요** k̚adalgiyo]로 발음합니다. "까닭입니다"는 [**까 닥김니다** k̚adalgimɲida]로 발음합니다. 이는 "흙으로"와 같은 연음법칙이 그대로 적용된 것입니다.
   ☐ "쉬이 아침이 오는 **까닥기요**[까닭이요]/ 내일 밤이 남은 **까닥기요**[까닭이 요]/ 아직 나의 청춘이 다 하지 않은 **까닥김니다**[까닭김니다]" (3연 3~4행).

③ "**없이**"의 '없'은 어간이고, '이'는 어미입니다. '없'의 겹받침은 'ㅄ'입니다. 이 겹받침 중 앞의 받침 'ㅂ'은 제 자리에 그대로 있고, 뒤의 받침 'ㅅ'이 뒤의 음절 어미 '이'의 첫소리 자리로 옮겨갑니다. 따라서 "없이"는 [**업씨** ʌpɕi] 로 발음되는 것입니다. 여기서 'ㅅ'이 된소리 'ㅆ'으로 발음되었습니다. 이는

「표준발음법 제14항」에 겹받침이 뒤의 음절로 옮겨갈 때 'ㅅ'은 된소리로 즉 'ㅆ'으로 발음된다고 규정하기 때문입니다. 따라서 [업시]가 아니라 [**업씨**]로 발음되는 것입니다.

  ☐ "나는 아무 걱정도 **업씨**[없이]]" (3연 3~4행).

3) 표준발음의 근거들 ③: 된소리되기[=경음화(硬音化)]

  ① "**걱정**"은 [**걱쩡** kʌktśʌŋ]으로 발음합니다, 「표준발음법 제23항」은, 받침 'ㄱ' 뒤에 'ㅈ'이 연결될 때, 그 'ㅈ'이 된소리가 된다고 규정합니다. 'ㅈ'의 된소리는 'ㅉ'입니다. "걱정"에서 첫음절 '걱'의 받침이 'ㄱ'이고, 바로 뒤에 연결되는 음절 '정'의 첫소리가 'ㅈ'입니다. 그러므로 'ㅈ'이 'ㅉ'으로 됩니다. 따라서 "걱정"이 [**걱쩡**]으로 발음된다는 것입니다.

  ☐ "나는 아무 **걱쩡**도[걱정도] 없이" (2연 1행).

  ② "**추억과**"는 [**추억꽈** tsʰuʌkkwa]로 발음합니다. 「표준발음법 제23항」은, 받침 'ㄱ' 뒤에 연결되는 'ㄱ'이 된소리로 된다고 규정합니다. 'ㄱ'의 된소리는 'ㄲ'입니다. "추억과"에서 둘째 음절 '억'의 받침이 'ㄱ'이고, 바로 뒤에 연결되는 음절 '과'의 첫소리가 'ㄱ'입니다. 그러므로 'ㄱ'이 'ㄲ'으로 됩니다. 따라서 "추억과"가 [**추억꽈**]로 발음된다는 것입니다.

  ☐ "별 하나에 **추억꽈**[추억과]" (4연 1행).

  ③ "**북간도**"는 [**북깐도** pukkando]로 발음합니다. 이는 "추억과"와 같은 형태로 경음화가 되는 것입니다.

  ☐ "어머님,/ 그리고 당신은 멀리 **북깐도**[북간도]에 계십니다" (7연 2행).

  ④ "**책상**"은 [**책쌍** tsʰɛksaŋ]으로 발음합니다. 「표준발음법 제23항」은, 받침

'ㄱ' 뒤에 'ㅅ'이 연결될 때, 그 'ㅅ'이 된소리로 된다고 규정합니다. 'ㅅ'의 된소리는 'ㅆ'입니다. "책상"에서 첫음절 '책'의 받침이 'ㄱ'이고, 바로 뒤에 연결되는 음절 '상'의 첫소리가 'ㅅ'입니다. 그러므로 'ㅅ'이 'ㅆ'으로 됩니다. 따라서 "책상"이 [책쌍]으로 발음된다는 것입니다.

□ "소학교 때 **책쌍**[책상]을 같이 했던 아이들의 이름과" (5연 1행 둘째 문장).

⑤ "**했던**"은 [**핻떤** hɛttʌn]으로 발음합니다. 「표준발음법 제23항」은, 받침 'ㅆ' 뒤에 연결되는 'ㄷ'이 된소리로 된다고 규정합니다. 'ㄷ'의 된소리는 'ㄸ'입니다. "했던"에서 첫음절 '했'의 받침이 'ㅆ'이고, 바로 뒤에 연결되는 음절 '던'의 첫소리가 'ㄷ'입니다. 그러므로 'ㄷ'은 'ㄸ'으로 됩니다. 따라서 "했던"이 [**핻떤**]으로 발음된다는 것입니다.

□ "소학교 때 책상을 같이 **핻떤**[했던] 아이들의 이름과" (5연 1행 둘째 문장).

⑥ "**버리었습니다**"는 [**버리얻씀니다** pʌriʌtsumɲida]로 발음합니다. 「표준발음법 제23항」은, 받침 'ㅆ' 뒤에 연결되는 'ㅅ'이 된소리로 된다고 규정합니다. 'ㅅ'의 된소리는 'ㅆ'입니다. '버리었습니다'의 셋째 음절 '었'의 받침이 'ㅆ'이고, 그 뒤의 넷째 음절이 '습'입니다. 그러므로 넷째 음절 첫소리 'ㅅ'이 'ㅆ'으로 됩니다. 따라서 "버리었습니다"가 [**버리얻씀니다**]로 발음된다는 것입니다.

□ "흙으로 **더퍼버리얻씀니다**[덮어버리었습니다]" (8연 4행).

4) 표준발음의 근거들 ④: 거센소리되기[=격음화(激音化)]

① "**듯합니다**"는, [**드탐니다** tɯtʰamɲida]로 발음합니다.
□ "가을 속의 별들을 다 헤일 **드탐니다**[듯합니다]" (2연 2행).

'ㅅ'이 받침으로 쓰일 때, [ㄷ]으로 발음됩니다. 「표준발음법 제12항—붙임2」에서 'ㅅ' 뒤에, 'ㅎ'을 첫소리로 지닌 음절이 이 놓일 때 'ㄷ'과 'ㅎ' 두 소리가 합쳐 'ㅌ'으로 발음한다고 규정합니다. '듯'의 받침이 'ㄷ'으로 발음되는 'ㅅ'이고, 둘째 음절 '합'의 'ㅌ'으로 첫소리가 'ㅎ'입니다. 그러므로 "듯합니다"는 [드탑니다]로 발음되는 것입니다.

② "**못 헤는**"은 [**모테는** mothenɯn]으로 발음합니다. 이는 "듯합니다"와 같이 'ㅅ(ㄷ)+ㅎ' 구조이기 때문입니다.

☐ "이제 다 **모테는**[못 헤는] 것은" (3연 2행).

뒤에 포즈를 다루는 부분에서도 나오겠지만 "못 헤는"은 쓸 땐 띄어 쓰고, 읽거나 말할 땐 [모⌒테는(=모테는)]처럼 붙여 읽습니다. 부정사 '못'은 "동사가 나타내는 동작을 할 수 없다는 부정의 뜻"을 지시하는 말이고, '헤다'는 수(數)를 센다는 '세다'의 옛말입니다. 부정사와 동사가 결합한 경우, 쓸 때는 띄어 쓰고 읽을 때는 붙여 읽는 게 어법의 원칙입니다. 동일한 의미 단위에서는 붙여 발화하지 않으면 그 의미의 전달력이 떨어집니다.

5) 표준발음의 근거들 ⑤: 'ㅎ' 탈락 현상

① "**많은**"은, [**마ː는** maːnɯn]으로 발음합니다. 「표준발음법 제13항—1」은 겹받침 'ㄶ' 뒤에 모음으로 시작되는 어미가 결합할 때, 'ㅎ'을 발음하지 않는다고 규정합니다.

"많은"의 첫음절 어간 '많'의 받침이 겹받침 'ㄶ'입니다. 그리고 둘째 음절이 어미 '은'입니다. 따라서 '많'의 겹받침 중 둘째 받침인 'ㅎ'이 탈락하게 됩니다. 그러므로 "많은"이 [마ː는]으로 발음된다는 것입니다.

☐ "이 **마ː는**[많은] 별빛이 내린 언덕 위에" (8연 2행).

6) 표준발음의 근거들 ⑥: 콧소리되기[비음화(鼻音化)]

① **"까닭입니다"**는, [**까달·김니다** kadal·gimɲida]로 발음합니다.

☐ "아직 나의 청춘이 다 하지 않은 **까달·김니다**[까닭입니다]" (3연 5행).

먼저 "입니다"가 [**임니다** imɲida]로 발음됩니다. 여기서 주목할 것은, '입'의 받침 'ㅂ'이 'ㅁ'으로 바뀌어 발음된다는 점입니다. 「표준발음법 제18항」에서, 받침 'ㅂ'이 'ㄴ' 앞에서 [ㅁ]으로 발음된다고 규정합니다. '입'의 받침이 'ㅂ'이고, '니'의 자음이 'ㄴ'입니다. 따라서 "입니다"는 [임니다]로 발음되는 것입니다.

그리고 앞서 "까닭입"이 [까달깁]으로 발음되는 것은, '겹받침의 연음법칙'에 따라 그리됩니다. 「표준발음법 제14항」에서 겹받침이 모음으로 시작되는 조사와 결합하는 경우, 겹받침 중 둘째 받침이 뒤 음절의 첫소리로 옮겨 발음된다고 규정합니다.

"닭"의 겹받침이 'ㄺ'이며, 뒤의 음절이 '입'이므로 겹받침 중 앞의 받침 'ㄹ'은 제자리에 있게 됩니다. 그리고 뒤의 'ㄱ'만 '입'의 첫소리인 'ㅇ'의 자리로 옮겨 발음됩니다. 따라서 "까닭입"은, [까달깁]으로 발음되는 것입니다. 위의 두 근거가 "까닭입니다"를 [까달·김니다]로 발음하게 합니다.

② **"봅니다"**가 [**봄니다** pomɲida]로 발음됩니다.

☐ "어머님, 나는 별 하나에 아름다운 말 한마디씩 불러 **봄니다**[봅니다]" (5연 첫 문장).

③ **"있습니다"**가 [**읻씀니다** itˢɯmɲida]로 발음됩니다.

☐ "이네들은 너무나 멀리 **읻씀니다**[있습니다]" (6연 1행).

④ **"계십니다"**가 [**계심니다** k(y)eɕimɲida]로 발음됩니다.

☐ "그리고 당신은 멀리 북간도에 **계심니다**[계십니다]" (7연 2행).

⑤ **"버리었습니다"**가 [**버리얻씀니다** pʌriʌtˢɯmɲida]로 발음됩니다.

☐ "흙으로 덮어 **버리얻씀니다**[버리었습니다]" (8연 4행).

아름다운 우리말 더욱 아름답게…

우리는 이 책에서 우리말의 특징인 '장단'에 대해 알아봤습니다. 우리말은, 장단 중심의 언어랬습니다. 그 나라의 언어를 잘 구사하려면, 그 나라 말의 특성을 잘 파악하는 게 중요합니다. '중심 고리'를 잡고 풀어내면 엉킨 실타래가 쉬이 풀리듯, 낭독에서 우리말의 장단을 이해하고 구현하는 것이야말로 우리말의 아름다움을 실현하는, 저 난제를 풀어내는 '중심 고리'입니다.

우리는 그저 우리말 소리의 성격 그대로, 제 빛깔과 향기에 알맞은, 그 모습 그대로, 있는 그대로만 발음하면 그뿐입니다. 그것이 아름다운 우리말을 구현하는 시작이자 끝입니다. 말이 지닌 성격 그대로 읽을 때 우리말은 노래가 됩니다.

오래된 미래 — '낭독'

'소리 내어 읽는다'라는 뜻의 '낭독'은, 참 소중한 인류의 자산입니다. 중국에서 글을 읽는다는 걸 '독서(讀書)'라 했는데, 이때 독서란 '소리 내어 읽기'를 뜻합니다. 좀 더 구체적이고 적확하게 표현하면 "소리 내어 읽는 것'만'을 독서"라 했습니다. 여기서 우리는 한정적 용법 '만'에 주목합니다. 이 말은, 독서란 곧 소리 내어 읽는 것만 독서지, 소리 내어 읽지 않는 것은 독서가 아니라는 의미이기 때문입니다. 한양대 정민 교수는, 『고전문장론과 연암 박지원』에서 "소리 내어 읽는 것을 독서(讀書)라 했고, 그저 눈으로만 읽는 것은 따로 구분해 간서(看書)"라 했습니다. 이렇듯 독서란 원래 '소리 내어 읽는 낭독'이 기본입니다.

한국어에서도 동사 '읽다' 역시 '소리 내어 읽다'라는 의미입니다. '읽다'의 의미는 여러 가지이지만, 기본 의미는 '소리 내어 읽는다'라는 뜻입니다. "글이나 글자를 보고 그 음대로 '소리 내어' 말로 나타내다", "경전 따위를 '소리 내어' 외다"라는 의미입니다. 어원학자는 우리말 '읽다'를 '소리 나다/소리 나게 하다'의 변화를 거쳐 '소리를 내다'에서 저 '읽다'로 된 것이라 추론합니다. 우리말 '읽다'의 고어는, '닑다'입니다. 우리말과 어원이 유사한 알타이어계의 '읽다'라는 동사 대부분이 이와 같습니다. 만주퉁구스어군의 만주어 동사 '읽다'는, '너러(ńələ)'로 '큰소리로 읽다'라는 뜻이고, 어윙키어의 '소리가 울려 퍼진다'라는 뜻의 '니르기(nirgi)'나 몽골어의 '사방으로 울린다'라는 뜻의 '니르(nir)'도 역시 동일한 의미로 자매 같은 말입니다.

일본어 동사 '읽다'를 '요무[讀む(よむ)]'라 합니다. '소리 내어 읽다, 암송하다/반복하다/깨닫다/이해하다/찬양하다/작문하다'라는 여러 의미로 쓰입니다. 일본어에서도 '읽다'의 기본 의미는, '소리 내어 읽다'라는 의미입니다. 이렇게 '요무'의 개념에는, '구어(口語) 행위'가 포함됩니다. 이때의 읽기는, 모두 '소리 내어 읽기'입니다. 말은 곧 '문자로 보이고, 또 소리 내어 읽어 귀에 들리는 것'이었습니다.

고대 문명을 꽃피운 '수메르·이집트·히브리'에서의 동사 '읽다'도 모두 '소리 내어 읽다'라는 의미를 지닙니다.

수메르어 동사 '읽다'는 '시타(sita)'인데, 이는 '암송하다/큰소리로 읽다/기억하다/고려하다/세다/계산하다'라는 의미입니다.

이집트어 동사 '읽다'는 '스드즈(sdj)'입니다. 'šdj'는 '암송하다'라는 의미죠. 읽기를 의미하는 가장 보편적 이집트 단어입니다. 이집트 필경사는, 이렇게 말했습니다. "책은 그것을 읽는 화자의 입을 통해서 전달되는 것이다." 그러니까 모든 읽기는, '**보이는 말로 이해된 쓰기**'며, 필경사(筆耕士)인 증인을 통해 '**몸으로 낭독**'되는 것이었습니다.

히브리어 동사 '읽다'는 '콰라(qara)'인데, 'qara'는 '암송하다/주장하다/큰 소리로 외치다/부르다'라는 뜻입니다. 'qara'는 '쓰인 기록을 낭독하다'라는 읽기 본래 의미를 강조합니다. 영어의 'read'와 같은 단일 단어는, 아직 없었습니다. 왜냐하면 묵독 형태의 독특한 독서 행위는 수 세기가 지나서야 나타나기 때문입니다.

로마어 동사 '읽다'는 'Lego'입니다. 'Lego'는 '나는 읽는다/낭독한다/큰 소리로 읽는다/암송한다/훑어본다/살펴본다/모은다/수집한다/선택한다/선별한다'라는 의미입니다. 로마어 동사 '읽다'도 역시 '소리 내어 읽는다'라는 뜻이 기본입니다.

그리스어 동사 '읽다'는, 10여 가지인데, 중요한 단어 다섯 가지의 의미만 살핍니다. '분배하다'라는 뜻의 '네메인(nemein)', '큰소리로 읽다'라는 의미의 '아나네메인(ananemein)', 낭독자 자신을 포함해 동료 사이에 분배하다'라는 의미의 '아나네메스다이(ananemesthai)', 낭독자 자신을 포함해 모두에게 읽어주다'라는 뜻의 '아날레게스다이(analegesthai)', '발언을 덧붙이다'라는 뜻의 '에필레게스다이(epilegesthai)' 등이 있습니다.

그리스어 '분배하다'라는 동사 네메인(nemein)이 '읽다'라는 뜻을 얻게 된 장면은, 소포클레스(기원전 496~기원전 406) 단편에 나옵니다.

> "옥좌에 앉아 서판을 손에 든 왕이시여! 명단을 큰소리로 읽어주시오 (nemein). 출전(出戰) 서약을 해놓고도 나오지 않는 자가 있는지 없는지 우리가 알 수 있도록⋯."

이 소포클레스의 단편은, 낭송자가 서판을 손에 들고 출전 서약을 한 영웅의 이름을 읽어주는 장면입니다. 스파르타 왕 틴다로스의 낭독(글자 뜻 그대로는,

그의 '분배'은 결석자가 있는지 어떤지 밝히는 것이 목적이죠. 그가 집단 앞에서 소리 내어 읽는 것은, 서판에 쓰인 내용을 구두(口頭)로 각자에게 '분배'하는 것이었습니다. 하여 본래 '분배하다'라는 의미의 '네메인'이 '읽다'라는 의미를, 엄밀히 말해 '큰소리로 읽다'라는 의미를 얻게 된 것입니다. 문명의 젖줄 그리스에서 쓰인 동사 '읽다'는 모두 '소리 내어 읽는' 행위입니다. 따라서 당시의 '**읽기는 곧 듣기**'였습니다.

동서양의 동사 '읽다'의 유래를 톺아본 결과, '읽는다'라는 행위는 '소리 내어 읽는' 행위입니다. '읽기는 듣기'였고, 문자 발명 이전의 구전문화의 시기뿐 아니라, 문자시대에 들어서도 아주 오랫동안 읽기는 소리 내어 읽기였습니다. 이는 대중적으로는 근대 말까지 이어집니다. 현재와 같은 묵독은, 현재에 와서입니다. 그 역사가 짧습니다.

고대는 물론 근대까지도 낭독은 지혜의 향연이었습니다. 소중한 역사를 이어가야 합니다. 월터 J. 옹은 그의 저서 『구술문화와 문자문화』에서 현대사회에서 곧 제2차 구술문화의 시대가 도래할 것이라 전망했습니다. 머지않아 '낭독의 르네상스'가 부활할 것입니다. 미리 준비하고 마중할 채비를 할 일입니다.

늘 혹은 때때로 낭독

낭독은 힘이 셉니다.

낭독은 뇌를 활성화하여 묵독보다 독서 능력을 높입니다. 낭독할 때 뇌의 활성화가 가장 활발해집니다. 묵독할 때도 시각 영역과 언어 영역(=베르니케 영역)이 활성화되긴 합니다. 그런데 낭독할 땐, 시각 영역과 베르니케 영역은 물론, 그에 더하여 '청각 영역'과 '말하기 영역(=브로카 영역)'이 활성화됩니다. 게다가 '운동 영역'까지 활성화됩니다.

운동 영역이 활성화된다는 것은, 매우 중요한 사실입니다. 눈으로 보고 머리로만 암기한 것은 금방 잊어버리지만, 운동으로 기억된 것은 무척 오래 기억됩니다. 열흘 전에 머리로 암기한 것은 쉬이 잊어버리지만, 10년 전에 배운 자전거는 몇 년 동안을 타지 않다가도 잘 탈 수 있습니다. 운동을 통해 몸으로 익힌 게 가장 오래 기억되기 때문입니다. 우리가 주의 깊게 보아야 할 사실입니다.

이러한 사실은 가천의대 뇌과학연구소 최상한 박사의 실험에서 밝혀졌습니다. 피실험자에게 fMRI에 들어가서 묵독과 낭독을 번갈아 하게 했습니다. 이 실험에서 묵독할 땐 활성화되지 않던, '말하기/듣기/운동 영역'이 활성화되는 결과가 나타납니다.

묵독에서는 세타파가 증가하는데, 낭독에서는 델타파가 강하게 나타나기 때문입니다. 델타파는 집중력을 높이는 에너지입니다. 사람이 일상적으로 아무 생각 없이 가만히 있을 때, '로우 베타파'나 '하이 베타파'[1] 같은 고주파가 나옵니다. 그러다가 점점 '알파파'[2] 위주로 에너지가 몰리는데 고도의 정신수련을 하게 되면 알파파보다 약간 저주파인 '세타파'로 에너지가 몰립니다. 그러다가 정신이 고도의 집중력을 발휘할 때는 '델타파' 쪽으로 옮겨집니다. 낭독이 집중력과 몰입력을 높인다는 증거입니다.

낭독은 기억력을 높입니다. 뇌의 다양한 영역을 사용해 뇌의 여러 영역을 활성화하고, 또 델타파가 나타나 집중력을 높입니다. 게다가 낭독은 뇌를 워밍업하는 효과까지 있어 묵독보다 잘 기억하며, 오래갑니다.

일본 뇌과학자이자 도호쿠(東北)대학의 교수인 가와시마 류타(川島隆太)는, '전두엽 기능 평가 실험'을 했습니다. 류타 교수팀이 51명의 실험군을 6개월 동안 훈련시켜 47명의 대조군과 비교한 실험 결과, 낭독을 실시한 후 기억력이 20% 향상되었다고 밝혔습니다. 류타 교수가 초등학생에게 주어진 단어를 2분 동안 외우게 한 후 얼마나 기억하는지 측정해보았더니, 낭독 후에 기억력이

---

1) 베타파: 걱정거리가 있거나 시험 전 마음이 조급할 때, 외부 세계에 대해 긴장할 때 베타 레벨이 됩니다.
2) 알파파: 공부에 몰두하고 있거나, 명상 중일 때는 알파 레벨이 됩니다. 경이로운 뇌의 힘이 발휘되어 활발한 활동을 하는 단계입니다.

20% 높아졌습니다.

MBC 〈우리 아이 뇌를 깨우는 101가지 비밀 1, 낭독〉 프로그램에서 묵독과 낭독의 효과 실험을 했습니다. 학습 능력이 비슷한 아이들을 두 그룹으로 나누어 한 팀은 묵독을, 다른 한 팀은 낭독하게 한 뒤에 퀴즈를 풀게 했습니다. 묵독팀과 낭독팀의 퀴즈 풀이는 20.8%의 차이를 냈습니다.

이에 더해 우리는 하나의 텍스트를 가장 빠르게 수용하고, 깊게 이해하며, 오래 기억하는 암송법을 익힐 필요도 있겠습니다. 그리하면 낭독을 통해 읽기 능력을 향상할 수 있습니다. 우리가 앞으로 함께 공부할 내용입니다. 시암송법을 통해 읽기 능력을 향상하고, 시암송을 통해 향상된 읽기 능력은 일반 텍스트로 전환됩니다. 공부의 기본인 읽기 능력이 향상됩니다. 늘 혹은 때때로 낭독할 일입니다. 늘 혹은 때때로 암송법을 익힐 일입니다.

아름다운 우리말을 위해

아름다운 낭독과 낭송을 위해서는 장단뿐 아니라 발성, 음상 등도 이해하고 구현해나가야 합니다. 특히 시낭송에서는 더욱더 그러합니다. 시낭송은 세심하지 않으면, 그 어그러짐이 여느 장르와 달리 두드러지게 드러나기 때문입니다.

물론 낭독과 낭송에서 장단만이 만능열쇠는 아닙니다. 정확한 발음이 중요합니다. 음의 성격도 아주 중요합니다. '파열음, 마찰음, 파찰음, 비음, 유음의 성격'과 그에 따른 정확한 조음점(助音點)을 이해하고 발성하는 것도 매우 중요합니다. 그럴 때 '공명도'가 좋아져 자신이 낼 수 있는 가장 아름다운 소리를 낼 수 있기 때문입니다.

우리말의 '음의 이미지[음상(音相)]'를 파악하고 발음하는 것도 빼놓을 수 없습니다. 'ㅁ'의 음상은, '막힌' 것이며 '안'을 향함을 의미합니다. 그래서 '물, 못(=연못), 먹다'에 'ㅁ'이 들어갑니다. 'ㅂ'은 열림을 의미합니다. 위쪽으로 열렸지요. 그래서 꽃이 열리는 '봄'에 그걸 의미하는 음상인 'ㅂ'이 들어갑니다.

'ㄴ'은 뒤로 막히고 앞으로 열린 형상입니다. '나가다, 날다'에 어울립니다. 음상은 우리말을 내적으로 더욱 풍부하게 표현할 수 있는 질료입니다.

포즈와 리듬은, 읽기 능력을 향상시킬 뿐 아니라 암송에도 도움이 되지만 거기서 끝나지 않고 우리말을 노래로 만듭니다. 우리는 앞으로 포즈와 리듬, 특히 현대시의 리듬을 구현하는 프로조디에도 관심을 보여야 합니다. 그리고 정확한 정서 전달을 위해 어조 공부도 빠트릴 수 없습니다. 앞으로 이러한 주제로 독자들과 만나려 합니다.

참고문헌

■ **기초 자료**

네이버, 『네이버 사전』, dict.naver.com/.

다음, 『Daum 사전』, dic.daum.net/.

민중서림 편집국, 2020, 『한한대자전』, 민중서림.

연대언어정보개발연구소, 2002, 『연세 한국어사전』, 동아출판.

이주행·이규항·김상준, 2008, 『표준 한국어 발음 사전』, 지구문화사.

이현복, 2002, 『한국어 표준발음 사전』, 서울대학교출판부.

■ **단행본**

구현옥, 2019, 『국어의 음운론의 이해』, 한국문화사.

김종석, 2014, 『연기화술의 이론과 실제: 읽기 쉬운 배우의 화술 이야기』, 연극과인간.

손종섭, 2016, 『우리말의 고저장단: 고저(高低)는 살아있다』, 김영사.

신지영, 2016, 『한국어의 말소리』, 박이정출판사.

안병섭, 2010, 『한국어의 운율과 음운론』, 월인.

오세곤, 2013, 『일반인과 연기자를 위한 연기화술 클리닉』, 이숲.

이영호, 2019, 『훈민정음 해례본』, 달아실, 131쪽.

조재수, 2005, 『윤동주 시어 사전 – 그 시 언어와 표현』, 연세대학교출판부.

최한룡, 1999, 『울고 싶도록 서글픈 韓國語學의 現實』, 신정사.

한국학자료원 편집부, 2021, 『훈민정음 해례본』, 한국학자료원.

■ 논문

고설정·김양진, 2020a, 「한국어 장단양음(長短兩音) 한자음의 유래 탐색(1): 표준국어대사전의 발음정보를 중심으로」, 『어문연구』 제48권, 한국어문교육연구회.

_____, 2020b, 「한국어 장단양음(長短兩音) 한자음의 유래 탐색(2): 중국어 성조와의 관련성을 중심으로」, 『어문연구』 제49권, 한국어문교육연구회.

권혁웅, 2013, 「'소리-뜻'을 중심으로 구성되는 현대시의 리듬: '님의 침묵', '별 헤는 밤'을 중심으로」, 『한국문학이론과 비평』 제59집(17권 2호), 한국문학이론과 비평학회.

김선철, 2004, 「국어 발음 사전의 현황과 과제」, 『한말연구』 15권, 한말연구학회.

_____, 2011, 「국어 형용사와 부사의 표현적 장음화」, 『언어학』 제59권, 한국언어학회.

김성환, 2022, 「한국어 모어 화자의 장음을 이용한 화법 연구」, 『한민족어문학』, 한민족어문학회.

김태경, 2008, 「상용한자의 장음 표기와 중국어 성조」, 『중국어문학논집』 제50권, 중국어문학연구회.

김현·배윤정, 2017, 「단일 비음과 중첩 비음에 대한 음향적 및 지각적 연구」, 『어문학』 제137집, 한국어문학회.

류양선, 2009, 「윤동주의 별 헤는 밤 분석」, 『한국현대문학연구』 제29집, 한국현대문학회.

박균섭, 2006, 「창씨개명의 장면 분석과 교육사 서술」, 『한국일본교육학연구』 제11권, 제1호, 일본교육학회.

양순임, 2009, 「불파음화와 경음화의 실현 양상 분석」, 『우리말연구』 제24권, 우리말학회.

_____, 2010, 「한국어 발음 교육에서의 길이」, 『우리말연구』 26집, 우리말학회.

_____, 2011, 「한국어 중첩 비음의 길이에 대한 고찰」, 『한국어학』, 제51권, 한국어학회.

이병근, 1986, 「발화에 있어서의 음장」, 『국어학』 15권, 국어학회.

이전문, 2008, 「'성(姓)' 장단음 올바로 알고 제대로 부르자!」, 『한글+한자문화』 112권, 전국한자교육추진총연합회.

이현복, 1986, 「우리말 표준발음의 지도 방법」, 『어문학교육』 제9집, 한국어문교육학회.

_____, 2014, 「노랫말과 음악의 리듬에 관한 음성학적 고찰: 한국 노래는 한국어의 옷을 입혀 노래해야」, 『서울대학교 명예교수 회보』 제10호, 서울대학교.

임용기, 2010, 「초성/중성/종성의 자질과 훈민정음」, 『국어학』 57권, 국어학회.

황은하, 2019, 「세종 구어 말뭉치에 기반한 한국어 표현적 장음 연구」, 『어문론총』 제82호, 한국문학언어학회.

장음의 발견: 달라지는 낭독(朗讀)과 낭송(朗誦)

펴낸날 | 2024년 4월 26일

지은이 | 김진규
펴낸이 | 이창래
펴낸곳 | 사람과세상

주　소 | 강원도 춘천시 행촌로 14, 209-1301
전　화 | 033-261-5454
팩　스 | 033-249-2927
이메일 | crlee80@hanmail.net
출판등록 | 제2021-000027호

ISBN 979-11-976123-1-2 03700

제목 연번	나만의 목차
1	
2	
3	
4	
5	
6	
7	
8	
9	
10	
11	
12	
13	
14	
15	
16	
17	
18	
19	
20	

나만의 목차를 작성해보세요

책에 밑줄을 긋는 건, 어찌 보면 '각주구검(刻舟求劍)'과 같습니다. 안 그럴 것 같아도 나중에 다시 찾기 쉽지 않습니다. 그러나 나만의 목차에 핵심어와 쪽수를 적어 넣으면, 언제든지 필요할 때 바로바로 찾아볼 수 있습니다.

독서 활동에 상당히 경제적입니다. 앞뒤쪽에 있는 '나만의 목차'를 꼭 활용해보시기 바랍니다.

연번\제목	나만의 목차
21	
22	
23	
24	
25	
26	
27	
28	
29	
30	
31	
32	
33	
34	
35	
36	
37	
38	
39	
40	